【典藏】

厦 门 文 史 丛 书

中国人民政治协商会议
福建省厦门市委员会 编

何丙仲 著

厦门石刻撷珍

厦门大学出版社

《厦门文史丛书》编委会

- **顾　问**　陈修茂　陈炳发　陈耀中　徐　模　江曙霞
　　　　　　魏　刚　陈昌生　黄世忠　陈维钦　陈联合
　　　　　　庄　威　桂其明　翁云雷
- **主　任**　魏　刚
- **副主任**　朱伟革　何秀珍
- **主　编**　洪卜仁
- **编　委**　董金英　沈松宝　卢怡恬　张昭春　徐　艳

《厦门石刻撷珍》

- **著　者**　何丙仲

【序言】

"好雨知时节,当春乃发生。"古往今来,人们总是由衷地赞美春天。因为她充满生机和憧憬,带来的不仅仅是播种的怡悦,还常常伴随着收获的希冀。

在万木复苏、百花盛开、姹紫嫣红、春回大地的日子里,参加厦门市政协十一届一次全会的全体新老政协委员,就是怀着一种播种与收获交织、怡悦与希冀并行的激情,迎来了2007年新春的第一份礼物。根据本届市政协主席会议的研究决定,由厦门市政协与我市文史工作者合作共同推出的"厦门文史丛书""第一方阵"——《厦门名人故居》、《厦门电影百年》、《厦门史地丛谈》、《厦门音乐名家》等四种政协文史资料读物终于如期与大家见面了!

这无论在厦门政协文史资料发展历史上、还是在我市先进文化建设进程中,都是可圈可点、很有意义的一件喜事。为此,我首先代表厦门市政协,向直接、间接参与这套"丛书"的组织、策划、编撰、编辑、出版和宣传工作而付出辛勤劳动的有关领导、专家、学者及工作人员,向为此提供宝贵支持的社会各界和热心人,表示衷心的感谢,并致以新春佳节最美好的祝愿!

众所周知,文史资料历来就受到人们的重视和青睐。因为通过它,人们不仅可以自由地超越时空,便捷可靠地了解到一个区域(通常是一个城市)古往今来的进步发展情况,真实形象地感受到这里丰富多彩的文化历史现象,满足自己的求知欲和审美情趣,而且还可以发现许多具有现实意义和参考价值的吉光片羽，并从中汲取激励自己积极向上、奋发有为的养分和力量。

通过文史资料，我们知道：厦门这块热土有着丰富而厚重的历史积淀和文化内涵。迄今四五千年前的新石器时代，厦门岛上就有早期人类生活的遗迹。大概一千二三百年前的唐代中叶，中原汉族就辗转迁徙前来厦门，在岛上拓荒垦殖、繁衍生息。宋元时期，中央政府开始在厦门驻军设防。明朝初年，为了防御倭寇侵犯，在厦门设置永宁卫中、左二所，洪武二十七年（1394年）又在此兴建城堡，命名厦门城。从此，"厦门"的名字正式出现在祖国的版图上，并随着城市的进步发展、知名度的不断提高而逐渐蜚声海内外。今天的厦门，早已不是当年偏僻荒凉的海岛小渔村，而是国内外出名的经济特区、现代化国际性港口风景旅游城市。

通过文史资料，我们还知道：千百年来，依托厦门这方独特的历史舞台，勤劳勇敢、聪明善良的厦门人民，在改造自然与社会、追求进步与发展、争取生存与自由、向往幸福与独立的伟大进程中，谱写了一曲曲感天动地的赞歌，创造了一个个令人惊叹的奇迹，同时也涌现了一批批彪炳青史的俊彦。如以厦门为基地，在当地子弟兵的支持下，民族英雄郑成功完成了跨海东征、收复台湾的辉煌壮举；在其前后，有发明创造"水运仪象台"，被誉为"中国古代和中世纪最伟大的博物学家、科学家之一"的苏颂；有忠勇爱民、抗击外敌，不惜以死殉国的抗英爱国将领陈化成；有爱国爱乡、倾资办学，不愧为"华侨旗帜、民族光辉"的著名侨领陈嘉庚；有国家领导人方毅、叶飞，一代名医林巧稚、著名科学家卢嘉锡等等。他们的传奇人生、奋斗业绩所折射出的革命传统、斗争精神、民族气节、高尚情操和优秀秉性，经过后人总结升华并赋予时代精神，已成为厦门人民弥足珍惜、继承光大的精神财富，正激励着一代代的厦门儿女为建设小康社会而奋斗！

春风化雨，任重道远。通过文史资料，我们更是知道：改革开放以来，在中国共产党的正确领导下，依靠广大人民群众的聪明才智，在短短的二十多年里，我们的家乡厦门发生了翻天覆地的巨变。这种代表先进生产力的发展要求、代表先进文化的前进方向、代表广大人民群众根本利益的历史性巨变，不仅体现在城市建设、经济发展、生活改善、社会进步等方面，还突出表现在广大人民群众思想观念、道德情操、精神面貌、文明素质等方面所发生的深刻变化。

追根溯源，可以明志兴业。利用人民政协社会联系面广、专业人才荟萃、智力资源集中的优势，通过编撰出版地方文史资料，充分发挥政协文史资料"团结、育人、存史、资政"的功能，这本身就是人民政协履行职能的重要方式之一。值此四种文史资料的诞生，在充分肯定厦门发生的历史巨变而倍感自豪的同时，我们要一如既往地认真学习贯彻中共中央总书记胡锦涛在视察福建、厦门海沧台商投资区的重要讲话精神，学习贯彻中共中央政治局常委、全国政协主席贾庆林在纪念厦门经济特区25周年大会上的重要讲话精神，在致力于厦门经济特区经济建设、政治建设、社会建设的同时，从加强特区先进文化建设的高度，进一步加强政协文史工作，充分发挥政协文史资料的功能，以"厦门文史丛书"的启动为契机，严肃认真、兢兢业业地继续做好这项有意义的工作，以不负时代的重托。

我相信，有我市各级政协组织和委员、政协各参加单位的重视参与，有社会各界的支持帮助，有多年来积累的成功经验和有效做法，特别是有一支经受考验锻炼、与海内外各界联系广泛、治学严谨的地方文史专家队伍，只要我们认准目标、锲而不舍，与气势如虹的我市新一轮跨越式发展相称，与方兴未艾的海峡西岸经济区建设呼应，作为一项"功在当代、利在千秋"的重要事业，我市政协文史资料工作一定会取得长足进步，推出更多精品，发挥更大的作用！

城市历史文化，从来是反映城市前进发展中经验与教训的真实记录，是人们在改造自然与社会、创造"三个文明"的历史进程中所留下的重要印记、所提炼的不朽灵魂。以履行政协职能为宗旨，以政协编辑出版的地方文史资料为载体，通过有选择、有重点地记录、反映一座城市（或者相关的一个区域）的历史文化，自觉为建设中国特色社会主义服务，为科学发展服务，为构建和谐文化、和谐社会服务，为祖国统一大业服务，为中华民族的伟大复兴服务。这正是政协文史工作及其相关的文史资料的长处和作用，也是它区别于一般地方文史资料最重要的特色和优势。

也正是基于这种考虑和共识，在厦门市政协党组的高度重视和倾力支持下，市政协文史和学习宣传委员会认真总结近年来编纂出版地方政协文史资料的成功经验，在市委、市政府有关部门，我市有关社会机构和各界人士的帮助下，组织了我市一批有眼光、有经验、有热情、有学识的地方文史专家和专业工作者，经过深思熟虑、反复论证，决定与国家"十一五"计划同步，从2006年起，采取"量力而行、每年数册"的方针，利用数年时间，出齐一套大型地方历史文献"厦门文史丛书"。

编辑出版这套"丛书"的目的是，本着"古为今用"的原则，在批判继承前人的基础上，努力挖掘、整理、利用厦门地方历史文化渊薮中有益、有用、健康、进步的或者具有借鉴、警示意义的文史资料，直接为现实服务；为地方历史文物的保护工作服务；为地方文史资料的大众普及和学术研究工作服务；为发挥政协文史资料"团结、育人、存史、资政"的作用服务；为人民政协事业服务；为统一战线工作服务；为遍布海内外，通过寻根问祖，关心了解祖国和家乡过去、现在、将来的厦门籍乡亲服务；为主张两岸交流，认同"一个中国"，心系祖国统一大业的炎黄子孙服务；为提高人民群众，尤其是青少年的科学文化素质、道德文明修养，培养"四有"公民，建设学习型、创新型社会，推动厦门经济特区建设实现"更好更快"发展的新目标提供方向保证、智力支持和精神动力服务。

编辑出版这套"丛书"的方针是，不求全责备、面面俱到，只求真实准确、形象生动。即经过文史专家的爬梳剔抉、斟酌考证，尽量选取第一手的"原生态"史料，从本市及其邻近相关区域中所传承积淀下来的文化历史切入，以厦门市为重心，适当延伸至闽南地区，以近现代为主、当代为辅，以厦门城市发展进程中具有典型性、代表性的人物事件为对象，通过"由近及远、由表及里、标本兼顾、源流并述"的方式，尽可能采取可读性强的写法、并辅之于可以说明问题的历史照片或画面，进行客观而传神的艺术再现。

我在本文的开头特别提到，春天是充满希望与憧憬的时节。反复揣摩案头上还散发着阵阵醉人的油墨芳香近日问世的四种政协文史资料读物，欣喜之余，我想到，虽然这仅仅只是成功的开篇，今后几年里厦门政协文史工作要取得预期的成果，顺利出齐"厦门文史丛书"全部读物的任务还相当繁重，但我坚信，只要我们坚持人民政协"团结、民主"的主题，相信和依靠大家的智慧力量，始终秉持春天一样的热情与锐气，始终把希望和憧憬作为自己前进的目标、动力，一如既往地追求奋斗，我们的事业将永远充满阳光、和谐！

是为序。

陈修茂

（作者系厦门市政协党组书记、主席）

2007年2月28日

【前言】

　　石刻，是中华文化遗产的一个重要的组成部分。可以说，它是与中华文明发展史关系最密切的一种文物。早在远古时代，中国大地已有着许多岩画。先秦时期，汉文字的石刻已开始出现。随着社会的进步和文字的发展，石刻的内容与形式也越来越丰富多彩。到了汉魏时期，摩崖石刻和各种碑刻、墓志基本上已经走向成熟或发展的阶段。唐代是中国石刻文化最为辉煌的时期。宋元以后，石刻文化进一步遍及民间社会，其内容之广泛，形式之多样化，使之成为一门融入社会而备受各界重视的文化。时至各种媒介发达的今日，凡有要事，国人仍然以勒石为记。在所有文物的门类中，像石刻这样既具有考古、文献价值，又具有文学和书法艺术价值，而且具有实用价值的文物，实不多见。以目前之所知，世界上唯有我们中国有这样博大精深的石刻文化。就国内各种文化遗产中，像石刻文化具备这么多的价值功能者并不多。因此，称石刻为"国粹"，并不为过。

　　厦门是一个石刻文物的蕴藏量相当丰富的地方。在许多风景名胜景点，如南普陀、日光岩和万石山等处，最引人注目的就是遍布其中的各种摩崖石刻。在同安孔庙、青礁慈济宫和南普陀寺，乃至有祠堂庙宇的地方，都可以观赏到内容丰富、书法精美的历代碑刻。近年来，随着厦门城市建设的发展，考古工作者还发掘出唐代的墓志铭。可以说，厦门自晚唐开发以来，石刻文化就与其发展的步伐形影相随。它不但是风景旅游区的点缀，还是厦门城市发展的见证。如果把这些林林总总的石刻文物归聚起来，完全可以把厦门 1000 多年来的文脉梳理出来。

可惜由于年代久远，有些重要的石刻已经毁佚。譬如从前矗立在鹭江道海边的"打石字"，是在近代什么时候消失的，至今还是一个谜。尽管如此，历劫遗留下来的各种类型的石刻数量依然不少。经过搜集整理后，发现除掉一部分坟山地界和"风水石"等标志性石刻，厦门地区共有摩崖石刻 456 段，其中 413 段分布在原来厦门市的老城区——思明区（鼓浪屿 69 段），其年份主要为明、清两个朝代和民国时期。其中有年款可查的石刻共有 412 段，包括明代 69 段，清代 218 段，民国时期 125 段。岛内年代最早的摩崖石刻是云顶岩上的"天际"两字。

碑刻的命运也和摩崖石刻差不多，不少碑刻现在仅能从方志文献里找到记载。像海沧那通记载明代名宦周起元的《侍御绵贞周公功德碑记》和湖里那通记载郑成功部将甘辉的《颂崇明伯甘老爷功德碑》，时至今日，原碑虽在，但除了碑题，已没多少个字可查了。就目前所见的实物进行统计，厦门现存有从宋代至民国时期的大小碑刻 382 通（可能还会有个别被遗漏），包括宋、元、明、清几个朝代，以及民国时期。其中以清代最多，共 289 通。年代最早的宋代碑刻都在岛外，它们有建隆四年（963 年）的《建造太师桥题刻》、治平二年（1065 年）的《海沧石室院石构建题刻》、开禧乙丑（1205 年）同安铜钵岩的《石佛造像记》、景定元年（1260 年）同安区新墟的《古道十八弯修路石刻》，但这些石刻大多是建筑物石构件上镌刻的文字。比较正规的碑刻，其年代最早只能追溯到明代，最早的有天顺二年（1458 年）海沧后井的《旌义民碑》、弘治甲寅（1494 年）同安的《宋理学先贤顺之许先生墓道碑》、弘治庚申（1500 年）灌口田头的《万寿宫题缘碑》、嘉靖二十五年（1546 年）马銮的《杜氏复业碑》和嘉靖四十三年（1564 年）同安岳口的《邑父母谭公功德碑》。厦门现存的这些碑刻文物，主要有铭功纪念、社会建置、教育机构和官廨、宗教寺院、宫庙殿宇、宗祠家庙、示禁乡规等几个大类，基本上涵盖了明清以来厦门社会生活的方方面面。

墓志的数量难以做准确的统计。据考古发掘，厦门近年一次性出土了两方唐代的墓志铭。目前发现的宋元时期墓志的数量还很少，明清两代相对较多，这种现象与厦门开发发展的进程是一致的。由于墓志记载墓主的生平相对翔实，涉及的社会环境也比较客观，因而是研究地方历史文化可靠的第一手资料。

厦门的石刻无论在形式或内容方面，都体现着中华传统文化的特色，同时又充满着闽南这一方水土的特质。而这种特质又是其他地方无法取代的。这就是厦门石刻文化魅力之所在。

厦门石刻文化有以下几个地域特色：

一是反映古代厦门人民抗击外来侵略的文物见证。明代中后期以后，随着闽南沿海海商贸易的兴起，厦门面临着倭患和西方殖民势力的骚扰。厦门军民奋勇作战，打败强敌，保卫了家园。现存的《征倭诸将诗壁》、《俞戚诗壁》和三处的《攻剿红夷石刻》，以及这些将领的多处摩崖诗刻，为这些爱国事迹提供了不可多得的实物见证。类似这一批能够反映中国人民抵御外侮的石刻文物，在国内实属首见。

二是反映海峡两岸"五缘"关系的重要见证。郑成功是海峡两岸共同敬仰的历史人物，厦门有为数众多郑成功及其部属的摩崖石刻、碑刻和墓志铭，还有不少后人缅怀这位民族英雄的石刻。此外，清代有关厦台关系的石刻为数甚多，其中典型文物有康熙朝的《澎湖阵亡将士之灵》石刻、乾隆朝反映两岸对渡的《重修五通路亭碑》和石国球等台湾同胞的题刻。有清一代，台湾属于驻守厦门的福建水师提督管辖范围，陈昂、吴英、蓝可斋、蒲立勋、陈化成、邱联恩、陈宗凯等水师将领留下来的各种石刻文物，内容多与台海风云有关。清代后期涉台的摩崖石刻和墓志更多，其中较有代表性的是易顺鼎反对"乙未割台"的题刻、李友邦的"复疆"题刻。记载厦台两地民间活动的墓志，以及镌刻台胞捐款参与修葺宗祠寺庙的碑记，更是不胜枚举。如记载台湾第一位举人的《苏巍庵夫妻合葬墓志铭》，记述台湾"板桥林家"林维源、林彭寿生平的墓志等等，都是体现闽厦两地关系的重要证据。

三是反映厦门与南洋华侨关系的珍贵史料。厦门人漂洋过海的历史源远流长，"服贾海外"的碑铭记载同样不少。从现存的碑刻来看，早在康熙三十五年（1696年）就有厦门人在"吧国"（今印尼）担任"甲必丹"（Kapitein）、"雷珍兰"（Luitenant）和"美硕甘"（Weeskamer）等华侨首领的记载。他们身在异国却心存故乡，多次为龙池岩寺和青礁慈济宫的修建捐款。华侨为祖籍地乐捐善款，已成为优良传统，这些都在厦门的碑刻上得到充分的体现。清末民初，墓志的形式日渐式微，而厦门的华侨或侨眷仍然延续这种文化传统。印尼华侨黄奕住、吴奕聪、王玉深和缅甸华侨陈茉莉等人的墓志，丰富了华侨史研究的内容。

石刻文物还具有证史、补史的重要作用，厦门的石刻也不例外。比如近年来出土的唐代墓志，就为厦门古代开发史的探讨展示了不少新的视野。

此外，某些地方人物生平的点点滴滴，也可以从相关的石刻文物中找到印证。不仅如此，石刻文物还为我们提出一些新的问题，如此前社会上一直认为古代厦门属于同安县管辖，但是清代厦门岛内官府的所有各类示禁石刻，却没有一通是以"同安县知县"或"知同安县事"结衔颁布，而无一例外都是以"泉州府海防同知"或"厦门海防分府"公布的。这说明什么问题？类似这些问题值得学术界文史同道的重视。

今天，我们编辑出版这部有关厦门石刻文物的书，目的就在于要让更多的人了解厦门的石刻文化遗产，并对它发生兴趣，从而共同携起手来爱护它。

谨以此书，向厦门经济特区成立 30 周年献礼！

编者

2011 年 12 月

| 厦 | 门 | 石 | 刻 | 撷 | 珍 |

目录

绪论 / 1

登山越岭赏明诗 / 38

征倭剿夷豪气在 / 55

风流千载忆延平 / 67

云洲诗味待重寻 / 82

石刻犹存台厦情 / 106

扫苔剔藓觅屐痕 / 121

美舰访厦续余篇 / 129

清代武将题刻多 / 140

名刹曾经作"客厅" / 148

僧人中彩修寺庙 / 159

鹭门仙佛用"番银" / 164

巍然片石阅沧桑 / 173

郑彩原是厦门人 / 179

且寄道心与明月 / 185

同安名宦有美文 / 190

雅称浑号识民风 / 196

踏遍浯洲寻石刻 / 203

后 记 / 222

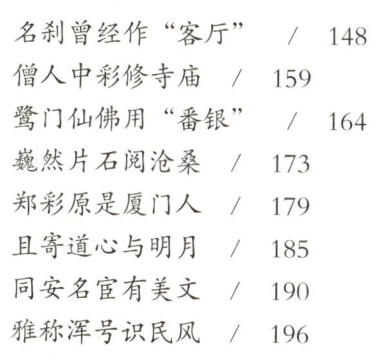

绪论

一

通常，我们对石刻并没有很严格的界定。从广义上说，凡在石头上雕刻的东西，都可称之为石刻。但从事文物工作的人看来，利用石头本身所进行的造型艺术创作，应称之为石雕（或称"造像"。如在石头表面上以单线条刻划的平面形象，则又称为"画像石"）。只有在石头的表面上雕刻文字，才是石刻。清代金石家叶昌炽认为："凡刻石之文皆谓之碑。"[1] 叶氏对"碑"的释义，实际上已给石刻和石雕作了界定，根本的区别就在于石头的平面有无文字。文物界在长期实践中，通常又将历史遗存下来的石刻分为：在天然石头的平面上雕刻文字的摩崖石刻，和在加工过的石材平面上镌刻文字的碑、碣和墓志等几个门类。摩崖石刻是属于不可移动的文物，而碑刻和已出土的墓志则否。但这些石头的表面上都镌刻着文字，因此它们总称为石刻。

本书所述及的对象，即指在厦门行政区划以内，以及历史上曾经辖属于厦门同安县的部分地区所保留至今的摩崖石刻、碑刻和墓志。

世界上没有一个国家能像中国那样保存着如此丰富，而且具有历史、文学和艺术等方面价值的石刻文物。

远古时期，石头不但是人类的劳动工具和日常用品，同时也是最早的

[1]

雕刻材料。古人不但懂得利用石头雕凿出具象的作品，还能够在岩石上磨刻和涂画某些符号，来描绘他们的生活，以及其想象和愿望。于是，在文字还没有产生之前，人类已经在岩石上面雕刻了岩画。中国是古代岩画分布较为集中的国家之一。

随着人类社会的进步，象形文字出现了。人类使用的文字皆从象形文字衍化而成。西亚的两河流域和古埃及等地的文化遗存，与新石器时代我国仰韶文化的陶器上面，都有由各种刻划符号演化而成的象形文字。然而，经过长期的使用与发展，中西方在文字发展的轨道上越走越远。唯独我国的汉字沿着象形表意这一文化模式，走过从陶刻符号到甲骨文、金文、秦篆、汉隶，乃至汉字最后成熟的发展历程，成为既是思想交流的工具，同时又是艺术审美的载体。而西方国家的文字则走向表音而不象形、偏重于实用功能的发展道路。

中国的石刻文字作为中华民族文化的载体之一，同时也体现着汉字演变、发展的全部过程。由于石刻蕴含着那么博大精深的历史、文学和书法、艺术的文化内涵，其自身的发展又如此源远流长而有规律，又如此有机地融入本民族文化的肌理之中，因而石刻本身形成的那种独特的文化，是中华传统文化中的一项瑰宝。

近年来，有学者认为中国的石刻文化，"其历史之悠久，精华之荟萃，品种之繁茂，书法之高妙，镌刻之精湛，史料之珍贵，内涵之丰富，涉及之广泛，功能之多样，风貌之壮观，是世界上任何一个国家所无法比拟的"[2]。《中华人民共和国文物保护法》也将石刻与革命遗址、纪念建筑物、古墓葬、古建筑、石窟寺等同时列为受国家保护的文物，受到社会普遍的重视。

闽南，尤其是厦门的石刻文物不仅门类齐全，为数众多，而且颇具地方特色。闽南历史文化的许多闪光点，其实就蕴涵在石刻里面。把这些珍贵文物的文化内涵揭橥出来，让石头说话，是一项很有意义的工作。

二

闽南，包括厦门的石刻文化源远流长，它是中华传统文化的一个组成部分。为此，我们有必要对我国的石刻文化做一个简略的回顾。

绪 论

摩崖石刻起源于岩画,始见于我国先秦时期。"石刻"一词,最早见于《史记·秦始皇本纪》的"群臣诵烈,请刻此石,垂著仪矩"。秦始皇的《峄山刻石》等一批摩崖石刻今犹存世。自秦以后,摩崖石刻历经千百年而不衰,上至帝王将相,下至骚人墨客,一有机会都会在石头上留下铭功、纪游的题刻,因而海内大部分名山都有各种各样的摩崖石刻遗存。

碑刻则肇始于东汉时期。但先秦的《仪礼·聘礼》一书已出现"碑"字,该书说:"东面北上,上当碑南陈。"东汉郑玄注曰:"宫必有碑,所以识日景、引阴阳也。凡碑引物者,宗庙则丽牲焉。其材:宫庙以石,窆用木。"可见"碑"最初是宫中识日影、系牲畜之器物,又是丧葬的工具,所以东汉的某些碑的中部偏上之处还保留着一个称作"碑穿"的圆孔。东汉盛行隶书,现存有原石或拓本的碑刻共230余种。南北朝时期隶书向楷书转变,各种石刻数以万计[3]。唐以后的碑刻更是浩如烟海。两宋以后,碑刻的内容往往涉及社会生活,所以记事的碑刻偏多。除铭功纪勋或官谕示禁外,民间的造桥铺路、修祠建庙等事都会立碑为记,以垂久远。所以千百年来,遗存下来的碑刻数量简直无法准确统计。

秦·峄山刻石

汉·史晨碑

墓志滥觞于战国时期的刻铭墓砖和东汉的刑徒墓砖,西晋时期开始定型。南北朝是墓志勃兴的时期,出土的墓志数以千计。历来全国各地陆续出土的各朝各代的墓志不知凡几。墓志以记述人事为主。其格式一般包括"首题"、"志文"和"颂辞"三个部分,内容不外是记录死者的世系里爵、生平功业、生卒时间、后嗣婚嫁以及墓葬位置等情况。墓志结尾附有"颂辞"(铭文)者为"墓志铭"。昔人为先人作墓志是很严肃的事,故所记人事相对可靠,加上墓志随死者入土后他人很难再篡改,所以一向为治史者所重。

【3】

摩崖石刻和碑刻的书体在汉代以隶书为主，六朝以后主要以楷书为主，四体兼备。而墓志基本上都以楷书"书丹"，其"首题"则多以篆书"篆额"，既保存古风，也有装饰的作用。

石刻，不仅可以用来作为研究、学习书法艺术的范本，其内容文字还是历史研究不可或缺的第一手资料。因此，目前石刻学（旧称金石学）已成了一门显学。

西晋·菅氏夫人墓碑并阴

三

福建地处中国东南沿海。两晋时期，中原文化始随着士民的南渐而在八闽大地传播。唐代早期，闽南的漳、泉两地已分别于垂拱二年（686年）和景云二年（711年）建州设郡。传统的石刻文化从唐代起在闽南地区生根发芽。闽南到处都有花岗岩，为石刻文化在当地的发展提供了极其有利的条件，也形成了其有别于北方石刻的地方特色。

早在遥远的古代，居住在闽南的先民便在石头上雕凿类似文字的"仙篆"。漳州的"仙字潭摩崖石刻"似字似画，形状奇特。这些刻划符号现保存在华安县汰溪边的崖壁上，分布范围约200平方米，现有50多个符号，至今犹未有人能够识读。但学术界基本上都断定它是先秦之物。从先秦到初唐，闽南地表上的石刻文物很少。尽管闽南地区现有若干座这段时期的古墓葬，如南安狮子山和泉州池店的东晋和南朝墓、惠安土寨的隋墓等，然而所出土的均为纪年砖，而无墓碑或墓志。南安丰州西晋纪年砖年代最早，上有"太康五年（284年）六月六日作"的年款。

唐代是福建石刻的萌芽时

先秦·华安仙字潭石刻

绪 论

期。目前省内唐、五代石刻遗存尚不多见。福州乌山的"般若台"有唐李阳冰的题刻篆书二十四字："般若台。大唐大历七年（772年）著作郎兼监察御史李贡造，李阳冰书。"它是福建省现存年代最早的摩崖石刻（原刻毁于"文革"，今据旧拓片重镌）[4]。闽南地区则以泉州清源山水龙岩石壁上的唐会昌四年（844年）刺史苏仁等人的楷书题名石刻，和晚唐秘书省正字徐寅的《咏弥陀瀑布》诗刻为最早[5]。此外，漳州云洞岩有五代的"许碏寻偃月子至此"题刻。据南宋陈知柔的《墨妙堂记》等文献记载，南安九日山素称"山中无石不刻字"，晚唐时期曾有姜公辅、秦系和欧阳詹等一些名贤的"墨迹在岩崖间"，可惜到了宋代，已经是"字不可复见"。

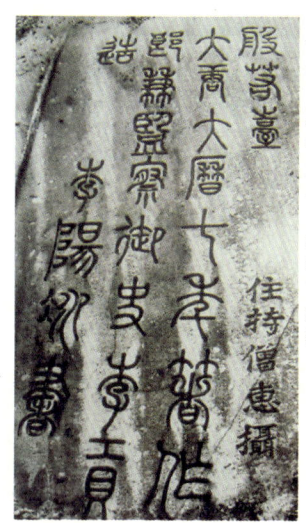

唐·李阳冰福州乌山般若台题刻

福建省年代最早的碑刻是福州乌山东麓的《敕贞元无垢净光塔铭》，此碑乃唐贞元十五年（799年）福建观察使柳冕为德宗皇帝祝寿祈福而立。闽南地区保存到现在的唐碑为数不多，一些名碑如唐黄滔撰写的《泉州开元寺佛殿碑记》，现仅能见之于文献记载。据清末陈棨仁编撰的《闽中金石略》一书所载，闽南地区年代最早的碑刻当推"大唐大中岁次甲戌（854年）五月八日"的《尊胜陀罗尼经幢》，该经幢位于"晋江县西门外道旁"，"乡贡进士欧阳偓及沙门文中共书"。陈棨仁编撰此书时，该碑应该还在，所以他在书中能够详细加以描述："幢高七尺七寸，八面，面广一尺，每面九行，行六十二字，末面题名字数不等，行楷书字。存者五面，余三面尽剥蚀"[6]。其次是同书所载的《佛顶尊胜陀罗尼经幢》，这件唐碑

唐·漳州陀罗尼经幢

【5】

厦门文史丛书
厦｜门｜石｜刻｜撷｜珍

唐·许氏陈夫人墓志铭

世称"唐咸通碑"，原在漳州，系唐懿宗咸通四年（863年）漳州押衙王劀建，建州司户参军刘镛书。陈棨仁认为"唐石在闽中者，自李少温（即李阳冰）《般若台》外，当以此为最"[7]。可惜历经兵火和"文革"的破坏，这座经幢已断裂成11块残件，现藏于漳州市图书馆。此外，1982年在泉州开元寺的柳三娘佛塔也发现一件《陀罗尼石经幢》，系南唐保大四年（946年）军事左押衙、充海路都指挥使兼御史大夫陈匡俊建，权利院使刘拯书。

福建唐代比较重要的墓志为福州北郊王审知墓出土的《唐故威武军节度使守中书令闽王墓志》和福州新店刘华墓出土的《唐故燕国明惠夫人彭城刘氏墓志》，但它们都是五代的文物。前者年款为五代唐同光四年（926年），后者则为五代唐长兴元年（930年）。泉州东门外出土的唐大中四年（850年）《唐故泉州北界营将朝请郎试太子宾客郑公墓志铭并序》（简称《郑季方墓志》），1980年泉州东门外石井乡出土的唐大中十一年（857年）《唐许氏故陈夫人墓志》，2005年厦门湖里区同时出土的大中十年（856年）《故奉义郎前歙州婺源县令陈公墓志铭并序》和"郓王登位后二年"（862年）《唐故陈府君汪夫人墓志》，其年代都比福州出土的墓志要早一些。近年，泉州北峰又出土一方五代后梁乾化三年（913年）的《唐故泉州□□银青光禄大夫刑布部尚书御使大夫王公墓志铭》，漳州的漳浦和龙溪两县的晚唐陈氏墓和咸通二年（861年）王楚中墓也分别出土了唐代买地券。

唐·云府君墓志铭

绪 论

宋·南安九日山祈风石刻

　　宋元时期泉州港海外贸易兴盛，致使闽南社会经济相对发达，石刻文化也因之进入发展的时期。南安县丰州的九日山风景优美，同时又是当时商舶祈风出洋的地方。"九日山摩崖石刻"共有宋至清代的题刻75段，其中宋刻有59段之多[8]。在这些宋刻中，"祈风石刻"有13段，分别记录从北宋崇宁三年（1104年）至南宋咸淳二年（1266年）间，泉州郡守和提举市舶司率领僚属、商贾为航海船只举行祈风仪式，祭祀海神"通远王"的事，是研究泉州海外交通史的宝贵资料。

　　泉州清源山共有宋代以来摩崖石刻500多段。其中有北宋李邴、林㫚和南宋陈傥、倪思等名人的题刻，尤以淳熙戊申（1188年）赵不遏和嘉熙四年（1240年）刘用行等人的题名石刻最为可观[9]，元代有蒲寿宬、蒲寿庚和偰玉立的题刻，元至正二十四年（1364年）的《修弥陀岩崖记》、至正二十七年（1367年）的《碧霄岩摩崖刻石题记》保存至今[10]，依然完好。除这两处比较集中的石刻群之外，闽南其他地方的宋元摩崖石刻数量不是太多，而且分散。原属于同安县的白礁龙池岩寺（今属于龙海市）有署款

[7]

为"宝庆元年（1225年）七月朔，邑宰九江王楷书"的"丹灶石"三个大字，是研究宋代医神吴真人（吴夲）的重要文物史迹。晋江县有南天寺乾道乙酉（1165年）王十朋的"泉南佛国"，紫帽山则有嘉定年间的纪游题刻[11]。惠安县紫山镇的石上有"清晖"二字，经鉴定当是宋至和二年（1055年）蔡襄的题刻[12]。

宋代闽南的著名碑刻当为皇祐四年（1052年）蔡襄撰写的《万安桥记》（俗称"洛阳桥碑"）。该碑由当时的石刻名匠福唐人上官力镌刻，故有"文、书、刻""三绝"之誉。今之所见乃1956年泉州市文管会根据旧拓片重镌的石碑。漳州地区原有宋朱熹、赵汝谠、颜师鲁等人和元虞集、揭奚斯等人题刻的碑记（见《龙溪县志》），还有宋杨志、庄夏所撰刻的《慈济宫碑》等碑记（见《海澄县志》），可惜这些碑刻早已毁佚。现存的有龙海市角美埔尾村宋淳熙元年（1174年）的《林魁水利功德碑》、漳浦县岭脚石梁桥宋嘉祐四年（1059年）题刻、长泰县古叉桥宋大观元年（1107年）题刻，以及漳州文庙的元延祐碑、龙海市角美南霞亭观音造像的元至正五年（1345年）题记和华安县状元桥元至正己丑（1349年）的题刻等[13]。泉州宋元碑刻数量较多。主要的宋刻有承天寺、开元寺、通天巷和南安丰州等处的宋淳化、景德和天圣年款的《陀罗尼经幢》，南安宋刻有熙宁八年（1075年）《赠金紫光禄大夫太师中书令兼尚书楚国公神道碑铭》、绍兴七年（1137年）《泉州重建州学记》、绍兴二十年（1150年）《圣墩祖庙重建顺济庙

宋·原同安角尾的"丹灶石"石刻

宋·洛阳桥碑

绪 论

宋元·泉州古伊斯兰墓碑

元·管领泉州路也里可温掌教官墓碑

记》和嘉定八年（1215年）《加句灵验佛顶尊胜陀罗尼经幢》等。泉州元刻有大德六年（1302年）庄弥邵的《罗城外壕记》、大德八年（1304年）的"奉使波斯使者墓碑"，延祐三年（1316年）亦黑迷失的《一百大寺看经记》、至元四年（1338年）的《重建清源纯阳洞记》和陈鉴的《清净寺记》等[14]。此外，泉州还保存大量伊斯兰教的"蕃客墓"、古天主教徒的墓碑以及摩尼教的经文等宗教石刻，其所镌刻的虽然是阿拉伯文、波斯文、八思巴文和拉丁文，却反映了宋元时期闽南石刻的另一种重要特色。

闽南各地宋、元两代墓志的数量比起唐、五代已明显增多，志石基本上也比较古朴厚实。这个时期闽南还出现一种在泥坯板上刻好字再烧制的以陶瓷为材质的墓志。德化县曾出土瓷质的买地券，厦门同安区出土的崇宁三年（1104年）《故太夫人苏氏墓志铭》（一志两石），看上去就像两块大砖头。

明、清两代是闽南石刻的兴盛时期。明初闽南沿海的筑城禁海，中后期倭患和红夷的骚扰、漳州月港航海贸易的兴起，明末郑成功的抗清复台，以及清代厦门港的崛起，闽台之间的往来日益频繁等等，都赋予闽南社会生活新的内容。加上明清时期社会经济向前发展，闽南民间的宗族组织和佛教与民间信仰的活动空前活跃。凡此种种，必然都在石刻方面得到了体现。明清时期闽南石刻数量之多，

【9】

内容之丰富，特色之显现，可谓前所未有。

明代闽南的石刻中，比较重要的摩崖石刻是明后期俞大猷在泉州清源山的《平倭班师记》，以及厦门的抗倭和"攻剿红夷"等一批石刻。漳州的云洞岩也是石刻较多的地方，共有历代摩崖石刻203段，其中明刻125段，而宋刻才有7段[15]。这和宋代泉州港兴盛之时，南安九日山宋刻居多，道理是一样的。

闽南所存明代碑刻中，反映海外交通的有永乐十五年（1417年）泉州清净寺的《郑和下西洋行香碑记》；反映闽南人改造环境的有永乐十五年（1417年）晋江青阳的《重修清洋陂沿江斗门碑》、正统六年（1441年）晋江池店的《自然公修洛阳桥记》和明崇祯元年（1628年）厦门后溪的《蔡虚台先生筑海丰朱埭堤岸功德碑颂》等；反映伊斯兰教的有明永乐五年（1407年）泉州清净寺"敕谕碑"、正德二年（1507年）的《重立清净寺碑》、万历三十七年（1609年）的《重修清净寺碑记》；反映民间信仰内容的有正德十一年（1516年）漳州东山关帝庙的《鼎建铜城关王庙记》、万历四十六年（1618年）漳州的《修建嘉济庙圣迹碑记》和崇祯庚辰（1640年）泉州凤山忠义庙的《第一山重修地祇忠义庙记》等；反映闽南各地修建宗祠祖庙的有正德十四年（1519年）南安丰州的《黄氏始祖祠堂碑记》、万历二十八年（1600年）晋江陈埭的《重建陈江丁氏宗祠碑记》和崇祯十年（1637年）厦门青礁的《颜氏家庙从祀碑记》等。闽

明·泉州清真寺郑和行香碑

明·清净寺永乐五年上谕碑

明·周长庵墓志铭

绪 论

南出土的明代墓志大部分是嘉靖以后之物，其数量良多，且涉及对象也比较广泛，除了文武高官、诰封（或"诰赠"）命妇之外，乡耆处士、仁人富者死后也有墓志。尤为珍贵的是还有一批有关郑成功家族、部属的墓志。墓主既有俞大猷、李卓吾妻黄氏、黄吾野、蔡贵易、李献可、周尔发等史志有名的人，还有好些是名不见经传的人物。后者身处基层，所记载的社会生活往往更加真实可靠。因而，明代墓志的史料价值越来越受到重视。

明末清初以后，闽南石刻之风渐以厦门为盛。石刻文化随着厦门港的兴盛，社会生活的多元化等变化而与时俱进。

四

唐五代至明清时期，厦门都是同安县属下的嘉禾里，归泉州府管辖。据文献可知，中唐以后厦门岛始有人烟。不过，本岛出土的唐大中十一年（857年）墓志却记载墓主的曾祖父到嘉禾里开发后不久，已经不但"家丰业厚，又为清源之最"，而且其祖父还因"幼资经术"而"游于京师"，到外省当过官。可见中唐时期中原的文化教育已随着农耕文明一起进入厦门岛。但厦门除了出土过两方唐志外，唐、五代的石刻文物目前暂未发现。

宋、元时期，厦门岛包括今之同安、金门的社会经济依然以农耕为主，渔业副之。虽有理学名儒朱熹的"过化"，但科举方面的起色似不明显。有宋一代同安县在泉州府的7县中，登进士第的总人数排名居于中游偏下，北宋列第4位，南宋反而掉到第6位[16]。宋、元两代闽南地区的石刻正进入发展时期，同安的石刻同样也正在起步。年代可以确定的摩崖石刻有原属同安县的龙池岩那段宝庆元年（1225年）"丹灶石"题刻。相传宋代朱熹在同安有多处题刻（包括号称厦门最早、最完整的"太华岩"

唐·陈元通墓志铭

题刻），陆秀夫在厦门也题刻"龙门"二字等等。据地方史志记载，宋代厦门曾经有不少碑刻。如清《海澄县志》附载宋嘉定二年（1209年）、九年，杨志和庄夏先后所撰的两通《慈济宫碑》，民国《同安县志》也载有宋嘉定年间的《知县毛当时建朱子祠碑记》、咸淳丙寅（1266年）的《豪山庙碑记》、元至正十六年（1356年）的《孔公俊筑大同书院记》等，可惜这些宋、元的石刻和碑刻大部分已经毁佚。今有文物存世的只有宋开禧乙丑（1205年）同安莲花镇云洋村铜钵岩的《石佛造像记》、景定元年（1260年）同安区新墟村的《古道十八弯修路石刻》。开禧乙丑年的造像记全文为："弟子毛士作同妻陈五娘舍钱钻造观音菩萨、定光菩萨、昭应菩萨及补陀山镇于铜钵，仰叶愿符心地，世籍福田者。宋开禧岁次乙丑七月日，都劝毛士及，住岩僧祖成，石匠陈聚。"景定元年石刻高38厘米，宽35厘米，石状不甚规整[17]。厦门有明确纪年的题刻当推这两通时间最早。此外，同安大同镇的东桥头有一段柱形石构件，上刻"建隆四年（963年）岁次癸亥九月一日，勾当造桥杨光袭，监临元从周仁袭（下缺）"。海沧石室院有"治平二年（1065年）□□建"的石构件（2002年该寺出土）。但严格说来，这两块刻石还不宜列入碑刻。后溪镇圣果院内有一通元至正十九年（1359年）的《龙山圣果院祠堂内碑记》，可惜是与明代天启年款的碑文合刊为一石，其断代只好推后。

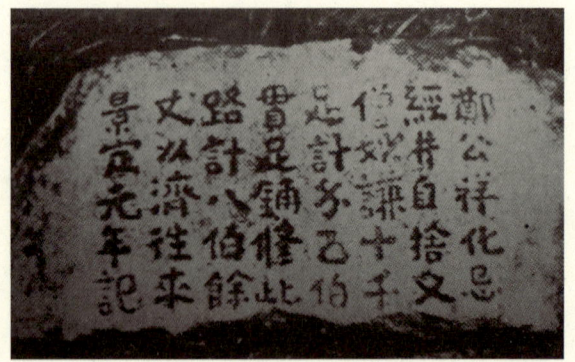

宋·同安新墟古道十八弯题刻

厦门近年来先后出土了一批宋代的墓志，其中有崇宁三年（1104年）《故太夫人苏氏墓志铭》、宝祐元年（1253年）厦门岛上出土的《□□□□林公孺人姜氏圹志铭》、景定庚申（1260年）的《故致政陈君夫人郑氏圹铭》、咸淳九年（1273年）的《陈云岩圹志》和元大德九年（1305年）的《辜仪娘圹志铭》等。

明初为了防倭和禁海，厦门扼控漳泉两地、面向海洋的重要地理位置开始受到重视。洪武二十七年（1394年）二月在厦门岛上设置了中左守御千户所城。但明代厦门（包括同安、金门两县）石刻的真正兴盛是从中后期才开始出现的。明代中后期，闽南沿海交织着倭患、西方殖民势力的骚

绪 论

扰，和"海禁与反海禁"的尖锐矛盾。厦门军民曾多次英勇地抗击外来侵略，为我们留下多处征倭、"攻剿红夷"的石刻。在倭患渐次弭平，漳州月港的对外贸易逐渐兴起之际，闽南沿海一带社会经济的发展得到了好转。于是，厦门同安（包括金门）涌现出一批像刘汝楠、洪朝选、李春芳、叶普亮、蔡复一、蔡献臣、池浴德、林宗载等为后世所津津乐道的文化名人，把这个地方的文教事业推向一个前所未有的高度。明代厦门、同安石刻的兴盛和这一大批名宦文士的关系至大，存世的摩崖石刻、碑刻和墓志绝大部分都与他们有直接或间接的关系。

明末清初，郑成功踞金、厦两岛以

宋·林公孺人姜氏圹志

厦门摩崖石刻

厦门文史丛书
| 厦 | 门 | 石 | 刻 | 撷 | 珍 |

厦门摩崖石刻

抗清复台，同时开展海上贸易。郑成功是厦门港的奠基者。他在厦门和金门的十余年期间，留下了大量的史迹，其中包括明郑时期的摩崖题刻和一批部属的珍贵墓志，以及后人咏怀这位民族英雄的题刻。这些都是我们极其宝贵的精神财富。

清康熙朝统一版图之后，厦门成为闽海关和"台运"的正口，福建水师提督和兴泉永兵备道的衙门同时也都设在岛上。厦门遂成为闽南政治、军事、经济和文化的中心，一时"市井繁华，乡村绣错，不减通都大邑之风"。这段时期厦门石刻的特点有：（1）摩崖石刻开始大量出现在厦门岛上。所以后人常说，要找明代墓志到同安，要看摩崖石刻就在厦门本岛。（2）本地和外来的骚人墨客的诗刻较多。黄日纪和厦门"云洲诗社"诸社友，以及临安（今杭州）俞成等外地诗人的摩崖诗刻几乎遍及岛内的名岩胜景。小小的厦门岛，仅黄日纪的诗刻和题刻就有15段，俞成6段。（3）有关闽台关系的石刻成为一大特色。这类碑刻主要有乾隆三十九年（1774年）的《重建五通路亭碑》，和乾隆五十三年（1788年）乾隆皇帝的《剿灭台湾逆贼生擒林爽文纪事语》等

清·黄仁囿墓志铭

【14】

绪论

四通御制碑等。《重建五通路亭碑》与嘉庆十一年（1806年）晋江的《新建蚶江海防官署碑记》（俗称"蚶江鹿港对渡碑"）并称为清代闽台对渡的重要实证。乾隆御制碑载述了清政府由厦门发兵镇压台湾林爽文、庄大田起义的经过，对闽台关系史的研究具有参考价值。（4）墓主身份为"操计然术"的商贾或没有功名的"善人"的墓志较常出现。乾隆四十二年（1777年）的《林仁圃夫妻合葬墓志铭》记载的是一位"急公尚义"又善于勾结官府的同安财神爷。乾隆五十九年（1794年）的《李敦化墓志铭》记述了厦门上李村的李敦化父子或"贾外洋"或"行货于粤，久客苏州"的情形。嘉庆壬戌（1802年）的《杜静园墓志铭》所载的马銮人杜静园年轻时便到台湾经商，"经营于后垄、竹堑间"。说明康乾盛世，闽南"重儒轻商"的风气已有所松动，"陶朱公"哪怕略识之无，死后也能和达官贵人或知名士人一样，都能请人来"诔墓"。

清代道光年间中英鸦片战争爆发，坚船利炮裹胁着西方文明开始拱开大清帝国的门户，厦门被辟为中国近代首批对外开放的通商口岸。从那时起，厦门社会发生了很大的变化，海港文化的特色进一步得以彰显。近代厦门石刻有几个特点：（1）记载了西方列强侵华的史实。如同治三年（1864年）的《重修兴泉永道署碑记》和同治十年（1871年）的魁星石摩崖题刻，都分别记述鸦片战争期间，英军占据我兴泉永道衙门，改建"夷楼"（领事馆），直到1863年才归还的经过。同治十年（1871年）海沧宁店的《漳州府海澄县正堂示禁碑》则反映"大荷兰国领事"对清政府的地方行政权的干预。类似性质的石刻在国内其他地方并不多见。（2）有关台胞和东南亚华侨的石刻数量增多。清代厦门不乏反映各个时期闽台关系的

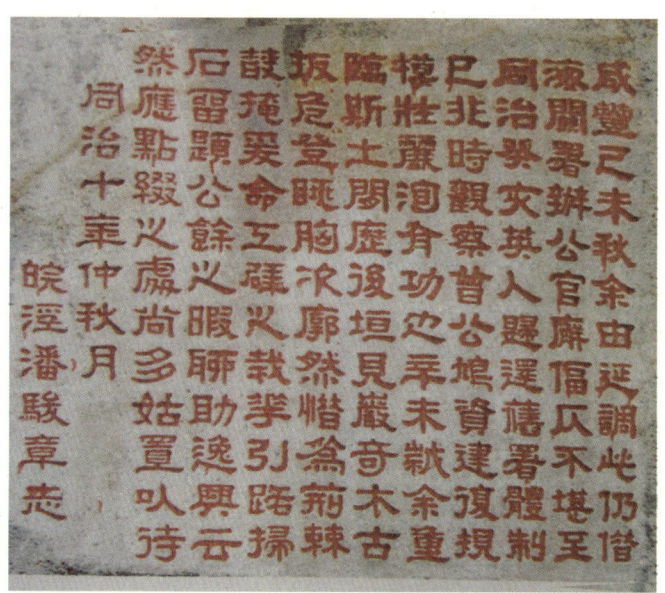

清·厦门魁星石摩崖题刻

【15】

石刻，但甲午中日战争以后，爱国台胞不愿当亡国奴而纷纷内渡，给厦门的石刻增添了不少新的内容，如林尔嘉、林鹤年、施士洁等台湾名人在鼓浪屿等地方都留下了题刻。反映华侨爱国爱乡的石刻，最早有康熙三十五年（1696年）的《重兴龙池古刹碑记》和翌年的《吧国缘主碑记》，近代以来多体现为摩崖题刻和寺庙宗祠的捐款碑。（3）题刻和碑刻的落款大量出现商郊行业的名称。此风乾隆年间虽然已有，但近代尤盛。如果把"番银"在本地区的使用也结合起来研究，将给地方经济史增加新的内容。（4）历年出土的近代以来的墓志数量明显减少，墓志主人除了归国侨商以外，本土人士不多。

　　从出土唐代墓志的年款算起，厦门石刻至今已经有1000多年的历史。经过千百年岁月长河的淘洗，厦门石刻依然保存着相对较为纯正的中华传统形式，但身上却又负载着独特而深厚的历史文脉，因而厦门的石刻文化具有鲜明的地域特征，和丰富的文化内涵。就书法艺术而言，厦门摩崖石刻的书法大体上以楷书为主，行、草、隶、篆各体俱备，佳者如明傅钺、丁一中，清张瑞图、何绍基、李暲、周凯、李增霨等人的书法，都能代表题刻作者所处时代的艺术水平。值得注意的是明嘉靖以前的题刻多在字幅四周加上莲花宝座为框，似乎含有"凡刻石之文皆谓之碑"[18]的古义，无意中却为后世提供了鉴别年代的准绳。碑刻基本上以真书正楷刻石，但也有少数

近代台湾诗人施士洁题刻

清·海沧慈济东宫的吧国缘主碑

绪 论

碑刻采用行、隶书体,其至篆书。墓志的志文则一律采用正楷。题写碑刻和墓志者通常都是当地名家,但下笔不弱,颇为可观。一些比较庄重的碑刻,如时至乾嘉时代,南普陀的御制碑、同安孔庙的《重建同安县学大成殿碑记》等还配有精美的石贝屃为座,《建盖大小担山寨城纪略》甚至建造了石碑亭。这些都是厦门石刻文化"遵古制"的有意识之体现。

至于厦门石刻的诗文风采和史料价值,及其背后的掌故等等,由于内容过于丰富而庞杂,只能撷其要者在本书的以下部分浅述之。

五

目前,厦门存世的摩崖石刻总共有456段(除掉一部分坟山地界和"风水石"等标志性石刻),分布在厦门市的各个辖区内,其中思明区413段(鼓浪屿69段),集美区6段,海沧区8段,同安区24段,翔安区5段。

思明区是厦门的老城区,人文资源丰富,辖区内又有诸多名岩胜景,所以摩崖石刻的数量居多,其中万石植物园(包括万石岩、中岩、太平岩、紫云岩和天界寺)有摩崖石刻111段,虎溪岩和白鹿洞共有84段,南普陀及后山的五老峰有70段,鼓浪屿的日

明·张瑞图日光岩诗刻

古代的碑座——贝屃

清·建盖大小担山寨城纪略之碑亭

清·建盖大小担山寨城纪略碑

光岩有61段。此外，云顶岩和中山公园内的魁星石也有不少题刻。思明区是厦门摩崖石刻最集中的地方，辖区面积不大却拥有那么多的石刻，难怪郭沫若当年游览南普陀寺时，很有感慨，曾写下"天然林壑好，深憾题名多"的诗句[19]。

（一）厦门的摩崖石刻主要涵盖明、清两个朝代和民国时期。部分石刻没有年款，或年款不甚可靠，年款确切的石刻共有412段，其中明代69段，清代218段，民国时期125段。

厦门年代最早的摩崖石刻是岛内云顶岩上的"天际"两字，它题刻于明洪武十四年（1381年），其次是万寿岩的"无量寿佛"四个楷书大字，题刻于明正统七年（1442年），万

明·洪武十四年云顶岩"天际"题刻

绪 论

寿岩吴楷那段诗刻年款为嘉靖六年（1527年），列为第三。同安还有几段有嘉靖年款的诗刻，只是年代皆迟于以上题刻。此外，相传厦门有两段宋代摩崖石刻。一为云顶岩上的楷书题刻"龙门"二字，传为宋末陆秀夫所题。一为"官荣"石刻，《厦门志·分域略》载："烟墩山，在城东文公山东，下有'官荣石'，距塔头社里许。……陆丞相秀夫书'官荣'刻之。"今"官荣石"已毁，但从仅存的旧照片来看，"龙门"两字却与它有些神似，但是否陆秀夫的手迹，那就只能姑存待考了。

厦门摩崖石刻的内容大体有题记和诗文等几项。题辞、记事和纪游的短文等都属于题记。题辞的字少，多数仅两个字或四个字，不过刻在名岩胜景中，却有画龙点睛的妙处，如明傅钥在天界寺所题的"仙岩"、"天界"，丁一中在鼓浪屿日光岩所题的"鼓浪洞天"，林懋时在虎溪岩所题的"稜层"，清奕仁在太平岩所题的"石笑"，李暲在万石岩所题的"万笏朝天"等，不但书法美，辞句也高雅、生动而且富有内涵。后世那些附骥应景之作，其水平很少有出其右者。纪游类的题记也很简练，如明万历年间

明·嘉靖六年万寿岩吴楷诗刻

云顶岩"龙门"题刻

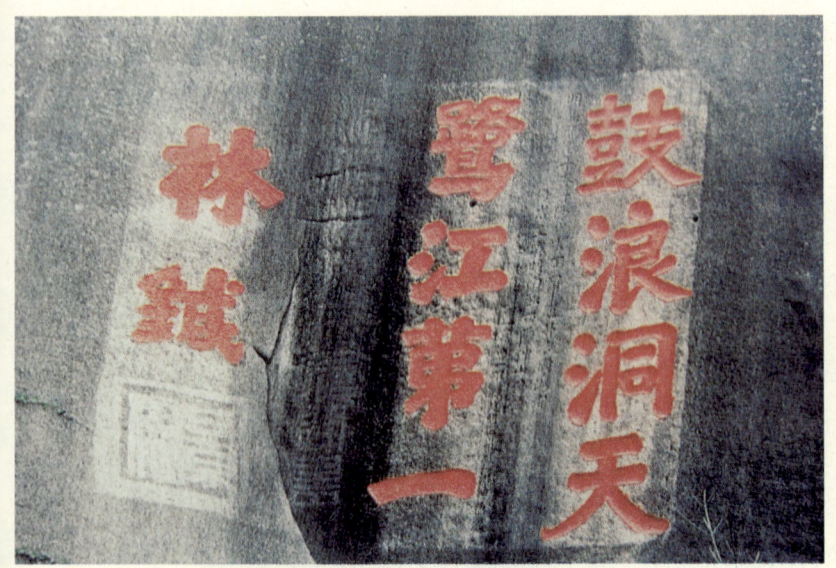

明·丁一中"鼓浪洞天"题刻　　　　明·天界寺"仙岩"题刻

沈有容与著名学者陈第在南普陀的纪游题刻总共才28个字。清末美国舰队访问厦门和隔年来厦献杯致谢，以及接待美国商会代表团等外交大事，刻在石头上至多不会超过200字。贝勒载洵等人和名人郑观应等人游览南普陀的纪游题刻更短，仅题人名、时间而已，并无赘辞。记事题刻最有影响而行文最简练的，是白鹿洞和鸿山上面天启年间赵纾、朱一冯、徐一鸣等人的那三段"攻剿红夷石刻"，短者13字，长者也不过60个字，这三段题刻不但海内仅有，而且对研究明代厦门军民抗击外来侵略的历史意义尤为重大。题记字数多者如清普荫隐氏的《万寿岩记》，薛起凤的《榕林别墅记》，太平岩的《永禁毋许寄厝棺骸

清·纪游题名石刻

绪 论

题刻》，鼓浪屿的《重兴鼓浪屿三和宫记》等，这些题记虽然动辄上千字，但有史料存焉。譬如石泉岩那段字数不少的《告示题刻》中，居然有清代该寺的泉水"每日出数百余担"，市民来取用，"每取水一担纳钱四文"的经济史资料。行文不短但摘词却有可观者，如清道光年间的《重修白鹿洞序》，作者以"悟七心之尽妄，佛不殊仙；念三教之同源，儒亦重释"等句，赞叹当时该寺融有儒、道、释之风。有的题记虽长，但很有"禅"趣。如白鹿洞的《成盛和尚禅语石刻》记载清初雍正年间原籍厦门的成盛和尚时在北方，有人问："闭关三年，事作么生？"成盛答："在声色里"。又问："北方禅、南方禅，是同是别？"他说："一个鼻孔出气。"

　　厦门有明纪年的摩崖诗刻数量颇不少，其中当以施德政、李扬和徐为斌在天界寺的《征倭诸将诗壁》，抗倭名将戚继光、俞大猷在万寿岩的《俞戚诗壁》这两组诗刻，以及抗荷将领南居益、谢弘仪（道光《厦门志》作谢隆仪）、何舜龄等在虎溪岩、日光岩等处的诗刻知名度最高。除此之外，本地的官宦文士，如刘汝楠、李春芳在同安圣水泉山，叶普亮、洪朝选、刘存德、

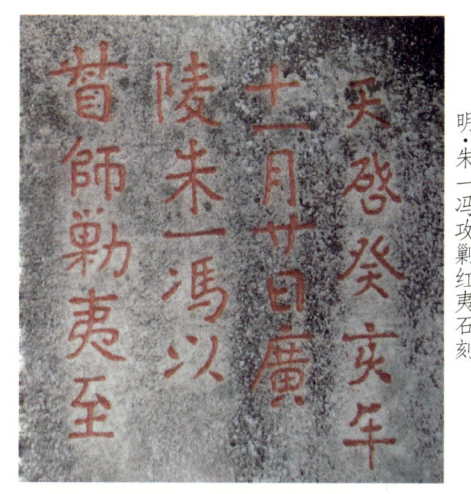

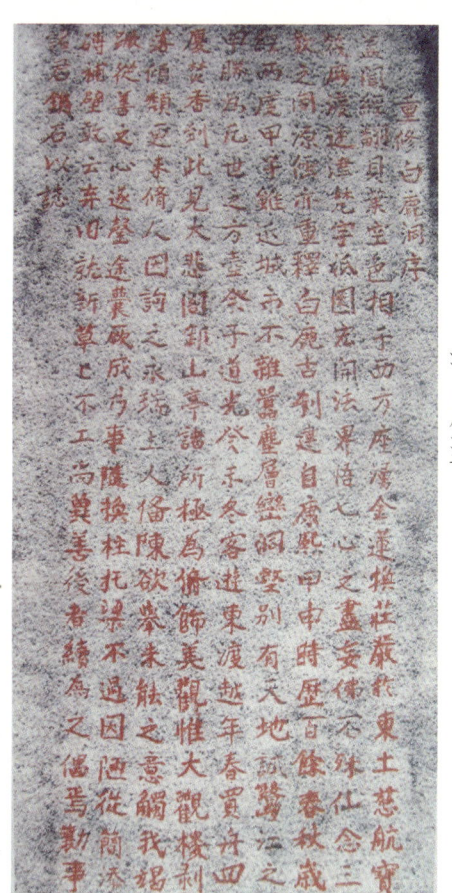

明·朱一冯攻剿红夷石刻

清·白鹿洞记

【21】

傅钺、池浴德、陈应鸾等人在厦门的云顶岩也都留下了诗刻。值得一提的是隆庆、万历年间江苏丹阳人丁一中在厦门总共留下9段诗刻（其中金门2段）。在明代诸诗刻中，丁氏的数量最多，影响较大。

由于社会发展，以及港口优势等因素，入清之后厦门遂一跃为闽南的政治、经济和文化的中心，而且是闽台之间重要的枢纽。于是，与外界的交往日益频繁。有清一代，来厦或来厦转台的官员多有工诗善书者，来厦寓居的也有不少是漳、泉两地的文化精英。因此，清代厦门摩崖诗刻的作者大多属于上述人物。龙溪黄日纪来厦定居后，与"云洲诗社"的社友们一起弘扬风雅，厦门的名岩胜景几乎都有他们的诗刻。临安（今杭州）的俞成在厦任海防同知时，也到处题诗刻石。黄日纪的诗刻有13段，题记2段。俞成的诗刻有6段。黄氏诗的格调平平，唯时有佳句。俞氏在万石岩那一段"偕同人游万石岩，复登中岩上岩"的五古长诗，足有68句之多。不过，黄、俞两位雅士的行书题刻还是能为厦门的海色山光平添些书卷气。

乾嘉之后，诗刻逐渐减少，更多出现的是题辞类的石刻。著名的爱国台胞李友邦在南普陀寺

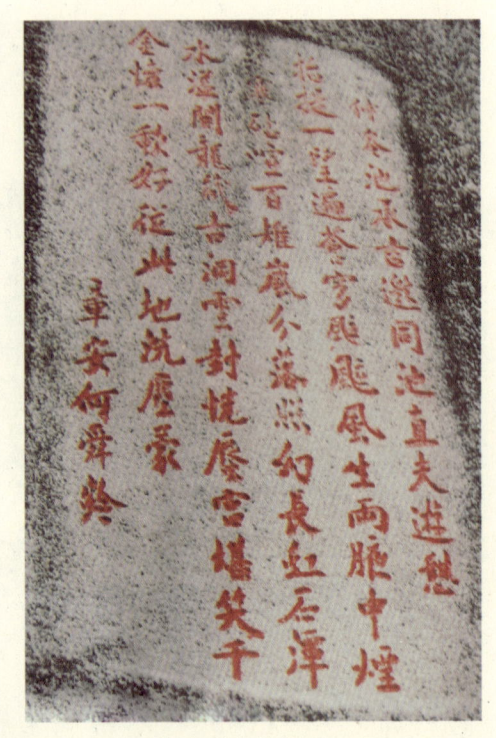

明·何舜龄诗刻

明·丁一中金门太武山题刻

绪 论

后巨石上题刻的"复疆"两字，今已成为涉台文物的珍品。

鼓浪屿日光岩是厦门摩崖诗刻数量比较多的地方。该岩有石刻60余段，其中明丁一中、南居益和清黄日纪、俞成和石国球等人的诗刻和题刻，以及蔡元培、蔡廷锴、汪兆铭等近现代名人咏怀郑成功的诗刻最引人瞩目。明、清时期的张瑞图和何绍基的题刻乃后人据真迹所摹刻，这两位大书法家其实未曾来此登临过。除此之外的诗刻大部分属于个人酬酢之作，其中唯有张琴和施士洁等名家最佳。

（二）厦门现存有从宋代至民国时期的大小碑刻382通（可能还有个别遗漏），其中年代确切的为：宋代5通，元代1通，明代43通，清代289通，民国时期44通。此外，录自方志文献者74通。年代最早的题刻是宋建隆四年（963年）的《建造太师桥题刻》、治平二年（1065年）《海沧石室院石构

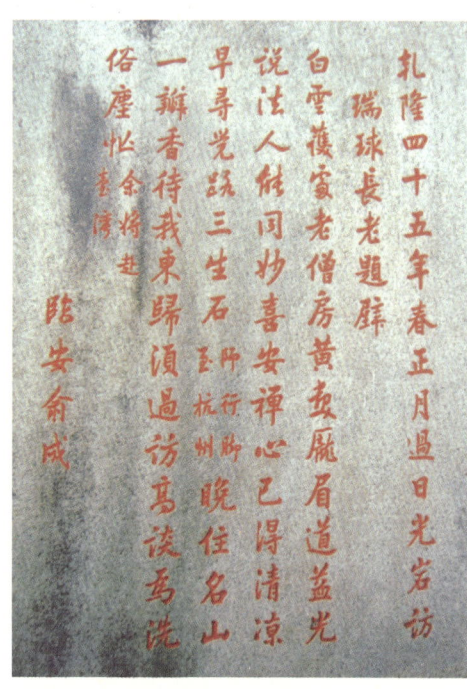

清·俞成日光岩诗刻

南普陀近代台胞题刻

建题刻》、宋开禧乙丑（1205年）同安铜钵岩的《石佛造像记》、景定元年（1260年）同安区新墟村的《古道十八弯修路石刻》和明正德十一年（1516年）灌口的《重建深青桥记》等，然而这些题刻或题在建筑构件上，或为造像题刻。现存较为正规的碑刻中，年代最早的前五位为：明天顺二年（1458年）海沧后井的《旌义民碑》、弘治甲寅（1494年）同安的《宋理学先贤顺之许先生墓道碑》、弘治庚申（1500年）灌口田头的《万寿宫题缘碑》、嘉靖二十五年（1546年）马銮的《杜氏复业碑》和嘉靖四十三年（1564年）同安岳口的《邑父母谭公功德碑》。

厦门所有的碑刻可以分成八个大类：

第一类：铭功纪念。共51通，其中见诸方志文献者21通。内容包括名宦祠碑记、攻剿红夷石刻、各种功德碑、去思碑等。除明代的《攻剿红夷石刻》、清代的"欢迎美国舰队"等题刻外，主要有建造或重修朱子祠（或称紫阳

清·何绍基日光岩题刻

宋·建隆四年建造同安太师桥题刻

明·蔡虚台先生筑海丰朱埭堤岸功德碑颂

祠)、苏魏公(即苏颂)祠堂、林次崖公(即林希元)祠、李忠毅公(即李长庚)祠堂和周公(即周凯)祠的碑记;有赞颂谭维鼎、刘斯徕、陈镆(海澄)、李灿然、唐孝本、吴镛、刘嘉会、姜应龙等知县或其他官员的"德政碑"。明崇祯元年(1628年)何乔远撰文的《蔡虚台先生筑海丰朱埭堤岸功德碑颂》、清雍正癸丑(1733年)的《唐侯功德碑》反映同安人民对带头改造环境、造福乡梓的蔡献臣和唐孝本的怀念,颇有史料价值。

第二类:社会建置。共64通。其中见诸方志文献者18通。包括桥梁类18通,津渡类7通,道路类8通,其他设施31通。内容有建造和重修太师桥、深青桥、五显第二桥、西安桥、饮亭桥、鼓浪屿宫口桥、喜济桥、铜鱼桥等桥梁的碑记;有重建重修利济渡、五通路亭、洪本部渡头、打铁路头、新路头、莲河渡码头的碑记;有在古道十八弯、西山、岭头崎下、董内岩后山等地修筑道路的碑记;有修建唐公堤、张埭、义仓、育婴堂、普济堂、自来水公司上李堤坝、中山公园、中山医院等公共设施的碑记。

第三类:教育机构和官廨。共44通,其中见诸方志文献者29通。包括书院类29通,孔庙、明伦堂类7通,官廨类8通。内容有重建或重修大同书院、安边社学、文公书院、

清·邑侯刘功德碑

清·重修打铁路头碑记

双溪书院、鳌江书院、玉屏书院、华圃书院、紫阳书院、金门浯江书院、禾山书院、启智学校、宽裕学校、觉民学校、竹树脚教会学校的碑记；有重修重建同安孔庙、同安县学、明伦堂、大成殿等的碑记；有重修重建安边馆、兴泉永道署、马巷厅衙署和同安县官、公署的题名碑等碑记。

第四类：宗教寺院。共74通，其中见诸方志文献者2通。包括佛教寺院类68方，道教类4方，伊斯兰教2方。内容有重建或重修同安铜钵岩、龙山圣果院、梵天寺、石室院、龙池岩寺、南普陀寺、云顶岩僧舍、松柏林观音堂、盈岭大士寺、

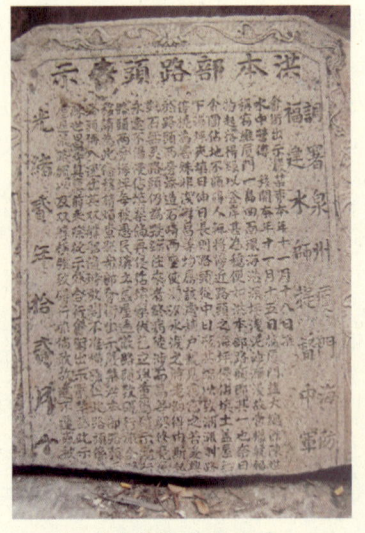

清·洪本部路头告示碑

清·重修同安儒学碑记　　近代建立宽裕学校碑记

梅山寺、万寿岩、普光寺（另称金鸡亭寺）、天界寺（另称醉仙岩）、白云岩寺、后溪定琳院、白鹿洞寺、莲河圆通庵、中岩寺、万石岩寺、紫云岩寺、鸿山寺、太平岩寺、海沧云塔寺、翔安香山寺等寺庙，以及道教的同安朝元观、大元殿和伊斯兰教的厦门清真寺等宗教场所的碑记。

第五类：宫庙殿宇。共80通，其中见诸方志文献者2通。包括吴真人庙宇32通，其他民间信仰的神庙类48通。内容有重建或重修慈济东宫、

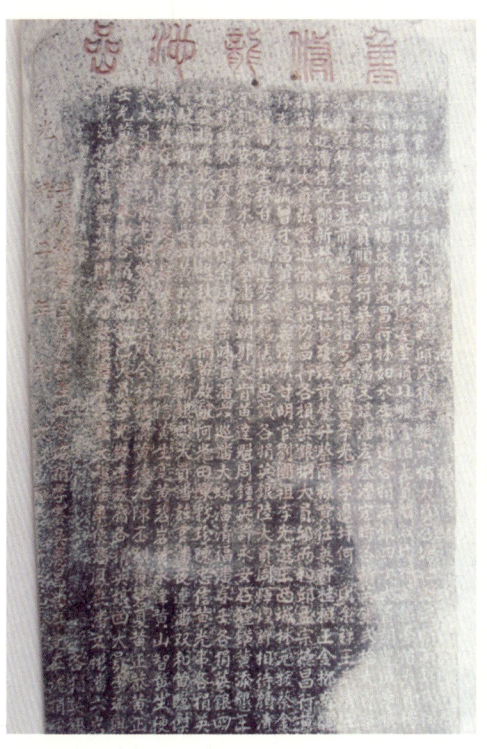

绪 论

清·重修龙池岩寺碑

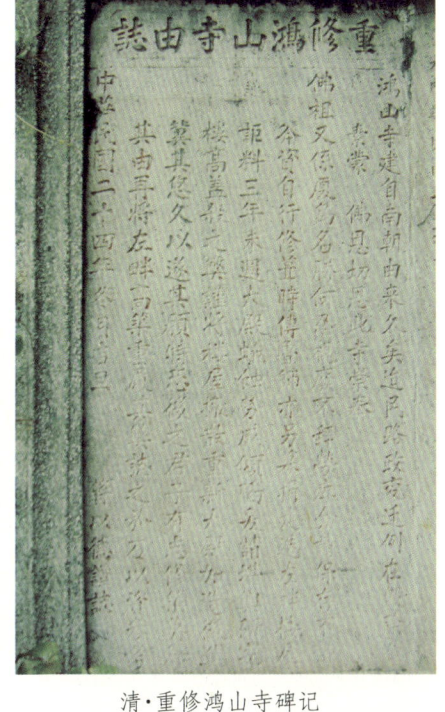

清·重修鸿山寺碑记

清·重修金鸡亭普光寺碑记

后柯海印堂、曾厝垵鹫峰堂、高崎万寿宫、温厝慈济北宫、丙州昭应庙、马銮昭应宫、厦门篁津宫、海沧玉真法院、新垵大觉堂、海沧龙山宫、五通昭塘宫、厦门长兴宫、同安灵鹫堂、鼓浪屿兴贤宫、种德宫等吴真人庙宇的碑记；有重建或重修翔安介谷殿（祀神农炎帝）、深青茂林庵、海沧灵惠庙（祀张巡、许远）、厦门水仙宫（祀夏禹等水神）、马巷三忠宫（祀文天祥、陆秀夫、张世杰）、灌口凤山祖庙（祀李府元君）、厦门武西殿（祀玄天上帝）、鼓浪屿三和宫（祀妈祖）、厦门和凤宫（祀吴真人、妈祖）、新垵正顺庙（祀广惠尊王）、曾厝

清·重修忠惠庙碑记　　　　　　清·重修武西殿碑记

垵福海宫（祀妈祖、吴真人等）、同安广利庙（祀王审知）、碧山岩药皇殿（祀神农圣帝）、同安后河圣母庙（祀妈祖）、马巷元威殿（祀池府王爷）以及厦门、同安、马巷的城隍庙等民间信仰宫庙的碑记。

　　第六类：宗祠家庙。共30方。内容有重建或重修翔安金柄黄氏祖祠、海沧芦坑谢氏世飨堂、海沧青礁颜氏家庙、海沧后柯柯氏时思堂、集美马銮杜氏大宗祠、同安铺后陈氏祠堂、湖里县后嘉禾县陈氏庙、集美灌口下许许氏季房小宗、翔安澳头苏氏孝思堂、湖里县后陈氏燕诒堂、海沧钟山蔡氏谷诒堂、海沧宁店龙潜宗祠、湖里殿前陈氏地房祠堂、湖里五通孙氏宗祠、海沧东屿李氏积庆堂、翔安曾厝陈氏追远堂、湖里仑后王氏宗祠等宗祠家庙的碑记。

　　第七类：示禁乡规。共52通。包括示禁，即地方政府公布的判决文告和乡规民约等。示禁类有判决同安睦命塘、马塘、美埔和后肖乡等地灌溉用水纠纷案的示禁碑，有判决万石岩、麻灶乡、后溪许庄等处土地纠纷案的示禁碑，有严禁扰乱水涨上帝宫、打铁路头、洪本部路头等处公共秩

绪 论 地胜荣

明·同安金柄重兴祖祠碑记

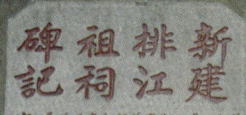

清·海沧新垵祖祠碑

清·海沧东屿李氏积庆堂碑记

清·海沧宁店龙潜宗祠碑记

厦门文史丛书
厦｜门｜石｜刻｜撷｜珍

清·奉宪立碑 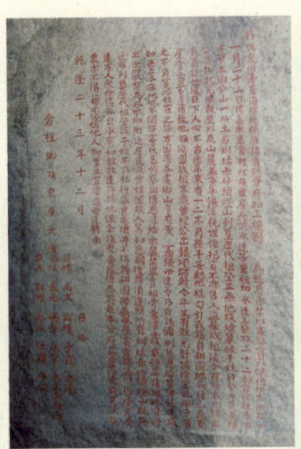　　清·示禁碑

清·金门严禁妄报官牙垄断市集碑记

的示禁碑，有同治至光绪年间严禁轿夫、吹鼓手敲诈案的示禁碑，因这类扰乱社会的行为在岛内禾山、海沧东屿、渐美等屡有发生，荷兰领事还为海沧旅居印尼的荷籍侨民直接照会过清朝地方政府。此外，雍正五年（1727年）厦门海防分府严禁水手因"溺水、患病殒命"，家属受人挑唆而无理闹事的示禁碑，乾隆三十九年（1774年）厦门海防分府革除强迫商户"值月承办物件"等陋规的告示碑、嘉庆九年（1804年）同安县奉令禁止贡、监生员充当乡、保长的示禁碑等。乡规民约类主要有清代各时期厦门民间以宗族或村社为核心，自定约束条例的石碑。虽涉及内容不一，但总的宗旨不外为"敬祖睦族"、"整顿社风"和提倡"里以仁厚为美"之风。其基本内容包括禁止赌博、盗窃、"勾通匪类"、践踏五谷等项，违者"罚戏"或估价赔偿。其中嘉庆年间同安后塘村特辟小宗祠为书斋，并为此制定管理章程，尤为难得。但这些"土政策"在后世看来也有不尽合理之处，如嘉庆年间同安六寮乡的《垂戒后世》碑规定族人"不许与仆隶流辈缔姻，洎素无姻谊者俱不准乱匹"。结果有"不肖孙"触犯了族规，全家被驱逐出族外。这批示禁碑和乡规民约的刻石，为我们了解清代厦门民间社会生活提供了不可多得的第一手资料。

绪 论

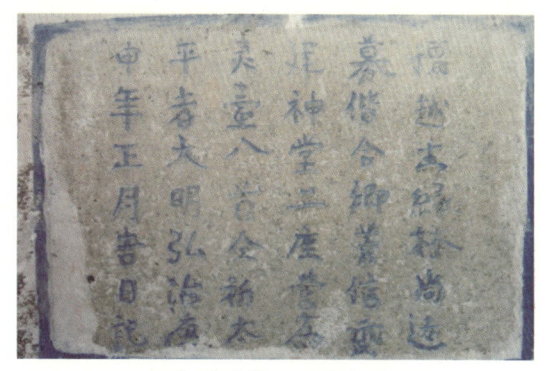

明·弘治灌口万寿宫碑

明·金门蔡中溪夫妻神道碑

第八类：其他碑刻。共49通，其中墓碑、神道碑16通，坊表12通，题名石刻6通，其他刻石类15通。明弘治甲寅（1494年）的《宋理学先贤顺之许先生墓道》简要记述了宋代学者许顺之的生平，隆庆元年（1567年）东孚的《温泉铭》记载了厦门古代地热资源，万历三十年（1602年）新墟金柄的《黄氏祖林垂示碑》反映古人重视生态环境的传统，清康熙戊寅（1698年）西柯埔头的《同安水殇男女十八人墓碑》（俗称"十八墓公"）记录了同年四月廿八夜"水灾暴作"的惨象。这一批碑刻尽管内容比较简略，但史料价值不容忽视。

（三）墓志的内容一向为治史者所重视。改革开放以来，随着城乡建设的发展，厦门陆续出土了不少墓志。除了文物管理部门的正规发掘清理之外，有些墓志被民间人士所收藏。因此，搜集、整理的难度相对比摩崖石刻和碑刻等公众视觉能及的石刻要大得多。近年笔者所编纂的《厦门墓志铭汇粹》一书，辑录自唐至当代厦门出土的墓志凡150方（其中录自方志、谱牒等文献者33方）。

厦门历年出土墓志从内容来看，有以下几个特点：

1.闽南唐代历史研究重要的

【31】

厦门文史丛书
厦｜门｜石｜刻｜撷｜珍

文物资料。2005年厦门同时出土的那两方唐代墓志，是继1980年泉州出土的唐志之后，福建考古界的大事，它必将有助于闽南开发史及唐代厦门历史文化的研究。

2. 郑成功史研究的新史料。多年来，厦门所出土的郑成功部属的墓志在闽南地区数量最多。永历四年（1650年）的《皇明钦赐祭葬太师彦千郑公暨弟太傅涛千郑公墓志铭》（1994年出土），王忠孝撰文、沈佺期书丹，王、沈二人皆郑成功重要的僚属。墓主郑广英，号彦千；郑省英，号涛千，据《石井本郑氏宗族谱》载，他们两人系郑成功叔父郑芝鹏的长子和三子，早年参加抗清，永历三年（1649年）在据守石镇的激战中，同日阵亡。该墓志铭品相完好，是郑成功史研究珍贵的实物资料。永历癸巳（1653年）《大参戎郑公墓志铭》（1992年出土）的墓主郑德乃明末厦门高浦人，替南明著名海商兼抗清人物郑彩管理"家中簿书，饷税庶务"，被授以参将衔。因该墓志铭载明墓主系郑彩的功弟，从而解决了史学界关于郑彩籍贯问题的多年悬疑。此外，有郑军重要将领薛进思、杨权、蔡进福等人物的墓志；有直接追随郑成功抗清的林开勋、杨其瀍、纪石青等人物的圹志或墓志铭；有与郑成功史有关的江心仰、纪文畴、唐自明等人物的墓志；有

唐·汪夫人墓志铭

明·薛进思圹志

绪　论

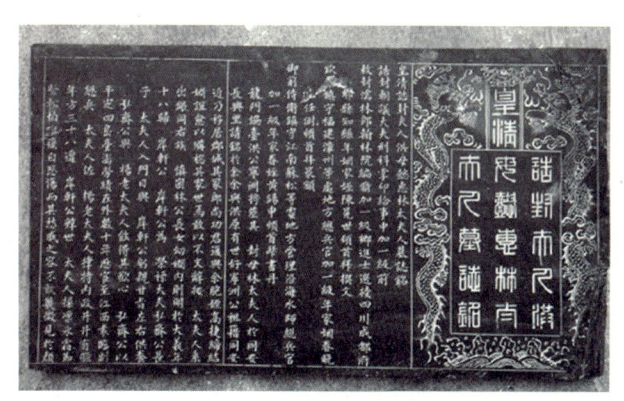

清·懿惠林太夫人墓志铭

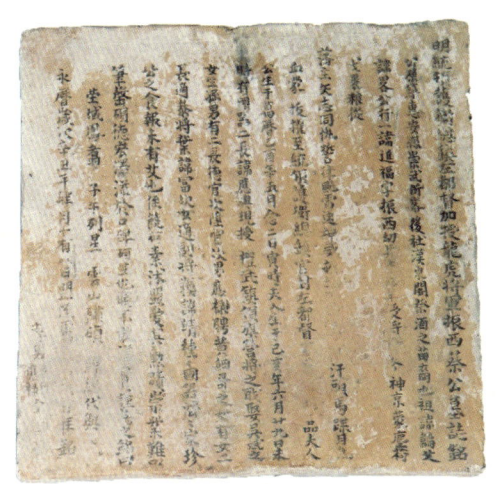

明·蔡进福墓志铭

墓主后裔为郑成功部属的《林开特母丘氏志铭》、《黄昌母王太孺人墓志铭》和《纪母叶太君墓志铭》等。

3. 闽南华侨史的珍贵资料。厦门与华侨的关系源远流长，早在清代康熙年间就有旅居"吧国"的"甲必丹"（Kapitein）、"雷珍兰"（Luitenant）和"美硕甘"（Weeskamer）（"甲必丹"等衔头是当时在侨居地处理华人事物的大小首领的荷语音译）等乡亲和光绪初年的"大妈腰"（Mayor）李妈赛为厦门宫庙的重修捐款。厦门人出洋谋生为时很早，乾隆年间《皇清显考敦化李公墓志铭》就有墓主之父钟山公早年"贾外洋"的记载。有关厦门人"过番"的点滴记载屡屡散见于不少墓志的字里行间。清末民初，在墓志日渐式微之际，却仍有一批荣旋故里或继续在家乡创业的华侨或侨眷的墓志，其中墓主有越南华侨黄仲训之母、陈炳猷、陈母张太君，印尼华侨黄奕住、吴奕聪、王玉深，缅甸华侨陈茉莉，菲律宾华侨吴天朴和旅居香港的杜母曾太恭人等。

4. 闽台关系的重要见证。厦门与台湾历史上存在着水乳交融的"五缘"情分。厦门墓志中的《苏巍庵夫妻合葬墓志铭》就记载墓主康熙年间"以凤山弟子员登丁卯（1687年）贤书"，成为"今台之科目，巍庵开其先"的人物，也即台湾的第一位举人。乾隆年间的《陈心堂灞亭父子合葬墓志铭》也记载陈心亭"因渡台，寄籍漳化（即彰化），采其邑庠"的经过。有

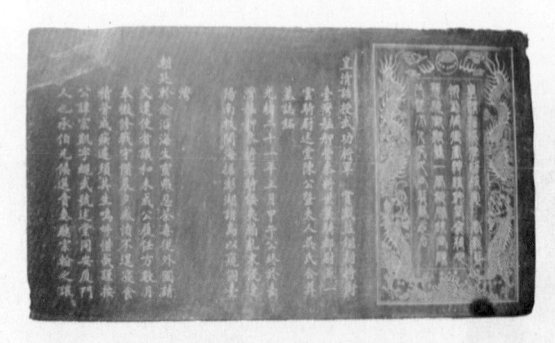

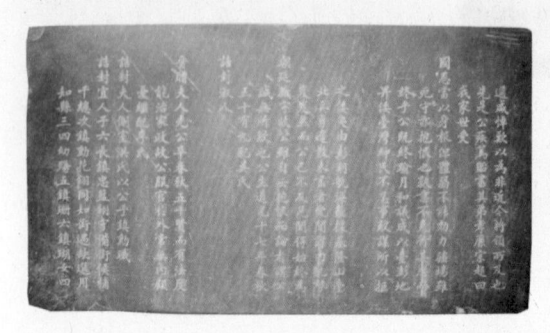

清·陈宗凯墓志铭

    清一代，台湾属于驻于厦门的福建水师提督管辖范围，陈昂、吴英、蓝可斋、李长庚、曾允福、蒲立勋、陈化成、邱联恩、陈宗凯等水师将领，及水师提督吴春波之母吴太夫人、磐石炮台管带耿翰臣之妻王恭人于贞等眷属的墓志，内容多与台海风云有关。其他民间的经商往来更为频繁，如嘉庆壬戌（1802年）的《杜静园墓志铭》反映了墓主兄弟"泛棹东宁（台湾别称），经营于后垄、竹堑间"的历程。像杜家兄弟那样"服贾乎台湾，居奇于鹭岛"的厦门人当年不在少数。台湾名人林维源、林彭寿的圹志和墓志铭则记述了台湾"板桥林家"内渡大陆前后的情况。

    厦门墓志当然也具备其固有的证史、补史的作用。如明代刘汝楠、蔡贵易、李献可、林瀠川、周长庵等乡贤名宦的墓志，可以补充方志人物传的某些不足。蔡见南、张及我、林仁圃等地方人士的墓志，则有助于加深我们对厦门古代社会的了解。屈长人、黄振山、吴时亭、黄植圃和黄崐石

民国·黄奕住墓志铭

等明清时期的墓志,将对鼓浪屿的申请世界文化遗产有一定的帮助。

六

20 世纪 20 年代,厦门大学国学研究院顾颉刚、张星烺、陈万里等教授即注意到闽南石刻。顾颉刚教授即以《厦门的墓碑》为研究的课题,陈万里的《闽南游记》和张星烺的《泉州访古记》等著述就包括他们在闽南所见的石刻,以及他们"抚拓碑刻"的工作照片。

闽南,尤其是厦门的石刻文物是如此的众多而且别具特色,早已受到社会的关注。学术界对地方的石刻更是关爱有加。厦门大学杨国桢教授曾为石刻的学术价值做了十分精辟的概括,他认为"历代碑志是社会制度、社会生产、社会生活遗存的实物见证,是有文物和文献的双重价值"[20]。

正如著名的人类学家林惠祥教授在《为什么要保存古物》一书所指出:"石碑时代古的必须保存,时代不古的但有关于历史事件的,也应保存。书法精美的也应保存。……福建石刻自唐宋起渐多,时代不及北方古,但也有重要的。"本书根据我平时对石刻文物的田野调查之所得,不惮窳陋地作一个大体的介绍,目的在于希望让大家对石刻这份文化遗产获得初步的了解,从而爱护它、保护它。

注释:

[1] [18] 清·叶昌炽:《语石》。
[2] 金其桢:《中国碑文化》,重庆出版社,2002 年。
[3] 东汉和南北朝碑刻的大体统计数字出处同 [2]。
[4] [8] [16]《福建省志·文物志》,方志出版社,2002 年。
[5] 唐·苏仁石刻见《福建摩崖石刻精品》,福建人民出版社,2005 年;徐寅诗刻见《福建省志·文物志》,方志出版社,2002 年。
[6] [7] 清·陈棨仁:《闽中金石略》卷一。
[9] [12]《福建摩崖石刻精品》,福建人民出版社,2005 年。

绪 论

[10][14] 吴文良原著，吴幼雄增订：《泉州宗教石刻》，科学出版社，2006年。
[11] 粘良图：《晋江碑刻选》，厦门大学出版社，2000年。
[13] 漳州市文化局编：《漳州文化志》，内部出版。
[15] 何丙仲、吴鹤立编纂：《厦门墓志铭汇粹》，厦门大学出版社，2011年。
[16] 陈笃彬、苏黎明：《泉州古代科举》，齐鲁书社，2004年。
[17] 同安文物管理委员会编：《同安文物概览》，1983年，内部发行。
[19]《郭沫若闽游诗集》，福建人民出版社，1979年。
[20] 杨国桢序，见何丙仲编纂：《厦门碑志汇编》，中国广播电视出版社，2004年。

登山越岭赏明诗

厦门许多山岩上都有题刻,其中所刻的常有格律诗词,那种题刻就称作"诗刻"。登山之际,读读诗刻,是一件既有益又有趣的事。

明代,能写诗的厦门人已然不少,海内诗人也经常到此吟诗作赋。可是,翻阅明清时期选辑的《闽中才子诗》,或《全闽诗话》这类文献,所见明代厦门人的诗,或骚人以厦门为题的作品却很少。其实只要稍有留意,就会发现你周围的石头上镌刻着许多明诗佳作。

目前厦门年代最早的摩崖诗刻,当是云顶岩的留云洞内明代叶普亮那段诗刻。叶普亮是明代中叶厦门的名宦。清道光《厦门志·列传下》载,叶普亮,字广熙,号静庵,厦门莲坂人,明正统十三年戊辰(1448年)进士,历官北京巡城御史、河南道监察御史等,时有"天下三才子"之誉。叶普亮能诗,方志还说他曾奉皇帝之命,和"番使"互相写诗唱酬。可惜他的诗除了"游洪济山留云洞有'两阶苔雨三春湿,半岭松风六月寒'之句",至今未窥全豹。民国《同安县志》等方志也肯定他这一联诗句是其个人的绝唱,只不过"全诗无可考"。叶普亮这首诗其实就镌刻在留云洞里,但因年代久远,略为漫漶,以至于传抄者把颈联的"满阶"误作"两阶"。该诗曰:

祖□复临陟翠峦,生成境界白云间。满阶苔雨三春湿,半岭松风六月寒。动石叮噹禅后鼓,插香环向刹前蟠。游人若问开山跡,好向苍碑别石

登山越岭赏明诗

看。

叶普亮这段诗刻没有年款。据方志记载他游留云洞是在"归养"以后，而他的受起用是在"天顺（1457—1464）中"。可见，这首诗当作于1457年前后。叶普亮说不定是最早在石头上刻诗的厦门人。

明·叶普亮留云洞诗刻

那么，按照年代先后为序，第二位是厦门岛上万寿岩那段诗刻，其左侧的题款为"嘉靖六年（1527年）八月之吉，将仕郎江浙桐庐吴楷书"。它是一首仿古代乐府的歌谣，诗曰：

一片瓦，一片瓦，造化陶镕元不假。峦连上复碧崚嶒，瓴建周遭翠潇洒。巉岩垒块胡孙头，怪石低昂鸟兔马。几番风雨洗莓墙，千古月华穿破甲。掬灵泉，度杯斝。金缕歌，玉板鲊。览胜朋侪邀我耍。安得仙人王子乔，一双飞舄游天下。

清乾隆《鹭江志》卷之一的"寺观"和黄日纪《嘉禾名胜记》都收录此诗,前者题作"吴楷诗",后者为"题一片瓦,吴楷",均无年款,且个别字有误。1999年,笔者攀上高崖经过清洗,才辨认出其年代。奇怪的是这首略有道教色彩的诗,为何会刻在佛寺里?

第三位当属年款为"嘉靖癸丑(1553年)夏月"的刘汝楠的《题端平岩二首》诗刻,位于同安区新民镇豪山石佛塔之下。刘汝楠,字孟木,号南郭,同安人,嘉靖十一年(1532年)进士,累官湖广提学。民国《同安县志·人物录·文苑》称其"年未四十,遂矢志不出,日以诗酒自娱。所著有《白眉子存笥稿》"。该诗稿今已散佚,因而他的这些诗刻尤为珍贵。

诗曰:

圣水山头塔影,慈云寺里钟声。禅参上乘下乘,业悟前生后生。清净自然见性,空虚不是逃名。祇园向去离垢,莲社将来结盟。

拂曙环林鸟语,斜阳绕寺蝉声。晴窗山翠仍入,午院松风自生。处世翻如大梦,绊人总是虚名。还从野鹤高举,不负海鸥旧盟。

明·刘汝楠端平山(慈云岩)诗刻

登山越岭赏明诗

同为嘉靖年间的诗刻还有刘汝楠在豪山石佛塔下所刻的《同李员外春芳游慈云岩》和李春芳的和诗《游慈云岩次刘学宪汝楠韵》，年款为"嘉靖丙辰（1556年）夏月"。李春芳，字实夫，号东明，同安人，嘉靖庚戌（1550年）进士，累官潮州太守，所著有《白鹤山存稿》。他的诗稿同样亦已不存。

刘汝楠的诗曰：

携客清秋来古寺，苍苍松桂满丛林。孤云野鹤共僧语，白日玄猿听梵音。暗水自流幽洞静，碧萝长挂翠微阴。欲将石壁题诗遍，只恐真源不可寻。

李春芳的和诗曰：

空山绝径无人到，与客探奇入远林。已共烟霞为野逸，更闻钟磬发清音。洞开峭壁堪云卧，塔倚层霄落昼明。便欲乘风凌紫极，仙源重访恐难寻。

同安北辰山"十二龙潭"的石矾上还有一段李春芳《咏瓶台霖雨绝句》的诗刻，诗曰：

明·刘汝楠游端平山（慈云岩）诗刻

明·李春芳游端平山（慈云岩）诗刻

绝巘凌空鸟道廻，大夫何事直飞来？□□一祷苏民望，鼓腹含饎乐只哉。

百丈龙潭千丈山，为云为雨泽民间。谁言此地无龙卧，大夫到此便飞还。

此外，大同镇南门桥下也有李春芳的"中流砥柱"题刻。李春芳42岁便去世了，他的这些摩崖石刻题写的时间至少都在他考取进士的嘉靖二十九年（1550年）之后。北辰山和南门桥的诗刻和题刻的时间，当与豪山慈云岩的诗刻不相上下。

明·李春芳"中流砥柱"题刻

说到厦门古代诗歌的发展历程，免不了要提到宋元两代的苏召叟、丘葵和陈必敬这些同安诗人。他们中只有苏召叟的《泠然斋诗集》和丘葵的《钓矶诗集》流传至今，但两人都没有摩崖诗刻存世。有明一代，特别是中晚期以后，是同安历史上科举最鼎盛、文教事业较为发达的时期。我们时常提到的那些同安历史名人，大多数就生活在这段期间。这些历史人物往往既是名宦循吏，又能以诗文鸣世。其中，林希元、洪朝选、蔡复一、蔡献臣、许獬、陈如松、池显方等人尚有诗文集保存至今，而叶普亮、刘汝楠、李春芳、刘存德、傅钺、蔡谦光等人的著作却久已毁佚。这就是前人无法全面体现明代厦门诗文的一个原因。

从方志文献和所掌握的摩崖诗刻来看，明代中后期同安的诗文创作并不落后。其原因之一，首先应归功于科举的兴盛。宋代朱熹在同安的"过

化"，使当地的文教事业为之一振。随着社会经济的不断发展，闽南尊孔重儒、开书院、兴教育之风日盛。据陈笃彬、苏黎明的《泉州古代科举》一书统计：明代的276年间，同安一县就有过贡生174名，文举人253名，文进士90名，其中林啓、刘汝楠和林奇石还先后夺过第一名解元。诗赋是科举制度的一项内容，从事"举子业"者个个都会作诗。进士蔡复一的《遁庵诗集》就收录他一生所作的各体诗十卷，共1182首。他所酬唱的对象不但有当时海内名诗人，也有看上去是同安普通的诗友。科举的兴盛，地方名人的倡导，必然推动明代同安诗文的发展。原因之二，是受到海内文化精英的影响。明代中期以后，倭患日炽，闽南海商的反海禁斗争也愈演愈烈，加上天启朝"红夷"的骚扰，朝廷不得不调兵遣将，到闽南沿海加强防卫，其中先后有陈第、沈有容、戚继光、俞大猷、丁一中和南居益等文武兼备，又擅长写诗的人物。他们在兵戎烽燧之间不辍诗作，还以诗会友、互相唱和。这些摩崖诗刻现在我们还能见到。泉州府同知丁一中的诗刻数量最多，他每次登高吟眺，都有许多当地文士追随。

在明代隆庆、万历之际厦门的摩崖诗刻中，丁一中的数量最多，而且诗的水平较高。

据明万历《泉州府志·官守志》和清光绪《丹阳县志·名臣传》所载，丁一中，字庸卿，号少鹤、少鹤山人，江苏丹阳人，与其兄丁一敬"并从江西罗洪先、毗陵唐顺之游，所学日益进。年十二，饩学官。嘉靖中，由恩贡拔选，授青田知县，有训虎之异。升户部主事"。后因"讦误"谪为延平（今福建南平市）通判，任内建鹤鸣书院以教邑士。明"隆庆元年（1567年）升泉州府同知"。《泉州府志》称其少有文名，"来郡以文学饰治，时引诸生讲业。……公暇相与登眺吟咏。境内名山，（丁）一中题几遍焉。"其后，"值海寇曾一本乱，（丁）一中筹兵转

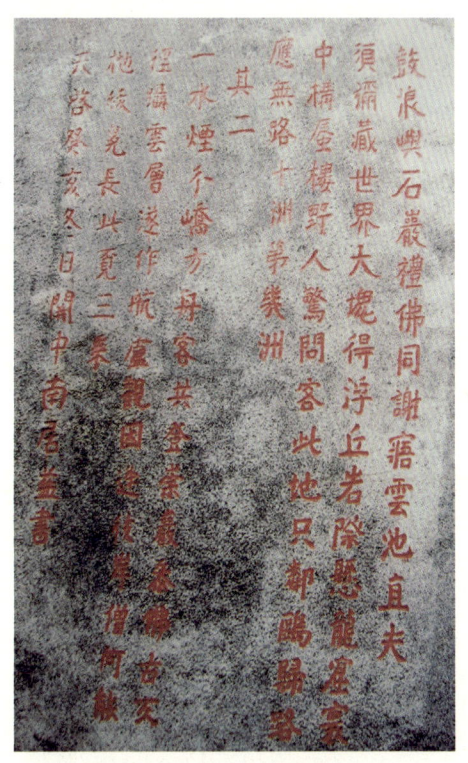

明·南居益日光岩诗刻

饷，竟扑灭之。擢户部榷税邗关"。丁一中最后由户部郎中退休致仕。《丹阳县志》还说他所著的诗集名为《鹤鸣集》。但我们现在仅能从明隆庆年间俞宪所编的《盛明百家诗》里，获读到《丁一中诗集》。

《泉州府志》所载丁一中在泉州任职期间，公余喜欢和朋友"登眺吟咏"，境内所有名胜几乎被他游遍。我们在南安的九日山、惠安的崇武所城和金门的啸卧亭等处，都可以读到丁一中的摩崖诗刻。

丁一中在厦门和金门的摩崖诗刻数量最多，从隆庆三年（1569年）至万历元年（1573年）的四年时间，他总共存留了诗刻9段（诗11首）、题刻2段，以及《温泉铭》碑刻1通。通过其中的这些摩崖诗刻，我们知道他至少有三次分别与同安和厦门岛上的诗友们游览过洪济山（即厦门岛上的云顶岩），并且有过唱酬。至少还有一次登上金门的太武山赋诗，跟随上山的还有当地十八位秀才（茂才）。这些追随他同游者，都是丁一中诗歌的崇拜者。他的《游古寺西岩》一诗，两年后就有同安名宦刘存德的步韵和章。

兹将丁一中在厦门的摩崖诗刻按时间顺序介绍如下。

1. 游西山岩古寺

古寺西岩紫翠间，独移飞盖入松关。自知灵境遗探讨，空愧尘途数往还。碧涧暂时清客思，白云长日伴僧闲。振衣更蹑层峰顶，天海青苍照素颜。

这段摩崖诗刻位于同安区新民镇西山岩的岩石上。诗后有款跋："明少鹤丁一中。隆庆三年（1569年）己巳十月吉日勒石。"两年后，同安刘存德游西山岩古寺，即次丁一中诗的原韵，也作诗一首，诗曰：

龙宫掩映碧云间，南北高峰耸两关。绝壑风廻无鸟度，断炉火活有僧

明·丁一中同安西山岩诗刻

还。青郊路接平芜远，白社身随化鹤闲。极目尽窥沧海外，放歌聊以振颓颜。

这段摩崖诗刻也在西山岩。诗后有款跋："隆庆辛未（1571年）沂东刘存德次。"刘存德，字至仁，号沂东，嘉靖戊戌（1538年）进士，累官浙江按察副使、广东海道兼诸番市舶。著有《结氂堂遗稿》，今有清乾隆重刊本，共八卷，其中诗赋占了两卷。民国《同安县志·人物录》说他还"善大书"，说明他不但精于诗文，还工书法。刘存德存世有三段诗刻，云顶岩方广寺附近还有他的一段诗刻，诗后署款为："隆庆辛未年（1571年）秋八月，沂东刘存德书。"诗曰：

百丈岩头开宝地，九重天际叩玄关。此身直向龙门度，何日更从鹤岛还。无数青山罗海上，居然阆苑出人间。凭高不尽登临兴。指数凤洲芳草闲。

明·刘存德西山岩诗刻

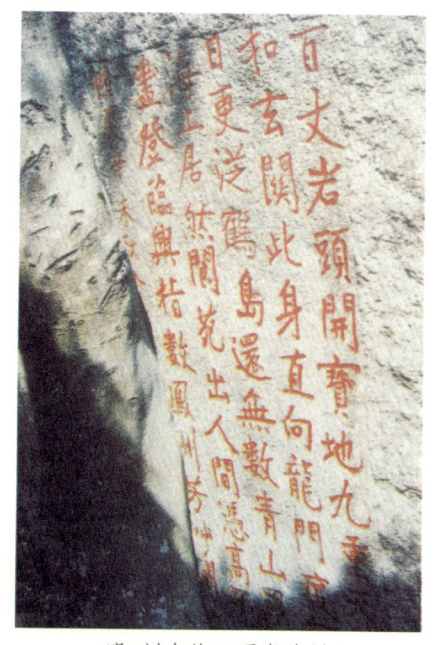

2. 三次赋诗云顶岩

丁一中前后三次率诗友登临厦门云顶岩。从诗刻的后跋来看，这些从游者都是在籍的本地官宦和在读的"诸生"。

隆庆己巳（1569年）冬天，丁一中首次和郑□龙、黄文火、傅南式同游云顶岩，并在留云洞过夜。

明·刘存德云顶岩诗刻

厦门石刻撷珍

这三位同游者都是"青衿",也即同安县的县学生员,忝为后生小辈,当无资格唱和。现保存在留云洞中的这段诗刻前有诗题:"宿留云洞。"诗后有题跋:"少鹤丁一中书。同游者郑口龙、黄文火、傅南式,时隆庆己巳冬日也。"诗曰:

为爱留云洞,云留客亦留。青衿同信宿,老衲共夷犹。月皎诸天净,岩空万虑休。宁知沧海曲,清卧足奇游。

丁一中第二次和朋友一起游览云顶岩,时在隆庆庚午年(1570年)夏

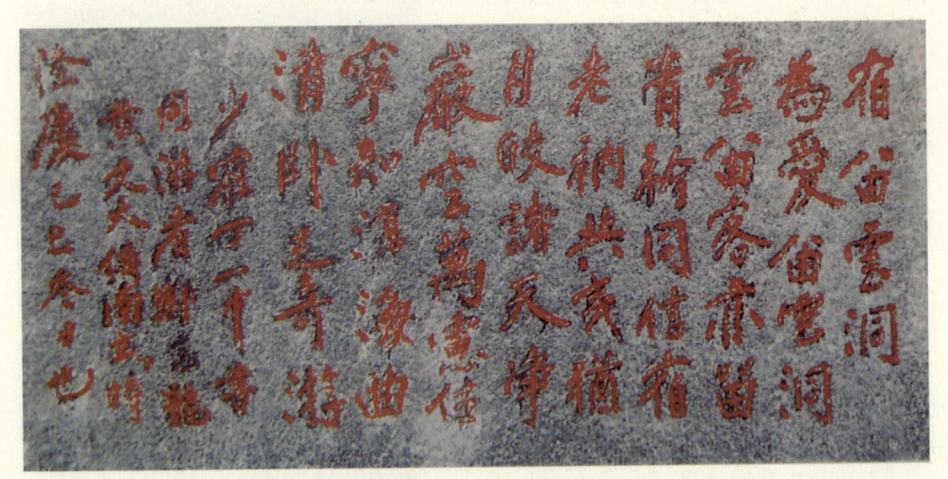

明·丁一中留云洞(己巳)诗刻

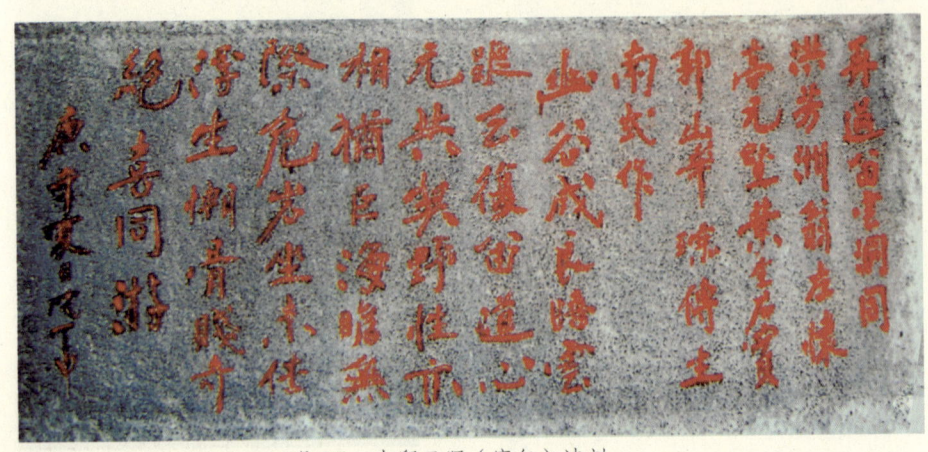

明·丁一中留云洞(庚午)诗刻

登山越岭赏明诗

天,同游者为同安在籍名宦洪朝选、毗陵(今江苏常州)人左蒸以及叶君实、郭崎琮和傅南式三位本地诸生。丁一中用去冬所写的那首诗的韵,又赋诗一首,洪朝选和左蒸各和了一首。

丁一中的这段诗刻前有诗题:"再游留云洞同洪芳洲翁左怀亭兄暨叶生君实郭崎琮傅生南式作。"后有题跋:"庚午(1570年)夏日,丁一中。诗曰:

幽谷成良晤,云踪至复留。道心元共契,野性亦相犹。巨海瞻无际,危岩坐未休。浮生惭骨贱,奇绝喜同游。

洪朝选的诗曰:

洞宿孤云久,我来亦暂留。身随天路迥,情寄野僧幽。槛外涛声聒,林端雨气浮。顾谓二三子,高步信奇游。

诗后署款"芳洲洪朝选"。洪朝选(1516—1582),同安人,字汝尹,一字舜臣,号芳洲,更号静庵,嘉靖辛丑(1541年)进士,历官至刑部左侍郎,署刑部尚书,所著有《洪芳洲先生文集》。明嘉靖隆庆间俞宪编《盛明百家诗》曾汇辑其诗为《洪芳洲集》。洪朝选的这首诗收入其《续稿》中,但不知何故题目改为《同叶君实郭奇琮二友游云顶岩留云洞》。

明·洪朝选留云洞和诗诗刻

左丞的和诗题为"宿留云洞同洪芳洲次丁少鹤韵",后署款为"毗陵淡成左丞"。诗曰:

涉海栖幽岛,云关几夕留。烟霞灵境别,尘土故吾犹。白石饥堪煮,绳床倦可休。凭将汗漫迹，攀附绝尘游。

左烝，字澹成，号怀亭。江苏毗陵人。洪朝选的《续稿》有一首《海亭晚眺联句同二守丁少鹤左上舍升甫》的诗，其题下注云："时升甫自毗陵来访"。这位"左上舍升甫"当即诗刻作者左烝，那左烝应该还有"升甫"之别号。此外，还可知左烝的功名只是"上舍"即监生，从江苏的毗陵到厦门做客。

明·左烝留云洞和诗诗刻

云顶岩留云洞另外还有两段与前面四段字幅尺寸相近的诗刻，用的都是丁一中诗的韵脚，作者是同安刘存德、刘存业两兄弟。刘存德诗刻的年款是"隆庆辛未（1571年）夏月"，可见他们没有参加丁一中、洪朝选等人前一年的登山游览。刘存德是到云顶岩"访僧不遇"，投宿在留云洞中，读到丁一中等人的诗刻，才步韵作诗，表达他对丁一中的心仪。刘存德的诗曰：

入定人何往，飘摇云独留。无心成去住，愧我自夷犹。性旷随麋适，机疎共鸟休。不期浮海外，更得与天游。

这段诗刻后有题跋："近刘存德原韵，隆庆辛未夏月，到此访僧不遇。"刘存业的诗刻没有年款。前有诗题"次丁鹤翁韵"，诗后题跋"□□刘存业"。刘存业，刘存德之弟，嘉靖贡生，历任应天府经历。刘存业的诗曰：

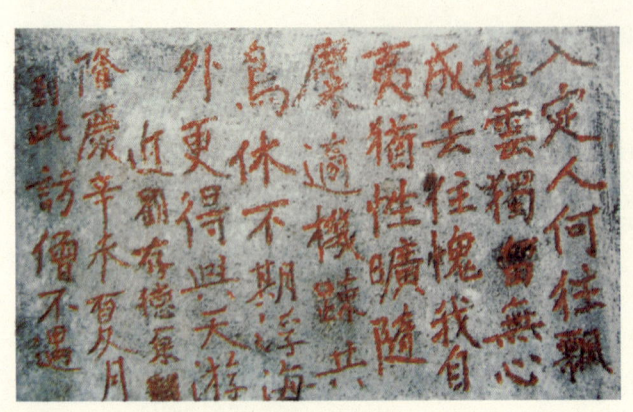

明·刘存德留云洞和诗诗刻

登山越岭赏明诗

人事成代谢，闲云乍去留。江和山缱绻，诗共酒夷犹。天近歌须浩，潮平棹欲休。摩崖苔藓碧，尘绝喜来游。

隆庆六年（1572年）重阳节，丁一中又同诗友第三次登临云顶岩，即兴赋诗。这批诗友多数居住在厦门岛

明·刘存业留云洞和诗诗刻

上，主要有池浴德、陈应鸾和傅钺等人。丁一中用同一个韵脚作七律诗两首首唱，诗曰：

云岩秋净碧天宽，九日相携此聚欢。万里孤踪怀北阙，六年衰鬓负南冠。苍波近接瀛洲胜，青嶂遥凌玉宇寒。醉后不知身是客，黄花疑在故园看。

一上孤峰眼界宽，百年佳节几为欢？留连雅会须移席，潦倒尘容未挂冠。沙鸟依依迎珮集，海云片片拂衣寒。斜阳不尽登临兴，共坐松间待月看。（诗后署款：少鹤丁一中）

池浴德的和诗曰：

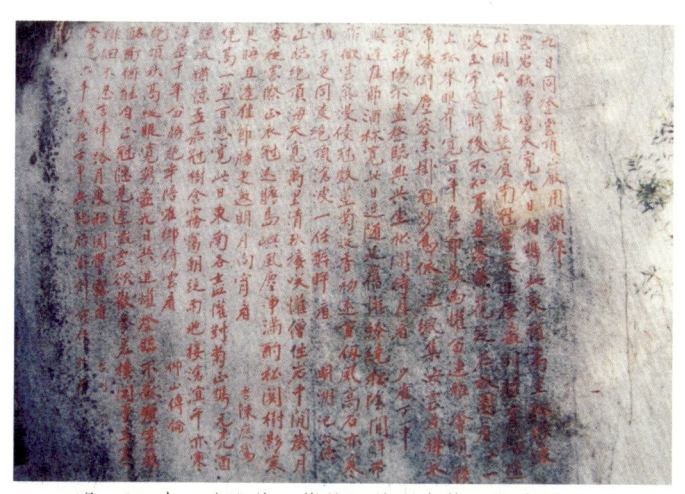

兴逢佳节酒杯宽，此日追随延旧欢。缭绕松阴闲解带，霏微云气漫侵冠。数茎菊绽香初远，百仞风高石亦寒。携手更同凌绝顶，沧波一任醉眸看。（诗后署款：明洲池浴德）

明·丁一中、池浴德、傅钺、林应鸾等唱和诗刻

池浴德，字仕爵，号明洲，中左所（即厦门岛）人，明嘉靖乙丑（1565年）进士，累官至太常寺少卿。池浴德为官清正，据说在吏部当官时，其父去世，他只带45两银子回乡治丧。其母看到儿子如此廉洁，很高兴地说："俗话说当官像银花树，可我的孩子却是一棵无花果啊。"池浴德著有《空臆集》、《怀绰集》和《居室编》，可惜这些著作今已不存。厦门天界寺醴泉洞的岩石上刻有"池怀绰开造"五个擘窠大字。想必池浴德是开发醴泉洞的创始人。池家一门儒雅，池浴德之弟浴云，字仕卿，号龙洲，喜读书，曾"至建州购书数千卷"到厦门。他在南普陀五老峰下的墓前有"龙洲卧冈"四个隶书大字，今犹宛在。池浴德有子显京、显方。池显方，字直夫，是明末厦门著名的诗人，有《晃岩集》传世。

陈应鸾的和诗曰：

山临绝顶海天宽，万里清秋接笑欢。僧住岩中闲岁月，客从云际正衣冠。远瞻岛屿风尘净，满酌松关树影寒。良晤且逢佳节胜，更邀明月向宵看。（诗后署款：翀吾陈应鸾）

陈应鸾，民国《同安县志·选举》载其为嘉靖四十年辛酉（1561年）举人，"嘉禾厦门人，太仓州学正"。原先因诗后署款处的字迹略有残破，故作"口吾陈应鸾"。后读同时代洪朝选的《归田稿》，其中有《送陈翀吾掌教太仓》一诗，称其"十上何知返，才高世所惊"，方知陈应鸾的别号当为翀吾。从他仅存的这首诗来看，颇有宋诗韵味。今虽寂寂无闻，当时却应该是厦门诗坛的一位健者。

傅钺的和诗曰：

凭高一望百愁宽，此日东南各尽欢。对菊正携元亮酒，临风犹忆孟嘉冠。树含雾霭朝疑雨，地接沧溟午亦寒。海岳千年留胜迹，幸陪鹤御侍云看。（诗后署款：仰山傅钺）

傅氏家族也是当时厦门岛上的官宦名门。他的兄长傅镇，字国鼎，嘉靖壬辰（1532年）进士，累官至南都御史、提督操江等。他为官有廉明强悍之誉，所以又被称作"傅真金"和"傅虎"。诸多方志都有其传略。民国《同安县志·人物录》载：傅钺，字国毗，自号鹭门山人，中丞傅镇之弟，少年习武，及长"一意为诗，以诗遍交四方豪俊"，与"丁一中、陆一凤、殷康、沈有容皆雅相唱和"。从其款识可知傅钺的别号为仰山（其兄号近山）。除了这段诗刻，他作为"缘主"在厦门天界寺还留下"醴泉洞"三

个大字的题刻,时万历十一年(1583年)。万历元年(1573年)傅钺还和厦门文人陪同丁一中游览鼓浪屿,登日光岩,此见诸丁一中所题"鼓浪洞天"的后跋。

最后,还有一段和诗,其名款已经完全磨损,诗曰:

绝顶秋高纵眼宽,携壶九日共追欢。登临不厌频穿屐,酩酊犹能自正冠。隐见蓬瀛云欲散,参差楼阁昼生寒。徘徊不忍言归路,月度松关带露看。(诗后署款:台□□□)

这位暂不知名的诗刻作者当也是当时厦门岛上的名诗人。

丁一中将自己和同游者的诗总共6首用行书抄录,镌刻上石,成了一幅巨大的诗刻。前为诗题:"九日同登云顶岩用韵作。"其后有题跋:"隆庆六年(1572年)岁在壬申,共纪胜游,刻所作于右。"这段诗刻长期以来被藤草尘泥覆盖,以至于乾隆年间的《嘉禾名胜记》,以及所有的方志文献都没有辑入。2000年,笔者得到云顶岩驻军洪木田、汤迎东等同志的帮助,毕数日之功攀岩架梯,进行清理描红。记得拍摄完成后,时已暮色四垂。这一天正好是20世纪的最后一天。

3. 赋诗太武山

隆庆六年(1572年)夏,丁一中渡海来到金门。在太武山上饱览海天一色,感慨万千,赋诗七律两首。这段诗刻现存于金湖镇的山上,诗刻上端有楷书"鹤鸣"两字,无款。丁一中,字少鹤,其诗集又名《鹤鸣集》,因此这两个字可订为丁氏手迹。诗曰:

泉南萍迹遍群山,太武由来尚未攀。此日乾坤一俯仰,浮生身世几阔关。碧池浸月诸天净,白石眠云万虑闲。独坐翠微空阔甚,夕阳吟啸不知还。

奇胜谁登绝徼山,嶙峋偏自爱跻攀。苍波四面浮琼岛,青壁千重护玉关。北望五云天阙远,南瞻万里海涛间。令威旧识蓬瀛路,便拟乘风驾鹤还。

诗后跋云:"时隆庆六年

明·丁一中金门太武山诗刻

[51]

夏，温陵郡丞、前司徒郎丹阳少鹤丁一中书。同游者：茂才柳遇春、黄子燉、杨凤仪、张逢辰、陈懋翔、陈模、陈廷佐、陈荣仁、洪昂、吴士彦、陈复道、赵硕卿、陈玉言、蔡存渊、杨廷远、黄懋化、陈民夷、杨廷选也。"茂才，是古代秀才的别称。柳遇春等十八位秀才，当是当时金门本地人。

这一次登上金门岛，丁一中乘兴还游览了啸卧亭。该亭在金门城的城南，当年抗倭名将俞大猷曾驻扎于此，后人为之建亭纪念，并在石上镌刻"虚江啸卧"四个大字。丁一中登亭眺望大海，怀念前贤，诗兴勃发，作了题为《登浯洲金门城南啸卧亭》的七律一首，诗曰：

飞旆乘风信海潮，金城门外涉岩峣。南溟地接三山近，北极天连万里遥。逸客淡留尘迹遍，将军啸卧瘴烟销。苍波漠漠情无限，欲附归鸿向日飘。

诗后署款："时大明隆庆六年夏，丹阳少鹤山人丁一中书，同游者许南峰大□，□龙泉天佑，邵裕香□□□"。

4. 题诗胡里山

隆庆六年（1572年）这一年的秋天，丁一中在厦门的游兴似乎特别浓厚，于是他又独自游览了胡里山和金榜山等几个名胜，也都留下了诗刻。估计胡里山当时还只是个观海的好去处，不是海防要地。丁一中题了一首七绝，诗曰：

渡海寻山意若何？登山观海兴尤多。振衣独立秋无际，万里沧溟静不波。

这段诗刻在今"胡里山炮台游览区"范围内，署款："明隆庆六年秋九月六日，丹阳少鹤山人丁一中书志。"

明·丁一中胡里山诗刻

5. 题诗金榜山

同一个月，丁一中和陈十斋等朋友还到海上游览，途中经过金榜山的"陈场老祠堂"。陈场老即唐末著名文士陈黯，《全唐文》和《全唐诗》均收录了他的作品。相传陈黯因科场失意，自嘲为"场老"，晚年隐居在厦门金榜山，因此这座山也称作"场老山"。

丁一中看到陈黯祠堂内聚集着许多生童，感慨自唐朝以来厦门文教之风不辍，很是兴奋，也题了七绝一首，诗曰：

海上双旌共往还，陈村多士似云环。当年场老清风远，留得芝兰满故山。

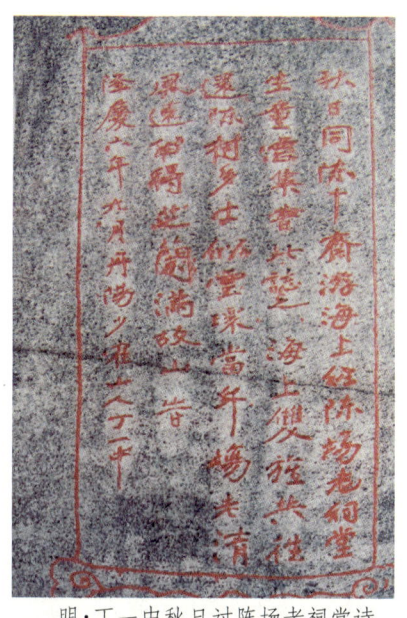

明·丁一中秋日过陈场老祠堂诗

6. 题诗厦门城

丁一中在厦门城也留下一段诗刻。厦门城建于明洪武二十七年（1394年）二月，至他登临时已有180年左右的历史了。这段诗刻的发现纯属偶然。它位于厦门城遗址的一块岩石的顶侧，字迹已严重残损，尤其是后面的题跋仅能勉强读出"丁一中"三个字，其余包括重要的年款已不能卒读，所以无法确定它镌刻的具体时间。但从诗的内容来看，它应作于隆庆六年（1572年）前后的某个春日。诗曰：

春日惬清游，邀观沧海流。冠裳文事备，岛屿瘴烟收。逸气凌飞鹤，

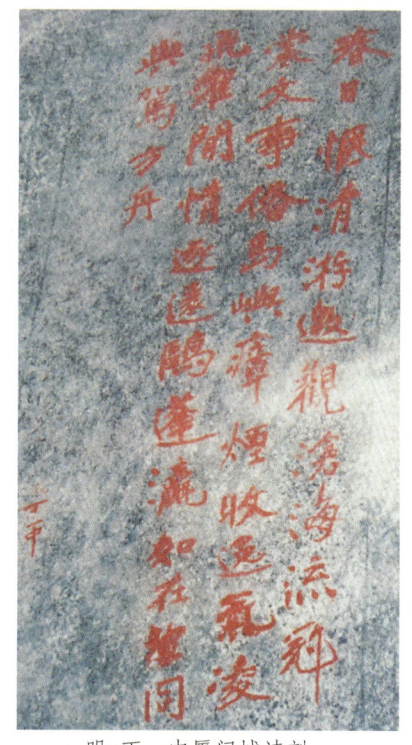

明·丁一中厦门城诗刻

厦门文史丛书
| 厦 | 门 | 石 | 刻 | 撷 | 珍 |

慈云岩摩崖石刻

闲情逐远鸥。蓬瀛如在望，同与驾方舟。

　　丁一中的离任时间当在万历元年（1573年），洪朝选《归田录》有《送丁二守应朝》的诗，首句便说"圣主御天万国朝，此行何异上青霄"，说明丁一中离开厦门晋京觐见，是在"圣主御天"即万历登基的那一年。这年开春，丁一中还携友游览了鼓浪屿的日光岩，留下"鼓浪洞天"四个楷书大字，后来，笔者和同事利用雨天用望远镜辨读，发现其左侧有楷书题跋三行："明万历元年春，丹阳少鹤丁一中题并书。同游者梅岩王霖、□南欧□隐、仰山傅钺、儒士黄俊明、曾一贯、曾一唯、陈建明、曾鸣凤、洪油、洪沧。"崇祯初年何乔远编撰《闽书》，已记载鼓浪屿"上有大石壁立，刻'鼓浪洞天'四大字"，只是没有把同游者也记上。

　　厦门明代的诗刻数量尽管不算很多，但却是地方文化史上值得珍惜的一个篇章。

征倭剿夷豪气在

明代立朝之始，东南沿海就已经"海氛不靖"，倭寇的八幡船常常在海上出没。于是，明政府下令在福建沿海设置卫、所，一者防倭，二者执行海禁政策，以防片板下海。明洪武二十七年（1394年）二月，在当时还是"嘉禾屿"的厦门岛上，建立了中左守御千户所。从那个时候起，厦门作为海防重镇的地位就日益凸显出来。明嘉靖年间，是倭寇骚扰我国东南沿海最猖獗的时期。据道光《厦门志》记载："嘉靖二十四年（1545年）春，海寇掠中左所（即厦门），时值饥荒，寇登岸，杀居民，搂辱妇女，索银赎命。"朱维幹的《福建史稿》曾作过统计：从嘉靖三十七年至四十年（1558—1561年），同安县就遭受倭寇4次围城。明朝政府不得不向各处征调客兵，到福建协同军民一起抗倭，直到嘉靖四十五年（1566年）才渐次弭平倭寇。戚继光、俞

驶入我国沿海的日本"朱印船"

大猷和张经等都是当时著名的抗倭将领。

现存于厦门万寿岩寺内的巨岩上有三段诗刻，这三首七言律诗均不落名款，也没有诗题和题刻的时间。但根据其内容进行分析，则无疑是明末某水师将领率师经过厦门时的即兴所作。乾隆年间的《鹭江志》作为方志相对较为严谨，它说："（万寿岩）旁石镌明人诗三首"，而同时人黄日纪的《嘉禾名胜记》先是说万寿岩有"明人镌诗数首于（一片瓦）洞外"，继而录诗两首，题下加注说"二诗镌于石壁，不题名姓，俗传戚继光、俞大猷所作"。可见这几段诗刻及其作者在民间相传已久，但作者是谁尚无确切的定论。道光《厦门志·艺文略》最后一语定音：第一首作者为戚继光，第二首作者为俞大猷。后来，这些诗刻便以"俞戚诗壁"为名。我们在整理厦门摩崖石刻时，发现该处的诗刻不止两段，而是三段，"俞戚诗壁"的左侧还有一首押韵相同，字体一样的七言律诗。这段诗刻的字幅偏低、字体略小，但看起来是同一时间的唱和之作。俞、戚之外，这第三位作者是谁？

这三段诗刻的诗曰：

万丈峰峦耸目前，不须雕巧出天然。空涵石瓦生春色，炉爇旃檀起瑞烟。自信明时无隐逸，还疑僻处有神仙。公余正好谈玄妙，又统三军过海边。

幽岩屹立梵宫前，片石呈奇瓦俨然。峭壁罅虚寒漏月，博山香热暖生烟。高僧煮茗能留客，樵子观棋每遇仙。说罢禅机登绝顶，恍疑身在五云边。

禅宫俯瞰乱峰前，片瓦重重势俨然。松落石檐寒带雨，云飞山户晓生烟。人夸竺国三千界，我爱蓬莱第一仙。幸喜封疆无事日，楼船同渡海云边。

从第一首诗所表现的气魄来看，作者应该是"三军"的统帅，第二首诗多有出世之想，作者似不像是荷戟之人。第三首格调甚高，特别结尾两句，让我们知道他们原来属于乘坐楼船的水师。这般身世，似乎可以与戚继光和俞大猷拉近距离。戚继光（1528—1587），字元敬，号南塘，山东蓬莱人，明嘉靖年间在东南沿海率师攻剿倭寇，累官至总兵。俞大猷（1504—1580），字志啸，号虚江，福建晋江人，明代抗倭名将，累官至福建总兵，曾与戚继光合兵大破倭寇，屡建奇勋。

然而，查戚继光的《止止堂集·横槊稿》和俞大猷的《正气堂集》，却

征倭剿夷豪气在

厦门万寿岩的"俞戚诗壁"

都没有查出以上这三首诗。日后如果能考证出其作者果是戚继光和俞大猷，则其写作时间当在嘉靖末年，因据《戚继光年谱》载，隆庆元年（1567年）戚氏已被调往北京，翌年二月任神机营副将也。明末，擅诗文的将领不乏其人，而当时闽海诗人也好谈兵事（见沈有容编《闽海赠言》）。这三首诗既能反映时代背景，抒发爱国情怀，而格律诗的水平又如此高迈，在厦门诸诗刻中实不多见。

明代中后期，对闽南来说是个多事之秋。正当军民奋起抗倭之际，欧洲人正好随着大航海时代的到来，来到了远东。葡萄牙是最早进行海外殖民经营的欧洲国家。明正德十一年（1516年），"佛郎机"（即当时人对葡萄牙人的称呼）首次来到中国，第二年已"率数舟至福建漳州"。嘉靖年间葡萄牙人又多次以武装船只进犯大厦门湾的月港等地。红夷（即荷兰人）也于1600年来到远东，1603年以后开始派韦麻郎率领舰队在台湾海峡兴风作浪，并趁万历三十七年（1609年）七月明朝撤走澎湖的驻军，染指该列岛（见《明史》卷325，《外国传·和兰》）。施德政，字正之，江苏太仓人，原为平倭将领，任神机营右副将、后军都督，后调福建南路右参政。红夷作乱时他正在福建总兵任上，遂派都司沈有容带兵前往澎湖。在此之前的万历戊申（1608年）春，施德政、李杨和南路参军徐为斌这三位将领驻军厦门，得便游览了醉仙岩（今天界寺），各赋七言律诗一首题壁，诗曰：

偏师春尽渡澎湖，圣上初分海外符。鼙鼓数声雷乍发，舳舻百尺浪平铺。争传日下妖氛恶，那管天边逆旅孤。为道凯歌宜早唱，江南五月有蓴鲈。（后有题跋："句吴施德政题。"）

樗才自分老江湖，袜线深惭佩虎符。舸舰森森鲸浪静，旌旗猎猎阵

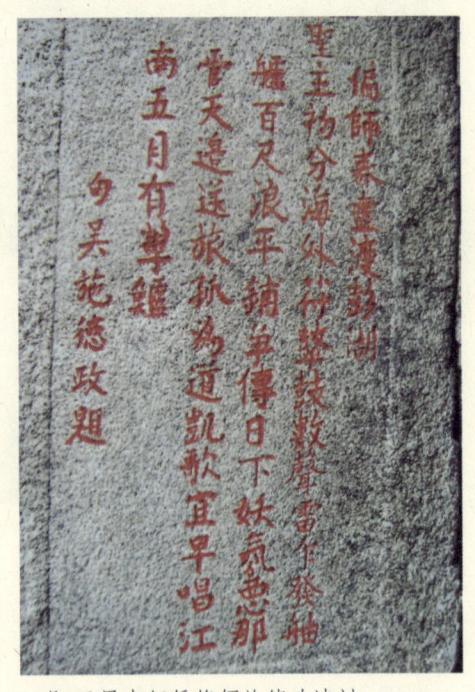

明·天界寺征倭将领施德政诗刻

征倭剿夷豪气在

云铺。风生画角千营壮,月照丹心一剑孤。主德未酬倭未灭,小臣何敢辄思鲈。(后有题跋:"楚蕲李杨题,和施正之韵。")

闽南要路险澎湖,元将专担靖海符。万里舻艎莹列斗,蔽空旗旆彩霞铺。鱼龙吞气烟波定,蜃蟓驰魂窟穴孤。天子纶音勤借箸,那思莼菜与江鲈。(后有题跋:"南路参军徐为斌拜勒李恩府和施恩府韵,千□□□七律以□□,万历戊寅(1608年)春吉旦题并书。")

这三段诗刻都用徐为斌的楷书入石,诗歌抒发了他们捍卫东南海疆的爱国情怀,是宝贵的文物资料,今以"醉仙岩征倭摩崖石刻"为名,公布为福建省文物保护单位。

笔者在清理醉仙岩摩崖石刻的时候,偶然在该寺醴泉洞的巨石顶上,又发现了一段署款为"丹霞徐为斌"的七律诗刻。诗曰:

登临感慨勒名篇,万象森罗天界巅。回径崎岖惊步着,凌霄崒嵂望眸□。清虚石室仙泉碧,恬淡玄关佛国鲜。赋就千山皆响应,却疑声在漠云边。

作为抗倭剿夷将领的存世文物,是很值得珍惜的。

明万历后期到天启年间,荷

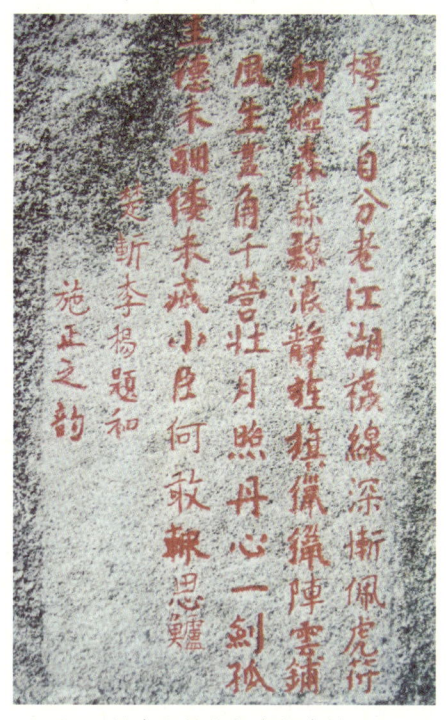

明·天界寺征倭将领李杨诗刻

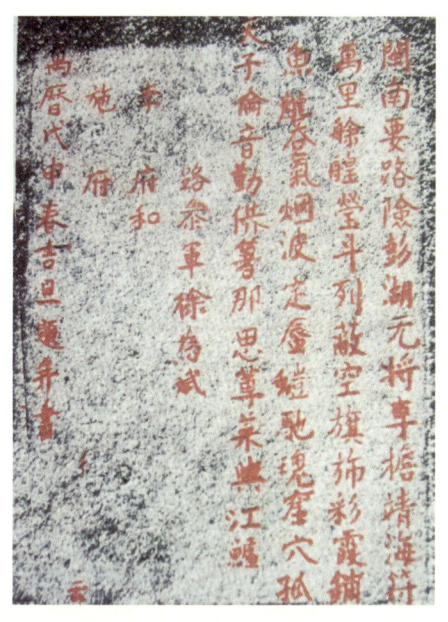

明·天界寺征倭将领徐为斌诗刻

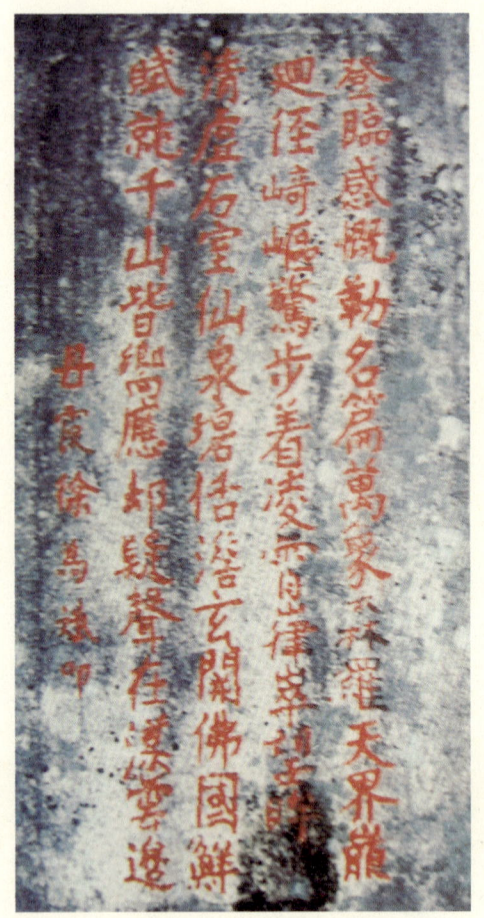

明·天界寺徐为斌诗刻

1629年欧洲人绘制的大厦门湾（月港）地图

17世纪驶进厦门外海的欧洲帆船

兰殖民者与日益成规模的的武装海商集团成了我国东南沿海最主要的"海氛"。万历末年，荷兰人占据澎湖以后，不断进犯厦门。道光《厦门志·旧事志》载：天启二年（1622年）"冬十月，福建总兵官徐一鸣率兵驻中左所，剿红夷"。这个战役得到厦门人民的支持，军民用火攻之计，"夷众歼焉"。击退了荷兰人的骚扰之后，徐一鸣在鸿山寺的岩石上题刻铭功，其题记曰：

　　天启二年十月二十六等日，钦差镇守福建地方等处都督徐一鸣督游击

征倭剿夷豪气在

将军赵颇、坐营陈天策率三营浙兵把总朱梁、王宗兆、李知纲等到此攻剿红夷。

徐一鸣，字伯和，晚号禄江迁人，湖南醴陵人，正德十二年（1517年）进士，累官吏部主事、江西提学、总兵、都督，著有《禄江诗集》，纂修《长沙府志》六卷。赵颇时任福建泉南游击将军，坐营陈天策的实际职位是都司佥事。

天启三年（1623年），荷兰人再次卷土重来。据《资治通鉴纲目》、《泉州府志》和《厦门志》等文献记载，荷兰人"入中左所曾家澳（今曾厝垵）"、"犯鼓浪屿"。在时任福建巡抚南居益的指挥下，"浯铜游把总王梦熊击破之"，再一次是"（同年）冬十月二十四日，福建总兵官谢隆仪大破红夷于浯屿"。第二年秋，南居益从厦门发兵，才把"红夷"逐出澎湖。时任漳州府海防同知赵纾，福建布政使司右参政朱一冯和泉州府海防同知何舜龄等官员都参与了这些战役。

在今厦门虎溪岩和白鹿洞寺交界的山上，有赵纾和朱一冯的"攻剿红夷"题刻各一段。赵纾的题刻曰：

天启癸亥（1623年）冬，

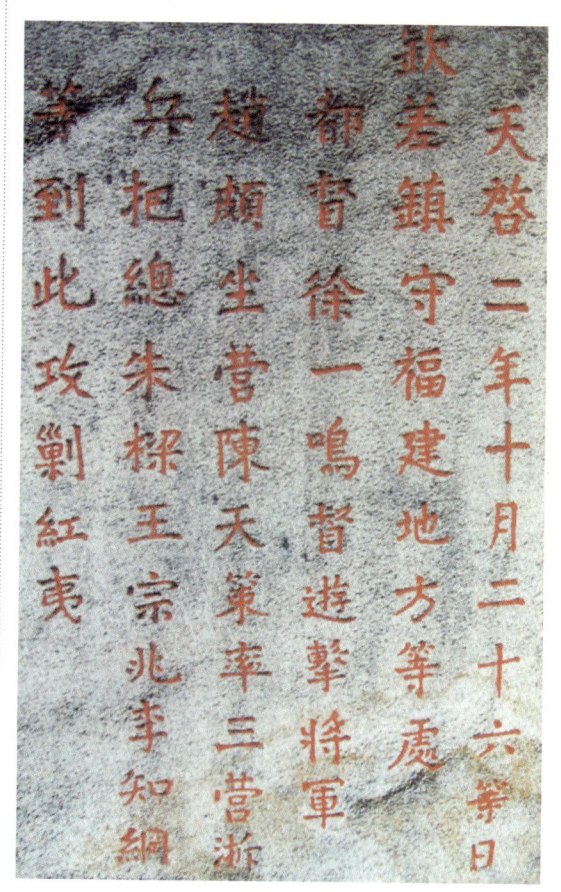

位于鸿山寺的天启二年（1622年）徐一鸣攻剿红夷石刻

晋阳赵纾督征到此。

朱一冯的题刻曰：

天启癸亥年十一月廿日，广陵朱一冯以督师剿夷至。

天启二年、三年接连几次"攻剿红夷"的战况，《明清史料》等文献均有记述。尽管大敌当前，军备不足、军心不振，正如当时人池显方所说的"非无红夷大炮而舟小不足运，非无主将严令而兵寡不敢前"，甚至"饿兵多逃"等情况（见明池显方《晃岩集·书》），但最终胜利还是属于厦门军民，这是毫无疑问的。

以上这三段反映明末厦门军民"攻剿红夷"史实的题刻，是极为珍贵的爱国主义教材，就全国各地的石刻文物而论，也是绝无仅有的。

除此之外，笔者还在厦门天界寺（原称醉仙岩）大殿后的岩石上，发现天启年间参与抗荷斗争的泉州府海防同知何舜龄的一段诗刻，诗曰：

招提一望遍苍穹，飒飒风生两腋中。烟锁寒砧喧百雉，岚分落照幻长虹。石潭水溢开龙藏，古洞云封恍蜃宫。堪笑千金杯一歠，好从此地洗尘蒙。

这段诗刻前有诗题："仲冬池承吉邀同池直夫游憩。"后署款："章安何舜龄。"何舜龄（1566—1632）是浙江台州一带鼎鼎有名的历史人物，字廷

位于白鹿洞寺的天启癸亥（1623年）朱一冯攻剿红夷石刻

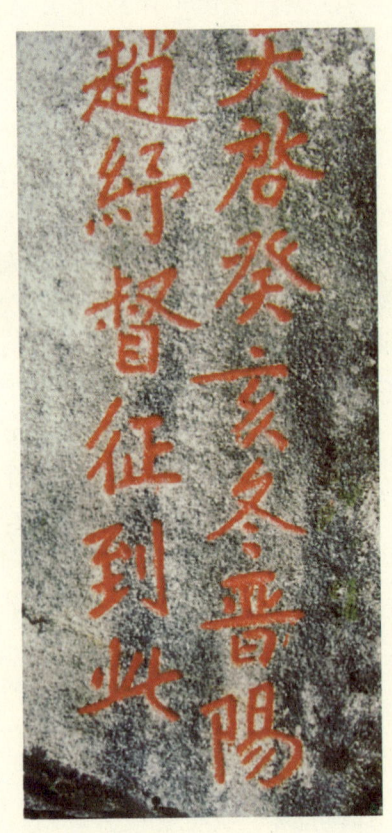

位于白鹿洞寺的天启癸亥（1623年）赵纾攻剿红夷石刻

征倭剿夷豪气在

永,号兰汜,万历二十七年(1599年)举人,次年登副榜进士,著有《兰汜杂稿》行世。天启二年,他在泉州府海防同知任上,积极配合巡抚南居益"攻剿红夷",并把荷兰人驱除出澎湖。其后,他还直接参与招抚当时著名的武装海商集团首领郑芝龙(民族英雄郑成功之父)。何舜龄是"驱外夷出境"的爱国人物,他的这段诗刻也值得重视。

福建巡抚南居益和总兵官谢弘仪(道光《厦门志·旧事记》作"谢隆仪")同是天启年间厦门"攻剿红夷"的最高指挥者,也是和厦门池显方等当地文士过往较为密切的官员。《明史·南居益传》载:南居益,字思受,陕西渭南人,万历二十九年(1601年)进士。天启二年入为太仆卿。明年,擢右副都御史、巡抚福建。南居益工于诗文,所著有《晋政略》、《致爽堂诗》和《青箱堂集》等。谢弘仪,字简之,号寤云,浙江会稽(今绍兴)人,明万历三十八年(1610年)庚戌科武状元,天启初年任福建总兵官,在南居益指挥下,与荷兰人作战。道光《厦门志·旧事志》载:"(天启三年)冬十月二十四日福建总兵官谢弘仪大破红夷于浯屿",池显方《晃岩集》说,南居益和谢弘仪当时皆驻节于厦门,谢弘仪"用间计,夜出不

领导厦门军民抗荷的福建巡抚南居益、福建总兵官谢弘仪等在虎溪岩的诗刻

[63]

意,突击之……乘胜遂有澎湖之捷。"南、谢两人戎马倥偬之际,还曾一起到虎溪岩访问池显方,也曾三人一起上鼓浪屿日光岩礼佛。后来池显方把南居益的"鼓浪、玉屏大咏,并镌石中一拳之地"(见池显方《晃岩集》卷21,"致南中丞"),成为千古美谈。

南居益在鼓浪屿日光岩上的诗刻为五言律诗二首,题为《鼓浪屿石岩礼佛同谢寤云池直夫》,诗曰:

须弥藏世界,大块得浮邱。岩际悬龙窟,寰中构蜃楼。野人惊问客,此地只邻鸥。归路应无路,十洲第几洲?(其一)

一水烟分峤,方舟客共登。崇岩参佛古,仄径蹑云层。遂作凭虚观,因逢彼岸僧。何能抛绂冕,长此觅三乘。(其二)

南居益携友礼佛的"石岩",当是俗称"莲花庵"的那个石窟。他的诗刻正好在"石岩"后面的那块巨石下面,前为诗题,后有题跋:"天启癸亥(1623年)冬日,关中南居益书。"题诗的时间当是明朝军队在鼓浪屿和浯屿两次打败荷兰人的同年年底。诗歌表达了南居益对鼓浪屿景色的赞美。

在此期间,南居益和谢弘仪还曾联袂到虎溪岩上面的"玉屏僧舍"拜访过池显方。池显方,字直夫,号玉屏子,天启二年中举。其父池浴德,便是当年和泉州府同知丁一中同游过云顶岩,有诗唱和的致仕太常寺少卿。池显方是泉南知名诗人,著有《晃岩集》等诗文集。但他"参禅乐道,结庐玉屏、端山"。于是,巡抚南居益亲自上山访贤,并写了题为

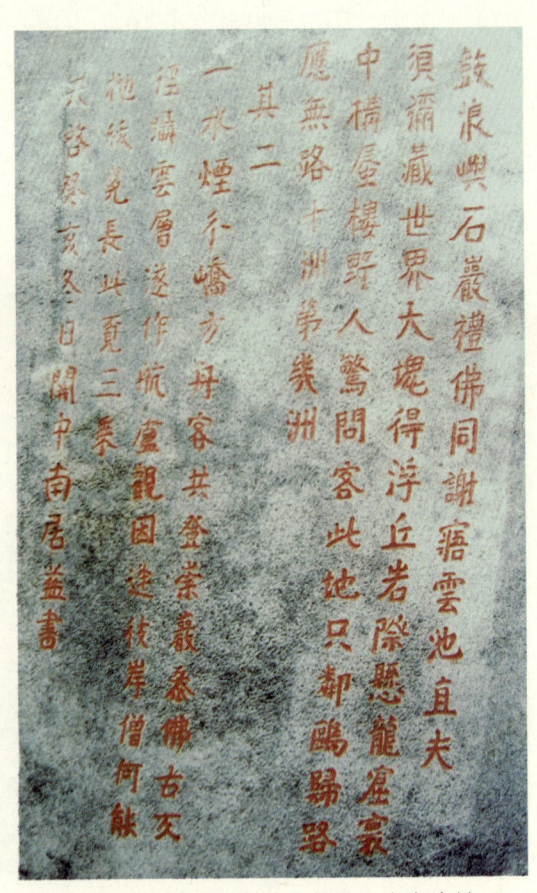

明·天启癸亥(1623年)南居益日光岩诗刻

征倭剿夷豪气在

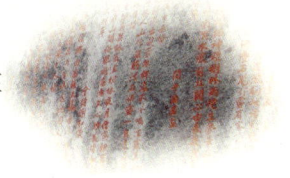

《玉屏僧舍访池直夫读书处》的五言律诗两首，诗曰：

海滨环岛屿，历历顾蓬瀛。独此诸天界，偏余十地清。□山人貌佛，叠石鬼有灵。有客营精舍，超然出世情。

怪尔文超悟，栖神□树林。雨花生梦笔，仙客濯□襟。天外南溟水，风前北阙心。由来厌世者，多向此中寻。（署款：关中南居益）

谢弘仪也题了两首，题为《次南中丞韵》，诗曰：

玉屏谁洗出，岌崇瞰稗瀛。不□鸣深窾，其如洞壑清。依人山□□，听法石俱灵。一自逢青眼，相过倍有情。

此中结真契，携笈至□林。夜月僧寮课，春云静侣襟。看山明俗眼，观海浴文心。□美皆如是，当前不解寻。（署款：会稽谢隆仪）

最后，是陈文晹的两首和韵诗，诗曰：

亘海称兹胜，凭高接大瀛。蜃楼时见幻，□骨梦幽清。岩与学俱邈，地因人乃灵。异书藏洞壑，应谢主人

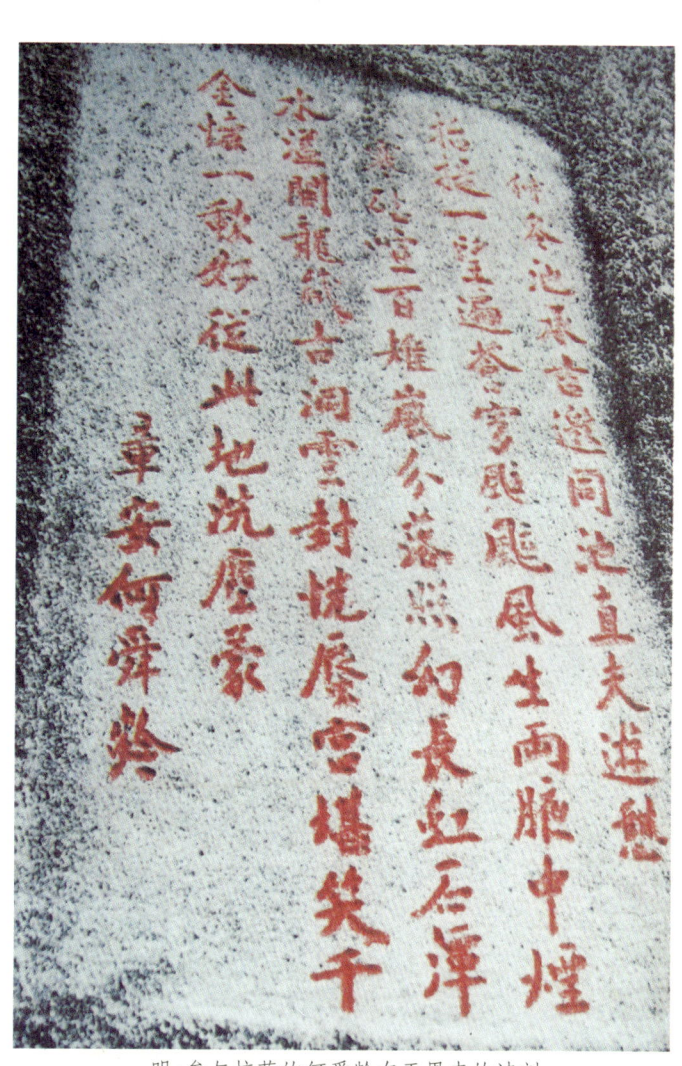

明·参与抗荷的何舜龄在天界寺的诗刻

情。

岩□拂层结，深坐拟长林。潮月初窥案，江风数上襟。香昙浮白眼，甘露沃玄心。更有桃源路，天门直可寻。（署款：霞城陈文昒）

这三个人的诗作合刻为一段诗刻，位于虎溪岩寺"棱层"洞顶端的巨石上。可惜长年苔藓腐蚀，有个别字已无法辨读。迨清理描红后，才发现当年在厦门"攻剿红夷"的这些历史人物的诗，乾隆年间的《嘉禾名胜记》和道光《厦门志》等地方文献都没有辑录。

有明一代许多武臣都工诗文，比如诗刻作者之一的陈文昒，在《明清史料·戊编》中所载他的官职是参将。值得一提的是，谢弘仪虽然是武职官员，没想到他还是一位文采斐然的诗人和剧作家。崇祯十年（1637年）四月，江南的士大夫祁彪佳、王思任、倪元璐和张岱等人在会稽（今浙江绍兴）结社，名之为"枫社"，致仕在乡的前福建总兵官谢弘仪居然也是社友之一（见张岱《快园道古》）。此外，谢弘仪还创作了戏剧《蝴蝶梦》传奇两卷。与他同时代的诗人茅元仪有一首题为《观大将军谢简之家伎演所自述蝴蝶梦乐府》的长诗，说观赏他的《蝴蝶梦》演出之后，真是"耳目无久玩，新者入我怀"（见《石民横塘集》卷2）。祁彪佳编著《远山堂曲品剧品》时，也把谢弘仪的《蝴蝶梦》作为条目列入，使其成为后人研究明清戏剧史的一个对象。

南居益和谢弘仪在厦门的诗刻，同样也是见证当年厦门军民"攻剿红夷"的历史文物。

风流千载忆延平

明天启四年（1624年），福建巡抚南居益命沈有容到澎湖谕退荷兰人，不料这些"红毛番"趁机占据了台湾。这一年，郑成功诞生于日本的平户。等到郑成功7岁回到故乡——福建南安的石井乡，继而到安平（今晋江市安海镇）读书中秀才，又上南京国子监向名师求学，明朝的国势已经岌岌可危了。1644年，在农民起义和清兵入关的风雨中，北京煤山上那棵柳树终于结束了朱氏政权的国祚。1646年，清军攻入福建，郑成功的父亲郑芝龙，这位势力倾倒一时的海商首领投降了。年轻的郑成功激于民族大义，举起了抗清的大旗。

民族英雄郑成功

鼓浪屿是郑成功最初屯兵操练的地方，日光岩至今尚有"龙头山寨"和"水操台"遗址，以及国姓井、陈士京墓等省、市级文物保护单位存焉。清顺治七年（1650年）中秋节过后一个多月的某日，郑成功用计除掉盘踞在厦门的郑彩和郑联的势力，收编了其军队，开始了他"以两岛（金门、厦门）之师"抗清乃至后来的"驱荷复台"斗争。郑彩兄弟乃同安高浦人，也是当年纵横海上的海商集团的首领。厦门民间相传郑成功诛杀郑联的地点是在万石岩"象鼻峰"下的一块石头上，遂刻上"锁云"两字。笔者认

厦门文史丛书
| 厦 | 门 | 石 | 刻 | 撷 | 珍 |

日光岩水操台 　　　日光岩寨门 　　　双忠魂题刻

真辨读，发现其后的落款有"广宁姚应凤"等字。姚应凤，粤之广宁人，监生，入清后归镶红旗，康熙三十七至四十三年（1698—1704）任泉州府海防同知，驻厦门。这个事件是郑成功一生大业的重要拐点。

当年郑彩兄弟就踞守在万石岩所在的狮山一带。据阮旻锡《海上见闻录定本》所载，郑联还"建生祠于万石岩"。今万石莲寺的"海会桥"附近，还能看到一段清乾隆三年（1738年）勘定山界的告示题刻。其内容曰：

国姓井

　　兴泉永道、按察使司副使、加一级朱　为蒙发勘定山界等事。查万石一岩，创自明季，乃僧维信师祖向定远侯募地建盖，历管已经五世，其岩宇之前后左右，业经本道饬厅立石定界在案。兹据呈请，合就勒石永禁。为此示禁，厦岛军民人等知悉：嗣后如有不遵禁令，胆敢仍前，复将万石岩界地混给占葬，以及樵采树木暨纵放牛羊践踏五谷、蔬果者，许住僧、该地保长立即赴泉防厅衙门具禀，以凭严拿究处。其各

【68】

风流千载忆延平

凛遵毋忽。乾隆三年四月初一日给。

定远侯即郑联，南明小朝廷曾封郑彩永胜伯、建国公，郑联为定远侯。这段题刻告诉我们，明末清初建寺时，寺僧曾经向郑联"募地"。郑彩兄弟不是"胸无点墨"的海上豪强，今日本黄檗宗万福寺还珍藏郑彩当年赠隐元和尚的一首七律诗手迹，与万石莲寺毗邻的中岩寺大殿旁边的巨石上，还有郑联用隶书题刻的"玉笏"两个字，下款为行书"丁亥（1647年）秋中，定远书"。

郑成功取得金、厦两岛为根据地以后，增建了嘉兴、高崎、湖连、五通、东渡和浔尾等寨。1655年，还改中左（即厦门）为思明州，设立六官，加强练兵，特别是水师的训练。在北伐南京失利后，郑成功断然挥师飞渡台湾海峡，一举打败荷兰侵略者，于1662年收复了祖国领土台湾。狮山之上现在还保存着许多处这位民族英雄留下来的遗址，如郑成功太平岩、高读岩的读书处和"琴洞"等，其中仅摩崖石刻就有紫云岩后山的"樵溪桥"题刻、邓会与邓愈的诗刻和万石莲寺大殿后的"闲乐居"等题刻，以及厦门岛上鸿山寺的"嘉兴寨"和"双忠魂"题刻等。

万石岩下的锁云题刻，相传是郑成功杀郑联处

玉笏两字系郑联所书

太平岩郑成功读书处

樵溪桥是目前厦门岛内仅存的一座古代石梁桥，位于狮山通向五老峰的山中，是当年郑成功从驻地到演武亭操练军队的必经之地。桥畔巨石上有以楷书镌刻的"樵溪桥"三个字，左侧题款："永历七年（1653年）阳月，岱洲余宏志。"郑成功终生崇奉南明永历皇帝的年号。阳月即农历的十月。题刻者余宏，当是郑氏的部属。今樵溪桥（含这段题刻）和邻近的"高读琴洞"这两个遗址合起来公布为一处市级文物保护单位。

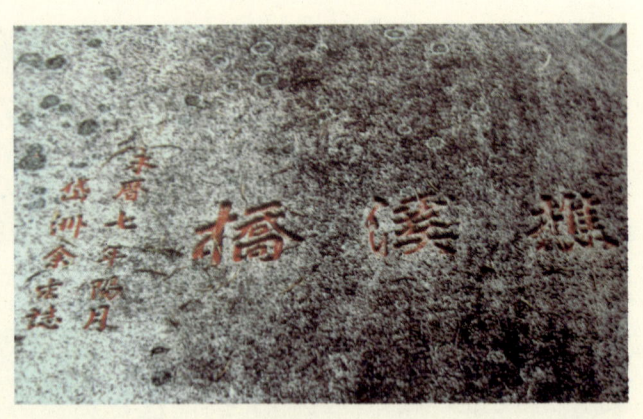

樵溪桥

道宗和尚的"闲乐居"题刻

万石莲寺大殿后的巨石上有以行书镌刻的"闲乐居"三个大字，字体遒劲奔放，不失为一幅书法佳作。其后题款："长林寺僧道宗题"。长林寺在今福建诏安县官陂镇的长林村，是明末清初洪门天地会的发祥地。现该寺遗址存有"皇明甲午"（1654年）的《长林寺记》碑记，载"长林宝刹，□□弟五和尚道宗创造也"，其"缘首"系郑成功部属"永安伯黄"，也即黄廷。道宗和尚与郑成功关系至密切，据文献资料记载：道宗和尚俗姓张，乃郑成功重要部将张要（一名万礼）之弟。清顺治八年（1651年）在长林寺成立天地会，从事"抗清复明"活动。该题刻当作于1651年至1661年之间，是研究郑成功与天地会关系很重要的文物资料。

厦门市鸿山乐园山上有石刻"嘉兴寨"三个楷书大字，字幅高约150厘米，宽35厘米。无款跋。道光《厦门志·分域略》载："（鸿山）上有石砦遗址，石刻'嘉兴寨'三字。"该地点居高临下，控扼鹭江，故民间相传是郑成功的营寨遗址。

风流千载忆延平

鸿山上还有一块巨岩，上有楷书石刻"双忠魂"三个字。巨岩下还有一座市级文物保护单位——"太师太傅墓"，墓主是郑成功之叔郑芝鹏的长子郑广英（号彦千）、三子郑海英（号涛千）的合葬墓。据墓中出土的《皇明钦赐祭葬太师彦千郑公暨弟太傅涛千公墓志铭》的记载，这两兄弟于顺治己丑（1649年）阴历二月二十二日在石码（今龙海市）的抗清之战中同时殉难，南明永历帝追赠郑广英为太师，郑海英为太傅，并给予钦赐祭葬。关于清郑石码之战，同时人阮旻锡的《海上见闻录定本》将其归入"戊子"（1648年）条，显然必须以《墓志铭》为准。如果把这场战役与永历七年（1653年）发生在被郑成功称作"关中河内"、"本藩于此土生死以之"（见杨英《先王实录》）的清郑海澄之战，和月港作为海商贸易口岸这两者联系起来，就不难看出这两次激战的意义不仅仅是为了抗清这个目的。原墓葬范围内的巨石上的这三个大字，应是庚寅年（1650年）二月下葬时所题刻，借以彰显其"贞心报国"的精神。1994年1月，厦门市文物管理部门配合公园景区的建设进行迁葬，使题刻和墓葬合为一体，显得更加合理。

鸿山上的嘉兴寨

万石岩和虎溪岩还有郑成功据金厦抗清时期思明州第二任知州邓会和正审理官邓愈的诗刻。其中邓会4段，邓愈1段，均以潇洒飘逸的行书刻石。邓会，字啸庵（但他在癸卯（1663年）梅月作《隐元禅师太和集序》却自署"方外素庵会道人"，见《隐元全集》），福建三山（今福州）人，早期任郑成功的参军（见江日升《台湾外纪》"顺治十年"（1653年）条）。邓愈，里爵不详，可能是邓会的兄弟。据杨英《先王实录》载，永历九年（1655年）二月，郑成功在厦门"议设六官并司务，及察言、承宣、审理等官"，以"举人邓愈为承宣司"，以"举人邓会、恩生张一彬为正副审理"，同年三月，"改中左（即厦门）为思明州"。1656年至1660年继薛联桂任思明州第二任知州，有政绩。与他同时代的王忠孝有《邓啸庵思明治绩记》，称赞邓会治理地方政务，"但持和恕之心出之，而民不能忘"。郑成功收复台湾后，邓会却归顺了清朝，康熙九年（1670年）任山西太原知府。邓愈未详。

他们两人的诗都作于1659年至1661年间。1659年郑成功亲自率军队北伐长江口，六月已逼近镇江，准备进取南京，不料七月底兵败观音山下。"（七月）二十八日，（郑成功）派程班师，驾出长江"（见杨英《先王实录》），回师厦门。同年夏天，留守思明州的知州邓会在虎溪岩赋诗一首，却流露出消极的出世情绪。这首诗题为《永历十三年（1659年）夏，知思明州事、户部主事，三山啸庵邓会题》，诗曰：

虎溪一望景多多，石壁千寻拂薜萝。寄语山僧留尺许，他年容我作头陀。

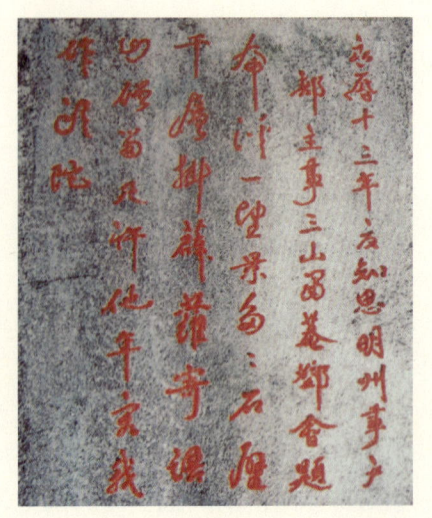

诗刻地点在虎溪岩棱层洞之上。

永历庚子（1660年）五月，郑成功打败了清军达素对厦门的围攻，加紧练兵，"备篙船只"，为第二年的收复台湾做好准备。九月，"思明知州邓会条陈"，说前此"思明城内外百姓"因战争而搬出岛外，今战事已结束，请郑成功准许"搬回者暂准安住，其未回者听从民便"。这个建议得到了郑成功的批准（见杨英《先王实录》）。就在这个时候，邓会在万石岩的狮子洞前，又题刻了一首诗。诗曰：

喜听松声碧涧流，芒鞋踏破海天秋。自从烧却昙花钵，万石而今尽点头。

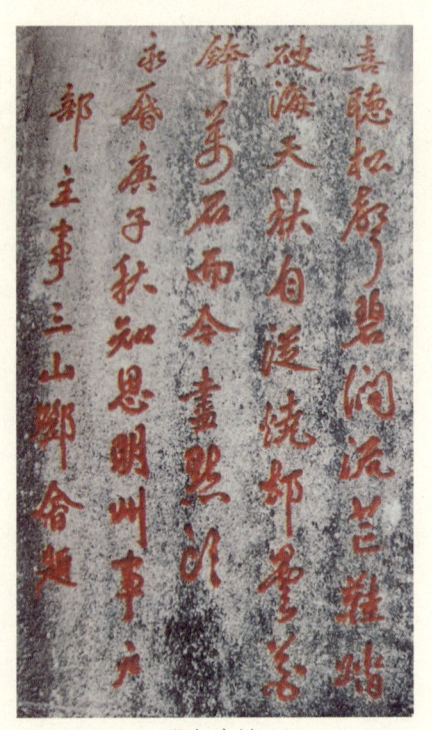

邓会诗刻

邓会诗刻

风流千载忆延平

这幅诗刻后题跋为"永历庚子（1660年）秋，知思明州事、户部主事、三山邓会题"。诗中的"昙花钵"当即"优昙钵花"，梵文为Udumbara，佛经称它为"灵瑞花"，说是世间有佛出现它才开放。"昙花一现"的成语即源于此。诗的最后两句，流露出邓会对自己人生的已然醒悟。"顽石点头"的典故出自《宋高僧传》载：竺道生在虎丘山讲《涅槃经》，"群石皆点头"。

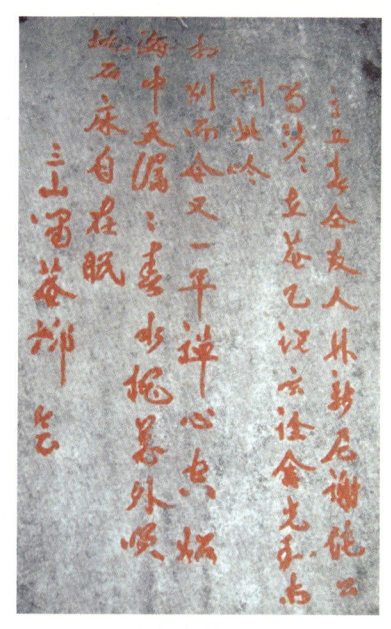

永历十五年（1661年）的正、二月，郑成功分别驻在思明州和金门城，忙于大修船只，准备"进平台湾"（见杨英《先王实录》），而邓会却像方外之人，只管在万石岩写诗题壁。这一年的春天他共留下了两段诗刻。其一在万石莲寺前的"小桃源"洞内，前有诗题："辛丑（1661年）春，同友人林新尼、谢纯公、□□□、立庵兄、□玄诠、含光和尚到此吟。"其后署款："三山啸庵邓会。"诗曰：

相别而今又一年，禅心空照海中天。
潺潺春水桃花外，笑枕石床自在吟。

其二在万石莲寺大殿后那短道宗和尚"闲乐居"题刻的左侧。诗题为"辛丑春访玄诠和尚偶咏"，诗后署款"三山邓会"。诗曰：

石壁岩岩倚碧虚，桃花春色几枝余。
西来祖意原无意，竹影声摇闲乐居。

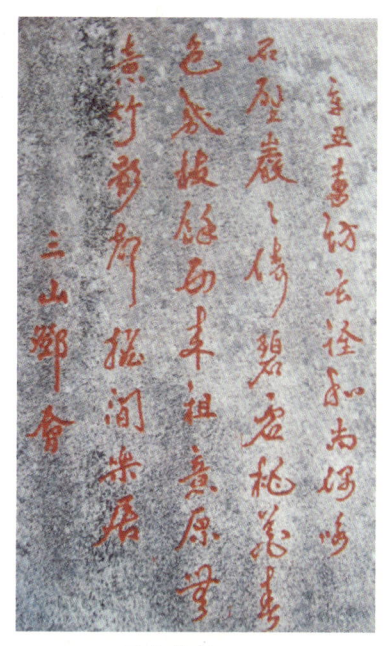

从其内容来看，这首诗是为"闲乐居"而题。那么，这位玄诠和尚是谁？历史给我们留下的这些悬念，只好留待将

邓会诗刻

邓会诗刻

来认真探讨了。

正审理官邓愈也喜欢石壁题诗。他在虎溪岩和万石岩原先都各有一段诗刻,可惜万石岩那一段除了"邓愈"等个别字迹尚依稀可辨,已无法辨读全文。虎溪岩那一段现状完好,乃永历十五年(1661年)邓愈过此读到邓会那首诗的有感而作。题为"永历十五年辛丑过此次啸庵韵"的七绝诗一首。诗曰:

棱层深处碧云多,绝壁冲霄挂古萝。我本雷天寻剑客,而今洞里礼弥陀。

邓愈这段诗刻也在棱层洞上端,后署款为"雷霆吏、复阳道人、三山内史氏邓愈题。"

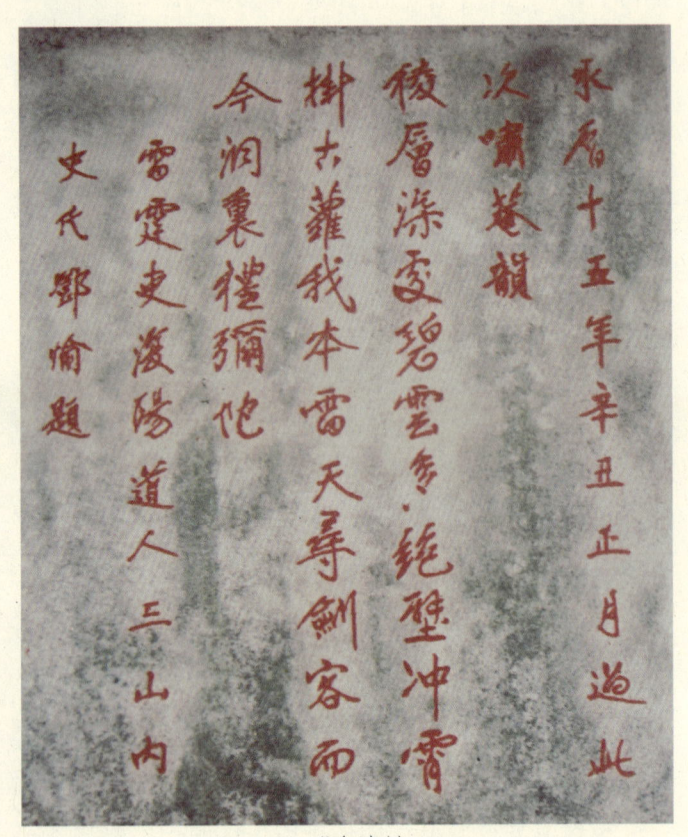

虽然郑成功收复台湾之后,邓会和邓愈两人都归顺了清政府。但在这个历史大变革的时期,与郑成功这位民族英雄有关的文物,尤其像邓会和邓愈这样曾是郑氏集团重要的部属,又有以"永历"年号署款的诗刻,也是很有研究价值的文物资料。

邓愈诗刻

1662年2月1日,郑成功经过9个月的鏖战,终于把荷兰侵略者从宝岛台湾驱逐出去,为中华民族的历史书写了光辉的一页。近代鸦片战争以后,中国人民遭受到西方列强国家的欺负,一步步沦落为半封建半殖民地社会。在此严峻的历史时期,郑成功

风流千载忆延平

这位中国史上第一位"驱外夷出境"的民族英雄，越来越得到炎黄子孙的崇敬。尤其是甲午战争之后，清政府割让了台湾，郑成功的爱国情操更成为激励中国人奋起抗争的精神力量。于是，海峡两岸的人民纷纷建祠立庙以纪念他，或者用诗文作品来缅怀他。郑成功当年在厦门和鼓浪屿都留下了遗址，人们在凭吊的同时，还把作品镌刻在岩崖上。

相传太平岩的海云洞是郑成功据金厦两岛抗清复台时读书的地方。在洞边的岩石上有20世纪20年代广东中山人韦廷钧的"郑延平郡王读书处"行书题刻。清末台湾新竹诗人郑鹏云有一段怀念郑成功的诗刻，位于太平岩那处题刻"石笑"两字的岩石旁边。诗题为"游太平岩经先世延平郡王读书处"，诗后落款为"台阳郑鹏云"。诗曰：

> 石不能言笑口开，读书深处有莓台。草鸡莫问当年事，鲲海骑鲸去不回。

郑鹏云，字毓臣，原籍福建永春县，其父任台湾淡水厅训导，全家移居新竹。清末廪生，曾与丘逢甲、许南英、汪春源等同时受学于台湾海东

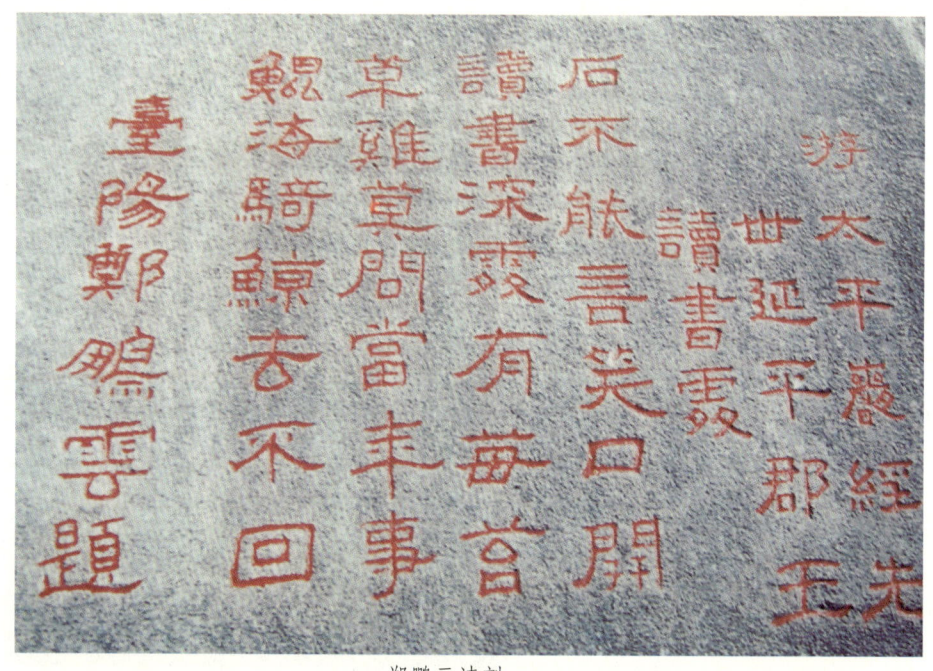

郑鹏云诗刻

书院，有诗名。日本占据台湾后，郑鹏云愤而内渡，编著有《师友风义录》等。郑鹏云居闽南期间，以日本为首的外国列强正进一步在厦门扩张势力，因而激发了厦门人民的反帝怒潮，发生了一系列反日斗争。目睹清末国步维艰的社会状况，在瞻仰太平岩郑成功读书处的同时，郑鹏云借对先人千秋功业的怀念，以诗歌抒发了他的爱国情怀。诗中"草鸡"的典故出自清代王士禛的《池北偶谈》卷22的"厦门砖刻"，相传明末有闽僧挖到一砖，上刻"草鸡大耳"等字。识者根据古书所云，认为鸡属于干支的"酉"字，从而破解"草鸡大耳"合写起来是繁体的"郑"字。"鲲海"即台南海域的古称。"鲲海骑鲸"指的是郑成功的复台大业。《台湾外纪》等书都记载说，顺治辛丑（1661年）荷兰人曾"望见一人冠带骑鲸从鹿耳门而入。随后成功舟由是港进"（《台湾志略》）。

近代以来，郑成功的爱国精神日益得到海峡两岸人民的崇敬和缅怀，因而歌颂和咏怀这位民族英雄及其史迹的诗文作品也不断问世。郑成功当年曾在鼓浪屿的日光岩山上安营结寨，操练水师，龙头山寨和水操台等遗址自然就成了后人发思古之幽情的地方。如今，四方游客可以在这里寻访到写作俱佳的诗刻和题刻。

日光岩半山腰那块巨石上有李增霨所题刻的"闽海雄风"四个大字，每个楷体大字高都是180厘米，宽154厘米。书后署款："戊午（1908年）重九日古滇李增霨题。"除了厦门南普陀后山那个巨大的"佛"字，就

李增霨"闽海雄风"题刻

数这段题刻的单个字尺寸最大。李增蔚（1866年—？），字襄国，云南巍山人，光绪乙未（1902年）进士，累官福建福宁知州（1902年任）、泉州知府（1907年任）。擅长擘窠大字，书法刚健凝重，严谨大方，四川眉山的苏公祠、云南昆明的翠湖等地均有其墨宝存焉。他在泉州石佛寺所题刻的"崧岳降神"每个字都有1.5米见方，非常引人瞩目。

　　李增蔚这段题刻是应寓居鼓浪屿的越南归侨黄仲训之请而作的。黄仲训的原籍是郑成功故里——南安，所以他选择日光岩来营建瞰青别墅，可能也是其中的原因之一。于是，黄仲训在建别墅的同时，也把相传是"延平郡王"手迹的那首五言绝句刻在旁边的岩石上，那首诗是："礼乐衣冠第，文章孔孟家。南山开寿域，东海酿流霞。"同时还在"闽海雄风"题刻的右上侧，题刻"郑延平水操台遗址"，并署上"民国七年戊午（1918年）黄仲训书"的落款。李增蔚对水操台的选址比较慎重，他在题写"闽海雄风"的同时，还作了一篇题跋，这篇题跋就镌刻在那段郑成功诗刻的左侧，曰：

　　予昔领桐郡，浪屿亦旧治之一也。戊午秋重至鹭门，予友黄君铁夷（按：即黄仲训）方营别墅于屿上，有石反然，曩所谓郑王水操台者，今不可识矣。铁夷嗜古之士，缒幽钓奇，为迹

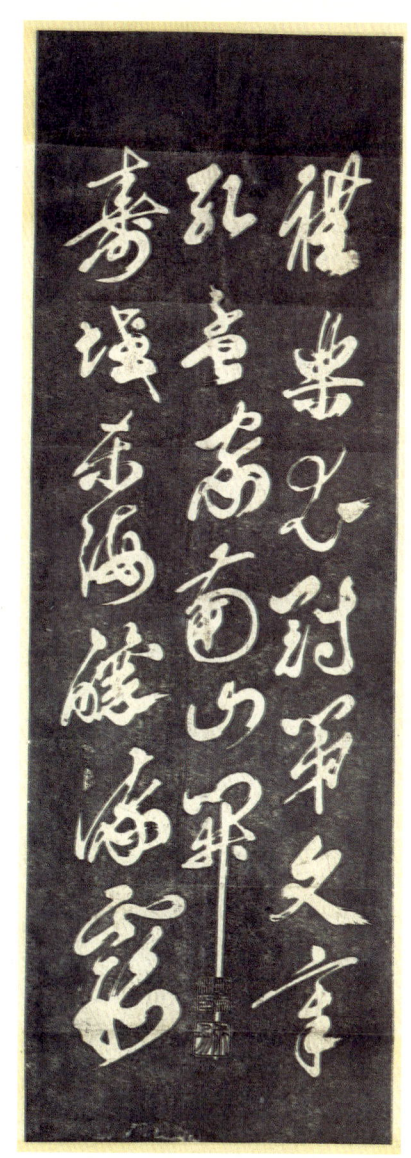

郑成功诗刻拓本

其故址，勒之石焉。旋得郑王手书一诗，并寿此石以诒来者。嗟夫！瑯环宝笈，犹睹吉光；玄都桃花，重来禹锡。予既与江山旧识，而复题铁夷存古之功为不朽也，辄欢喜赞叹，缀其崖略如右。古滇李增霨谨识并书。

黄仲训还把一些与他有交往的名家的诗作刻在日光岩的巨石上。郑成功的"寨门"遗址一侧，有闽南诗人张琴的一首怀古七律诗刻，诗后题款："郑延平阅操台怀古，赋呈仲训先生吟正。莆阳张琴题。"诗曰：

焚却儒巾旧秀才，牙樯玉帐海边开。天留片土存明朔，日丽丹心照将台。花鸟春深余故垒，鱼龙夜静忽惊雷。秣陵遗恨舟师失，白马寒潮尚去来。

张琴，字治如，晚号石匏老人，福建莆田人，清光绪三十年（1904年）登进士，宣统三年（1909年）授翰林院编修。辛亥革命后，回闽致力于文教事业与著述。张琴工诗文，擅书画。诗宗唐宋，有六朝遗韵。书能四体，妙乎欧虞之间。所著有《张琴题画七百首》、《桐云轩诗文集》等。张琴这首诗歌颂了郑成功抗清的民族气节。但从诗本身的艺术性来看，它堪称佳作。

张琴诗刻旁边有汪兆铭镌刻于1920年的一段诗刻。诗曰：

劲节孤忠久寂寥，海山遗垒未全消。高台月皎霜寒夜，仿佛如闻白马潮。

这段诗刻后题款："民国九年（1920年）获登郑延平水操台，口占一绝，即请仲训先生雅正。汪兆铭。"汪兆铭，字季新，笔名"精卫"，广东番禺人。早年投身民主革命，曾参与组建同盟会。1921年孙中山先生在广州就任临时大总统，汪兆铭在他领导下担任要职。这首诗当是他乘船从上海到广州途中经过厦门，应黄仲训之请所写的。抗战时期汪兆铭成了民族罪人。如果不以人废言，汪兆铭这首七言绝句还是颇有慷慨豪迈之气，而且书法也潇洒有致。

在日光岩诸多摩崖石刻中，有蒋鼎文、鲁葭亭、蔡元培和蔡廷锴等现代名人咏怀郑成功或其遗址的诗刻，其中以蔡元培和蔡廷锴的诗刻最引人瞩目。

蔡元培是我国近代著名的教育家、革命家和国学大师，他的诗刻位于郑成功的寨门遗址前方。诗曰：

风流千载忆延平

叱咤天风镇海涛，指挥若定阵云高。
虫沙猿鹤有时尽，正气觥觥不可淘。

这段诗刻后署款："中华民国十六年（1927年）一月来此凭吊，十九年（1930年）应李汉青先生之请补题，蔡元培。"蔡元培（1868—1940），字鹤卿，又字子民，浙江绍兴人，清光绪十八年（1892年）进士，二十五年（1899年）补翰林院编修。甲午战争后开始提倡新学，致力于民主革命，为光复会会长、同盟会会员。辛亥革命后被推为首任教育总长，其后历任北京大学校长、中央研究院院长等。1927年到过厦门，同年1月30日在厦门大学做"浙江革命形势"的演讲，同时参观厦大国学院和生物院，还观赏了"嘉庚鱼"（即文昌鱼）。在厦大演讲的前数日，蔡元培游览鼓浪屿，特地登临日光岩，瞻仰遗址并凭吊郑成功。这首诗应是当时所作。1930年应鼓浪屿人李汉青之请补题后再勒石。蔡元培的这首诗歌颂郑成功叱咤风云的军事才能和永存人间的民族气节。"虫沙猿鹤"的典故出自《抱朴子》，比喻从军战死的战士。

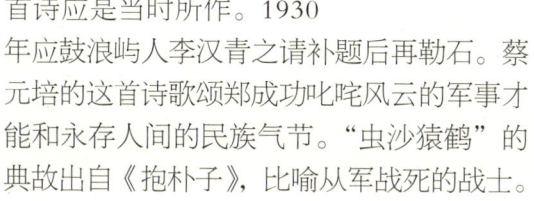

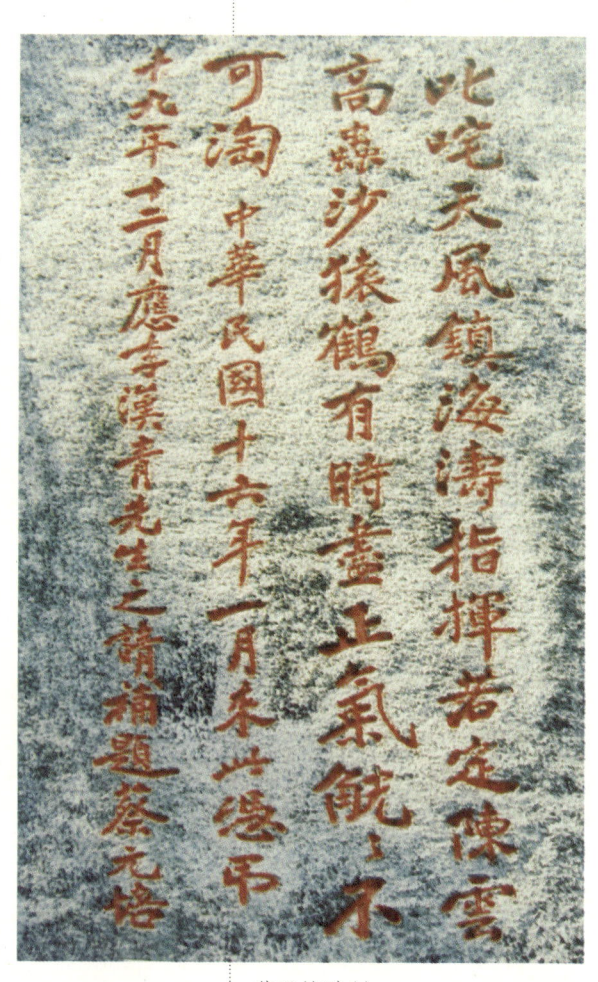

蔡元培诗刻

蔡廷锴的诗刻也位于郑成功的寨门遗址前方。诗曰：

心存只手补天工，八闽屯兵今古同。当年故垒依然在，日光岩下忆英雄。

这段诗刻后有一段题跋："此岩为明郑成功将军屯兵举义之地，每一登临，辄思前贤，爰题数言，以志不朽。蔡廷锴题，二十二年。""文革"期间，"蔡廷锴题，二十二年"这八个字遭受破坏，后根据旧照片的笔迹重新描摹入石，但已非原貌。蔡廷锴（1892—1968），字贤初，广东罗定人。军伍出身。1930年任十九路军军长。1932年率师参加震惊中外的"一·二八"淞沪抗战，痛歼侵华日军，被誉为"抗日名将"、"民族英雄"。旋奉调入闽，与陈铭枢、蒋光鼐等爱国将领主张反蒋抗日，发动了著名的"福建事变"，1933年11月在福州成立"中华共和国人民革命政府"。蔡廷锴任革命政府委员、人民革命军第一方面军总司令兼十九路军总指挥。这首七言

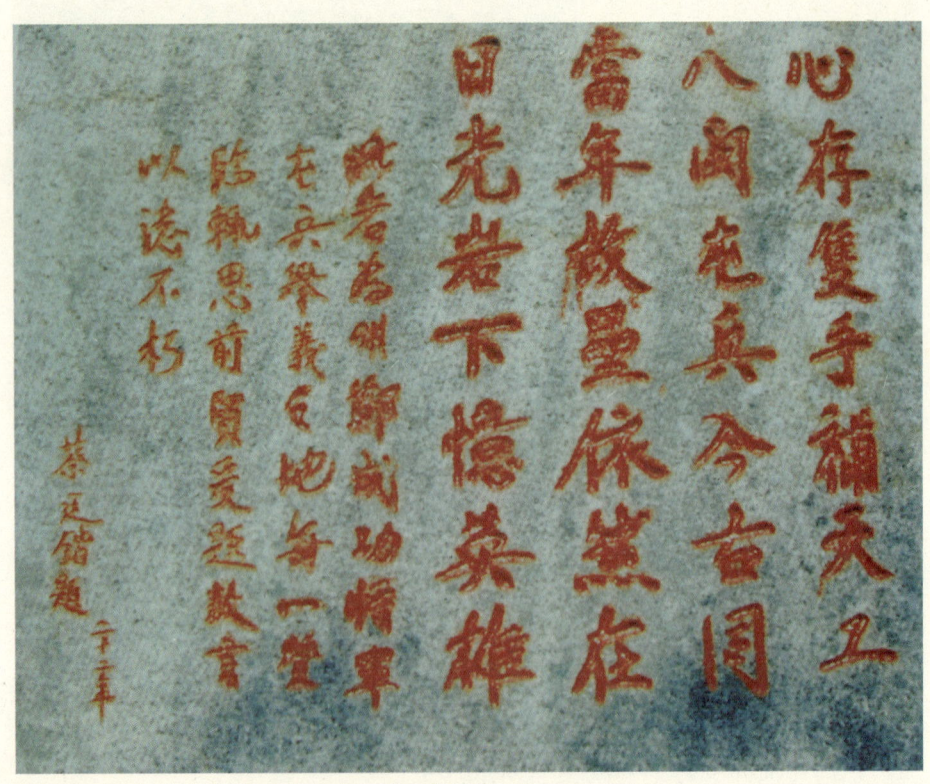

蔡廷锴诗刻

风流千载忆延平

集美延平故垒题刻

绝句是1933年蔡廷锴驻守厦门时，登上日光岩，凭吊郑成功龙头山寨时所作。诗中歌颂郑成功"只手补天"的中流砥柱精神，表达了作者以郑成功英雄气概为自励的豪情壮志，令人读罢意味深长。

鲁迅特别景仰郑成功，1926年8月他到厦门大学执教时，就因为住所附近有一段明代残墙，使得他"忘不掉郑成功的遗迹"（见鲁迅：《厦门通信》）。可惜鲁迅在厦门大学时间不长，竟没有留下任何雪泥鸿爪。当今厦门集美中学的延平楼前，也有郑军部将刘国轩所建的"浔美寨"遗址。1931年，著名的华侨领袖陈嘉庚为弘扬郑成功的爱国精神，特嘱人在巨岩上镌刻了一段题刻，曰："延平故垒"，旁署年款："民国二十年（1931年）冬。"郑成功因曾受封延平王，所以故垒以延平为名。今这处郑成功遗址已公布为厦门市文物保护单位。

云洲诗味待重寻

清代康乾时期，厦门作为沿海贸易和对台航运的口岸，社会经济得以迅速发展。其中，台湾海峡的风平浪静，是很重要的原因之一。在厦门的摩崖石刻中，"海不扬波"这四个大字便出现过两次。其一在碧山岩大殿后面的岩壁上，字幅前有年款："丙午嘉平"，后署名款为："三晋李暲。"嘉平，即农历十二月之古称。查方志文献乃知李暲（1686—1754），字东来，号鉴溪，山西静乐人（按：笔者在《厦门摩崖石刻》一书中误作"字静乐"）。康熙五十年（1711年）乡试举人，雍正八年（1730年）前后来厦任泉州府海防同知。因而通过这段题刻可以考证它镌刻的时间是在雍正朝的丙午年（1726年）。李暲在厦门还有多处题刻，如万石山的"象鼻峰"、

清·李暲题刻

云洲诗味待重寻

"水鸣韶"，虎溪岩寺的"入我门来"等，这些题刻的年款大多只题"丙午"某月，现在都可以确定为雍正的丙午年了。其二在南普陀五老峰半山的巨岩上，单个字高宽均在一米左右。前有年款："道光十年（1830年）丁末"，后署名款："古滇倪琇题。"倪琇，字竹泉，云南昆明人，嘉庆六年（1801年）辛酉恩科进士，翰林院编修，道光年间官至福建兴泉永兵备道。倪琇工书，字学董其昌，所著有《使车余草》（见《滇南书画录》）。他在厦门万石莲寺还有"石林"二字题刻。这两段题刻不但书法隽美，而且寓意深远。

清·李璋题刻

有清一代，厦门不但是闽南政治领域的"龙头"，而且是海峡两岸经济、文化交流的中心。清政府派到厦门，或经厦门到台湾的官员中，有不少像郁永河、倪鸿范、俞成、赵翼、周凯、薛慰农和郭尚先等以及黄慎、甘国宝、彭楚汉等这样的诗文家和书画家。他们对厦门当地文学艺术的发展起到相当大的推动作用。与此同时，由于厦门文教事业的兴盛，许多文士能有更多的机会通过科举走出岛隅之地，开拓了视野，提高了文学艺术的修养。乾隆年间厦门以黄日纪为代表的一批诗人于是应运而生。他们所创办的"云洲诗社"是继明末清初江南诗人徐孚远等在厦门发起组织的"海外几社"之后，对地方文化发展史上影响最大的文人结社。在厦门清代的摩崖石刻中，文学造诣较高的诗刻几乎都集中在乾隆年间，而其中大部分是黄日纪或"云洲八子"的作品。仅黄日纪一个人就留下了15段诗刻或题刻，在厦门历代石刻中，个人数量之多无出其右。除了本地诗人的佳作以外，外来诗人如临安俞成、山阴金绍成和温陵倪鸿范等的诗作无论在内容或书法等方面，皆颇为可观。俞成有6段诗刻点缀于岛内几个寺庙景点中，他擅长五七言的长诗，为其作品的一个特色。

黄日纪（1716—？）是清代中叶厦门著名诗人，字叶庵，号荔崖，福建龙溪人，居厦门。清乾隆辛酉（1741年）间在天界寺结庐读书。乾隆十二年（1747年）丁卯以生员的身份捐了一个特用中书科中书的小官，"己巳（1749年）迁选曹，癸酉（1753年）转库部"。乾隆二十二年（1757年）擢兵部武选司主事。三年后丁父忧，辞官回厦。庚辰（1760年）僧月松在天界寺为他建了一座黄亭。丙戌（1766年）前后，黄日纪在凤凰山麓建造了"榕林别墅"，始长居厦门，与诗朋文友共同寄情于山水之间。

黄日纪工诗文，平生著作甚丰，据道光《厦门志·艺文略》所著录的就有《全闽诗隽》、《奚囊集》、《内史集》、《中枢集》、《龙江集》、《榕林偶吹倡和集》、《鹝栖琐缀》、《荔崖诗钞》、《归田集》、《嘉禾名胜记》、《榕林汇咏》、《菜根清谭》，共计十二种。今存世者仅有《嘉禾名胜记》、《荔崖诗钞》（抄本，存福建省图书馆）和《归田集》（刻本，存厦门市图书馆）这三种，其余皆已散佚。清蓝应元在其《归田集序》中说，黄日纪的几部少作"久已脍炙人口"。当年海内一代诗宗的沈德潜（归愚）与黄日纪交游甚契，虽然他编选的那部有厦门诗人阮旻锡的作品的《清诗别裁集》（重订于乾隆二十五年，1760年），

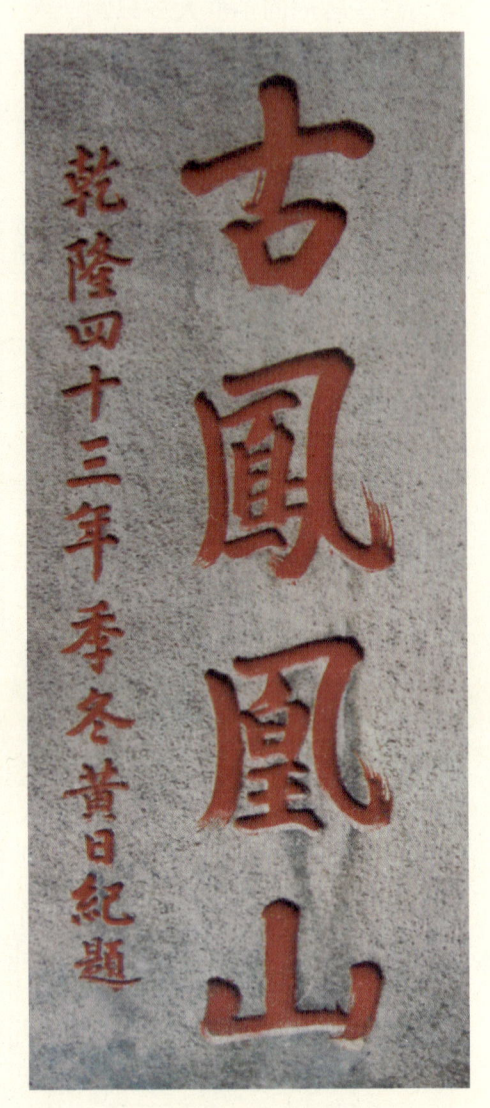

清·黄日纪题刻

云洲诗味待重寻

没有把黄日纪的诗作收录进去,但在乾隆丁丑年(1757年)为《荔崖诗钞》所作序中,却曾给予很高的评价,不但称赞他的诗"读之如名花艳,如美女嫭也;挺峙如山之立,奔放如水之涌也;严整如老吏之断狱,无能出入也;平淡如名泉之煮宋树茶,无味而中含至味也",还推许黄日纪"是亦闽中诗人之杰出者也"。

黄日纪的确是乾隆年间厦门诗坛影响最大的一位诗人。在他的倡导下,一批与他亦师亦友的黄彬、薛起凤、莫凤翔、张承禄、林遇春等厦门诗人经常雅集,"或拈韵赋诗,或论文对酒,历寒暑无间"(黄彬《看山楼唱和诗记》)。乾隆癸未(1763年)那一年,他们还用八个月时间,遍历当地的名胜古迹,"至于峭壁颓垣、荒烟蔓草之中,苔藓剥落之余,有题咏者辄命录之"(薛起凤《嘉禾名胜记序》)。现存世的这部《嘉禾名胜记》中,有相当一部分是摩崖诗刻。

榕林别墅遗址在今小走马路至望高石附近。黄日纪《嘉禾名胜记》载:"榕林别墅在厦城南门外,凤凰山之南,望高石之北。古榕攒簇,奇石屹峙,有堂、有楼、有台、有阁、有亭、有池、有果木、有花竹,盖近喧嚣而自成幽僻,入城市而若处山林者也。"园中有镜塘、洗心堂、石诗屏、钓鳌亭、小南溟等十余处景观。道光《厦门志·分域略》还说,"墅中诗刻,自蔡文恭至周凯四十有二人"。这些诗刻原先应是镶嵌在墙上,抗战前榕林遗址建"基督教青年会"大楼时,便被拆下来散落各处,有的甚至被用作建筑物的构件。20多年前我还见到过黄彬、薛起凤等人的几方诗刻,其规格一致(高约100厘米,宽120厘米),写作俱佳。当年文风极一时之盛的榕林别墅,除了剩下若干段摩崖石刻以外,所有诗刻已无迹可寻矣。

在厦门定安小学西邻有一方巨石,其上有黄日纪行楷题刻的"古凤凰山"四个大字。左侧题款为"乾隆四十三年(1778年)季冬黄日纪题"。当年此地必在榕林别墅范围之内,因这段题刻的旁边,有薛起凤行书题刻的《榕林别墅记》。文曰:

鹭城之南有凤凰山焉,多古榕怪石,高下错落,位置天然。以近市故,庐舍蔽塞,久为耳目所不及。荔崖先生购而辟之,筑精舍于其上。佳木显,美石出,名曰"榕林",从其所本有也。凿池建亭,其高者为台,平者为圃。石之大小皆镌以诗,而气象焕然一新矣。先生日游其中,或植竹,或莳花,或钓或弈,或邀朋而酌酒,或对客以联吟,冠盖往来殆无虚日。夫始之未经赏识也,没于尘土污秽之中,湮于破宇颓垣之下,虽怀奇负异,自谓见长无日矣。一旦遇合而题咏不绝，叹赏频加。此以知物不遇，有识者不能以自见，即遇有识而无力者，亦不能以自见，而况人乎？先生年五十，正服官之时也，宁以榕林老乎？他日复出而履清要，振拔湮，郁陶成众类，徵于此矣。吾为兹山贺，而亦为先生贺也。梧山薛起凤题。

　　薛起凤这段题记当作于榕林别墅落成的乾隆三十一年（1766年）前后，是年黄日纪正值五十岁。薛起凤，字飞三，号震湖，海澄镇海卫人，迁居厦门，乾隆三十年（1765年）举人，工诗并且"通经术"，是"云洲诗社"

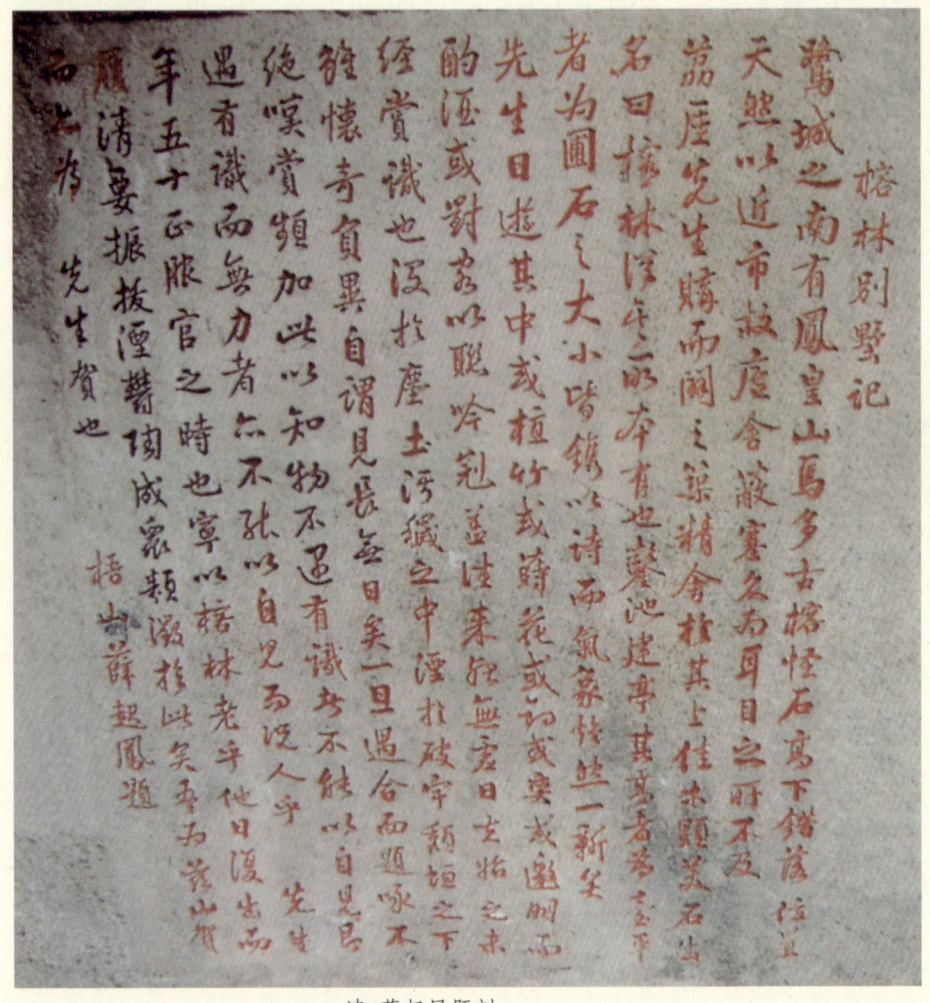

清·薛起凤题刻

云洲诗味待重寻

的发起人之一，所著有《梧山草》，今已散佚。他曾与杨国春、黄名香合编《鹭江志》，乃厦门所见最早的方志文献。

榕林别墅所有的名胜景点，今能见到的唯有两段摩崖题刻。一为"百人石"题刻，位于"古凤凰山"题刻所在巨岩的顶部，题刻后署款为"廖飞鹏"。廖飞鹏，字翼博，号石川，"龙溪籍，住厦霞溪"，乾隆辛未年（1751年）进士，任河南汲县、宜阳县知县，归厦后主讲玉屏、丹霞等书院。所题的"百人石"有典故为据。相传南朝梁代的高僧竺道生曾于苏州虎丘山说法，旁边的石头上坐了上千人，所以该石名为"千人石"。榕林别墅的这块岩石显然坐者有限，故以"百人石"为名。一为"披襟"题刻，位于望高石旁边的巨岩上。作者的款字已磨难莫辨。这段题刻所在巨岩，当是榕林别墅的景点"披襟台"。

清·廖飞鹏题刻

清·佚名题刻

值得注意的是,"古凤凰山"题刻旁边还有两段时间较晚的诗刻,一为光绪戊寅年(1878年),状元王仁堪题赠别墅主人吉甫先生的七绝诗刻,行书颇妙。诗曰:

忧乐斯民百感并,尊前丝竹且陶情。愿倾四海合欢酒,只学文山后半生。

诗后题跋:"戊寅夏客鹭江,小集榕林醉后口占,吉甫先生属书之以志鸿爪。王仁堪识。"王仁堪(1849—1893),字可庄,又字忍庵,号公定,福建闽县人,清光绪三年(1877年)状元。王仁堪时在厦门玉屏书院讲学,曾受黄氏后人邀请,在榕林别墅饮叙,因题是诗。另一段是惠安庄志谦(字牧亭)的诗刻,诗曰:

我昔游榕林,厦岛方无事。自经兵燹后,一至复再至。荒榛与蔓草,一一烦芟治。主人亦能贤,诵芬知继志。一丘与一壑,不改旧位置。石瘦便能奇,榕老更增媚。即此栖迟,何须求衡泌。

诗后题跋:"吉甫大兄大人属,牧亭庄志谦题。"这两段诗刻当是同时题刻的。可见乾隆年间显赫一时的榕林别墅,到了光绪年间的1878年虽然历经鸦片战争的"兵燹"之后,已经满园荒榛蔓草,但基本上尚保存着"旧位置",还能招待客

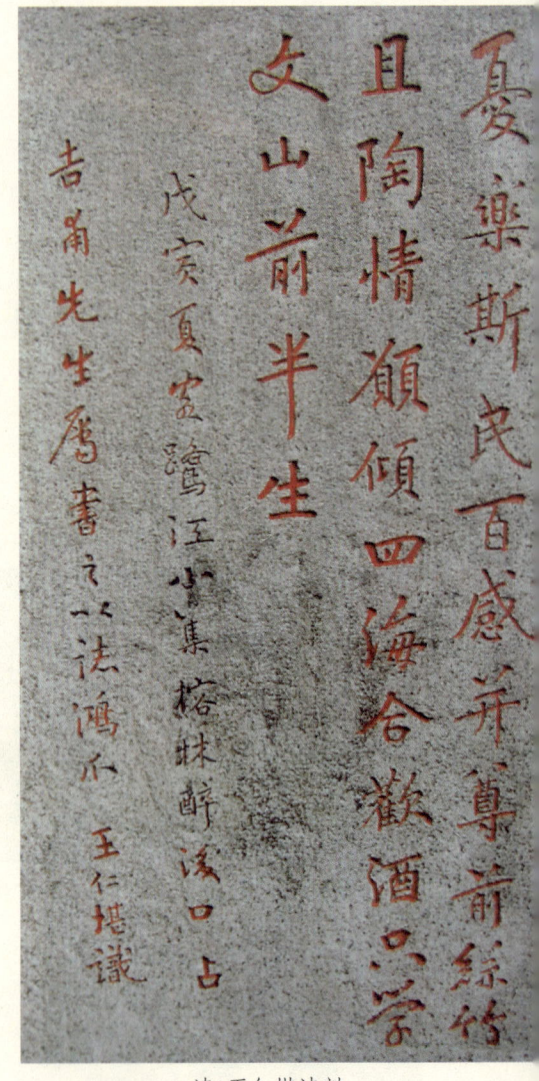

清·王仁堪诗刻

云洲诗味待重寻

人。

黄日纪和"云洲诗社"的社友们经常在天界寺活动，因而该寺保存了不少他们的诗刻。黄日纪曾经"读书此寺"，因而寺后巨岩上有"荔崖黄先生读书处"八个大字的题刻，左侧署款"龙溪同门弟廖飞鹏题"。廖、黄两人可能在龙溪时出自同一师门，故称"同门"。其实黄日纪还是秀才（生员）的时候，已在该寺大殿后的石洞上题刻了"长啸洞"三个大字，署款为"辛酉（1741年）花月，黄日纪题"。据《建黄亭小引》这段题刻所载，黄日纪乃乾隆丁卯年（1747年）开始出山进入仕途，乾隆二十二年（1757年）擢兵部武选司主事之后三年，即1760年，始"辞官回厦"。在这期间，黄日纪还利用回厦的机会陪朋友游览了天界寺，并且留下两段诗刻，其一题为"乾隆辛未年（1751年）秋，招林献三茂才访醉仙岩旧隐"，诗曰：

同借禅栖习静时，曾登绝顶把琼卮。吟残月色月华冷，坐断钟声牛斗移。猿鸟久嫌赊旧约，烟霞应笑负相知。白莲社里凭君醉，何事还攒元亮眉？

黄日纪这段出仕后故地重游的诗刻位于天界寺大殿左侧后的岩石上，后题款为"龙溪黄日纪稿"。茂才是秀才的别称，这位林献三可能即厦门诗人林遇青（字春三）的兄弟。其二题为"岁辛未同赵公安广文游天界寺"，诗曰：

石径迂回凌绝巅，一来登览一茫然。飞霞似起千山烧，过雨犹凝万树烟。入世几番经出处，到门不改旧林泉。殷勤细语升沉事，输与瞿昙自在禅。

这段诗刻位置同前，后题款为"龙溪黄日纪题"。广文，即明清时期州、县学教谕的雅称。赵公安应是当时同安或海澄县的教谕。黄日纪虽然位列小京曹，但回到海滨一隅的故乡，作诗感慨，却不免有些踌躇满志。

黄日纪在天界寺的其他几段石刻均是在他致仕归厦以后所题刻的。1760年夏，有一代名宦鸿儒之誉的漳浦蔡新和海澄进士叶学海结伴来游醉仙岩（即天界寺），黄日纪不但奉陪还赋诗记事，诗曰：

俯临轩盖访蓬蒿，连骑穷幽不计劳。洞壑烟霞供啸傲，壶觞歌咏占风骚。山中未遂千秋业，海内咸推一代豪。万古名岩留胜迹，今朝领取属吾曹。

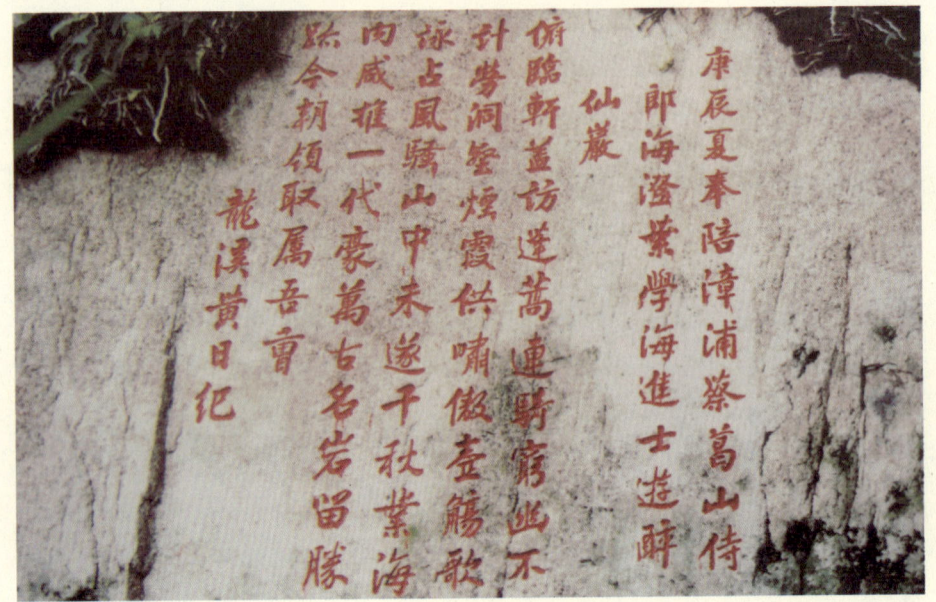

清·黄日纪诗刻

    这段诗刻位于天界寺大殿后的石壁上，前有诗题："庚辰（1760年）夏奉陪漳浦蔡葛山侍郎、海澄叶学海进士游醉仙岩。"末行署款："龙溪黄日纪。"蔡新（1707—1799），字次明，号缉斋、葛山，福建漳浦人，乾隆元年（1736年）进士，历官工、兵、吏部尚书，文华殿大学士等，并任《四库全书》正总裁，著有《事心录》等。叶学海，即叶廷推，字学海，福建海澄人，乾隆十九年（1754年）进士。这段诗刻所在的石壁覆盖着厚可盈尺的苔草藤泥，笔者和当时思明区政协廖文治同志在天界寺调查石刻时，无意中发现它里面隐藏着石刻文字。某天在清理过程中，那层厚厚的藤草带着苔泥像房屋突然倒塌一样，成片崩坠下来。但看到200多年前的刻石完好如新，我们顿时都忘掉了刚刚发生过的危险。经考查，黄日纪这段诗刻实属首次发现。

    清乾隆二十五年（1760年）秋，天界寺住持僧月松和尚为黄日纪作了一段《建黄亭小引》的题刻。说是宋代著名文人欧阳修、苏轼曾寄居圆通寺，该寺引以为荣，遂筑"欧亭"、"苏亭"以作纪念。今天界寺也以黄日

云洲诗味待重寻

纪曾在寺中读过书为荣，特建一座亭以使"儒雅风流，长耀山门"。文曰：

> 昔欧阳永叔、苏子瞻尝寓圆通寺，后寺僧建"欧亭"、"苏亭"以志山门盛事。盖地因人传，至今长垂不朽焉。乾隆辛酉（1741年）间，荔崖黄公读书此寺，晨夕盘桓，饫聆元理。洎丁卯（1747年）官中翰，己巳（1749年）迁选曹，癸酉（1753年）转库部，岁岁音问不绝。但燕闽万里，云树迢遥，向时朗月清风，迭难辩义之事，渺然不可复得矣。今幸林下数载，炉香茗椀，重话三生，而官檄频催，岂能久留于此？倘再出山，不知会晤又将何时也。因构是亭，额曰"黄亭"，继欧、苏往迹以致瞻恋之怀，庶儒雅风流长耀山门，而圆通盛事复见于斯，是亦兹寺之厚幸也夫。庚辰（1760年）孟秋，住持僧月松谨识。

这段"小引"题刻记录了黄日纪平生几个重要的宦迹，为研究乾隆年间厦门的这位地方诗人提供了史料。

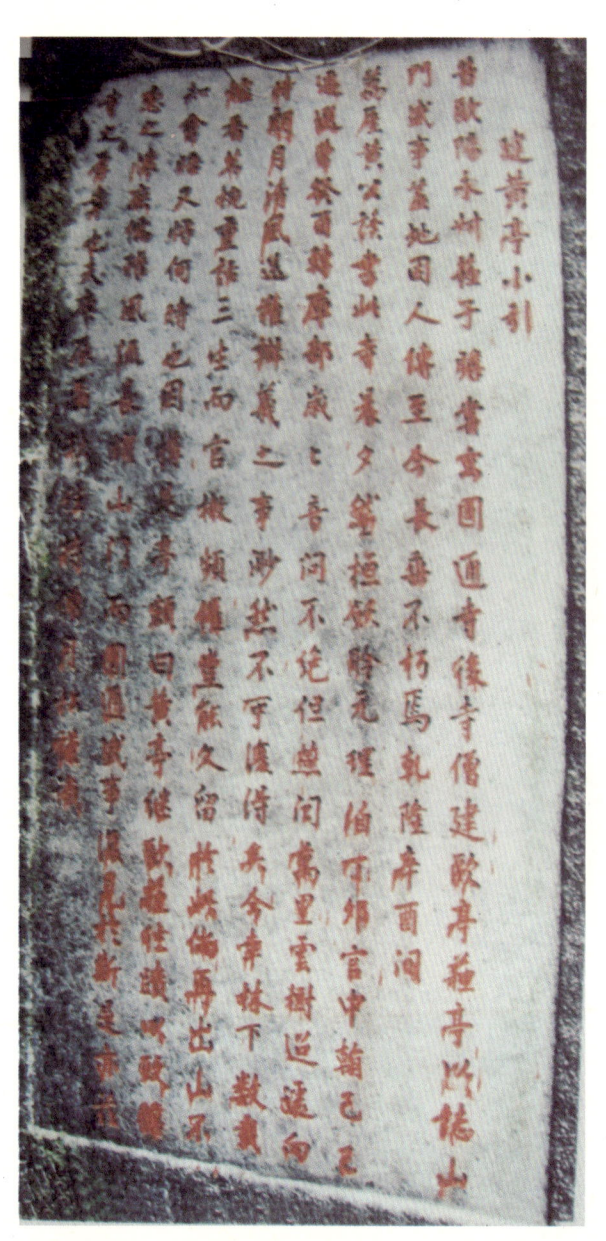

清·僧月松诗刻

乾隆二十八年（1763年）的中秋节，黄日纪登上长啸洞，赋七律诗一首，镌刻在洞内的岩壁上。诗曰：

直上仙岩第一峰，俯窥沧海画图中。拍天浮白翻惊浪，落渚斜青度远鸿。洞止一拳容笑傲，石当四面尽玲珑。凭高忽作苏门啸，振谷鸾声透碧空。

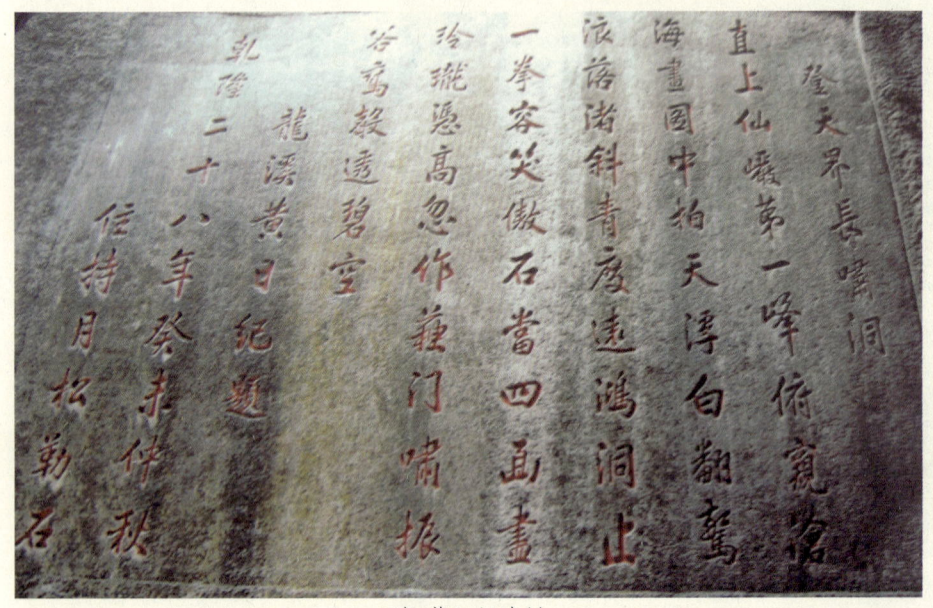

清·黄日纪诗刻

这段诗刻前有诗题"登天界寺长啸洞"，后有题跋："龙溪黄日纪题。乾隆二十八年癸未仲秋，住持月松勒石。"

同年冬，黄日纪为将来可与诗友们不时登高赋诗，特在天界寺的后侧建盖了一座旷怡台。旷怡台落成时，黄日纪组织了一次诗会，邀请蓝应元等闽南诗人联句作诗。此即天界寺大殿后石壁上那段题为"旷怡台落成，同蓝太史古萝、蔡明经弁士、薛茂才晋侯、宗兄莲士、门人林希贤、姪逊扬、释景云联句"的诗刻。诗曰：

天地留真景（古萝），山川久孕精。破荒应有待（弁士），得趣独钟情。尽剗荆榛去（晋侯），欣看面目生。鳌基凭犖确（莲士），连槛倚峥嵘。白

云洲诗味待重寻

绕江城色（荔崖），幽来野鸟声。紫云青树隐（希贤），万石一峰呈。别具超然致（逊扬），尤欢倏尔成。仙岩增胜概（景云），文宴集群英（古萝）。

古萝即蓝应元，字资仲，号古萝，福建漳浦人，乾隆庚辰（1760年）进士，改庶吉士，授编修。蓝应元为官廉介，人称"蓝佛"（见《漳浦县

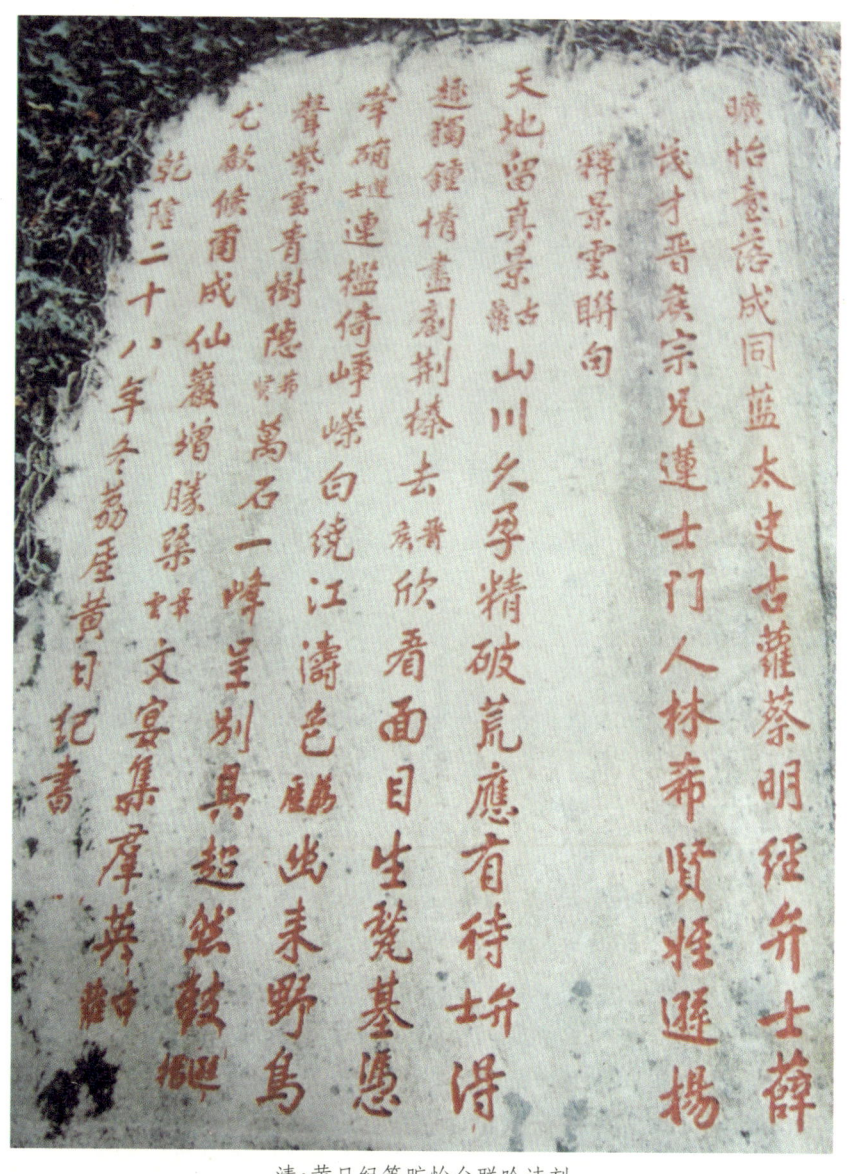

清·黄日纪等旷怡台联吟诗刻

志》卷22，"人物志"）。这次诗会，蓝古萝因归葬父柩，在厦门玉屏书院任山长，因而躬逢其盛，还被推为首唱。黄彬，字莲士，晋江人，闽南诗人。道光《厦门志》说他还是一位书法家，"寓厦卖书"。今鸿山寺和虎头山上分别有其乾隆己丑（1769年）楷书的"云汉为章"和"东洋在望"题刻。不过，黄彬还是以其"与张锡麟、薛起凤、林明琨、莫凤翔、张承禄、（二失名）结云洲诗社，号云洲八子"而出名。他著有《草庵文集》二卷，《草庵诗集》四卷和《看山楼唱和诗》一卷。可惜他的诗文今皆亡佚，今仅能从这段诗刻和《嘉禾名胜记》所辑录他的五十余首诗作略知大概。

旷怡台建成以后，天界寺所在的醉仙岩共有四处景观：醴泉洞、长啸洞、黄亭和旷怡台。黄日纪将其合称为"仙岩四景"，在长啸洞中的石壁上，题刻了吟咏"仙岩四景"的四首绝句，诗曰：

出山弹指廿余年，客梦频飞到醴泉。重饮仙人一泓水，灵机沦净悟诗禅。（醴泉洞）

萦迂鸟道上岹峣，绝境难跻趣转饶。踏尽峰云最高顶，一声长啸落烟霞。（长啸洞）

支许情深方外交，曾因习静傍鸟巢。长惭浪比欧苏迹，敢效云亭草解嘲。（黄亭）

秋声秋色颇萧骚，强步登台不厌劳。海外青山山外海，凭高纵目气增豪。（旷怡台）

这段诗刻题款为"龙溪黄日纪题。乾隆二十八年（1763年）癸未仲秋，住持月松勒石"。在榕林别墅还未建成之前，天界寺所在的醉仙岩是黄日纪读书、交游以及和"云洲诗社"诸子活动的地方。家财富裕又有文化的黄日纪与当时天界寺的住持月松和尚交情至深，所以诗中以古代支遁和许逊两位朋友的典故自况。支遁（314—366），字道林，世称支公，东晋高僧。许逊（239—374），字逊之，东晋名道。民间有"许真君"之称。他们两人交谊甚挚。事实也如此，黄日纪在榕林别墅落成的第二年，即乾

云洲诗味待重寻

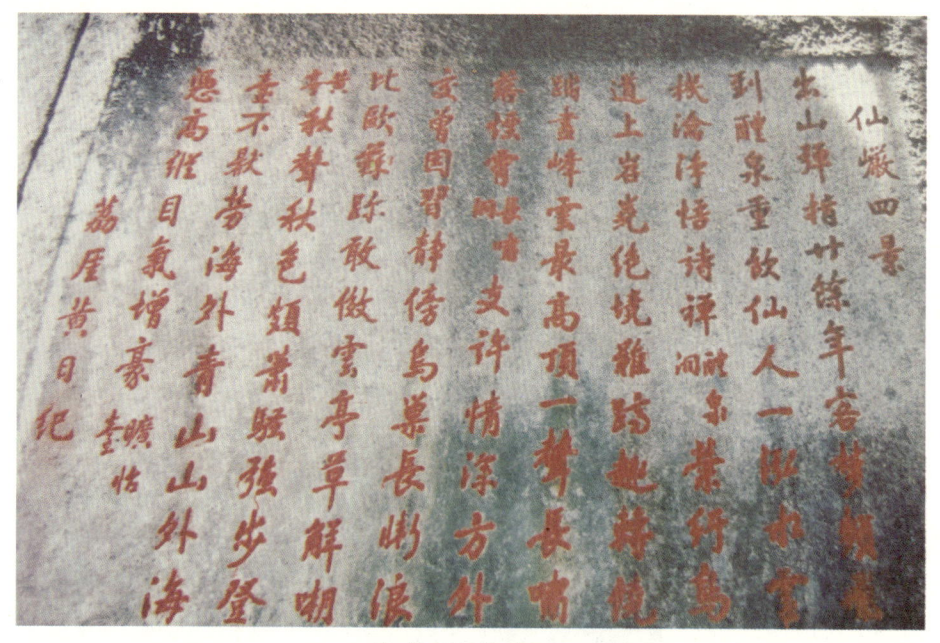

清·黄日纪诗刻

隆三十二年（1767年），还捐银购地，赠给天界寺做永久斋田，今寺中尚保留着月松和尚所镌刻的摩崖题刻，文曰：

> 信官兵部主政荔崖黄公捐银壹百陆拾两创置斋田，坐落本寺左边，受种五斗；另铁窟内受种壹斗柒升。大小共拾丘，永为寺业，日后不许徒子徒孙典卖他人。住持僧月松谨识。乾隆三十二年（1767年）拾月吉旦勒石。

这段题刻在天界寺大殿后。此外，天界寺还有薛起凤、黄彬等黄日纪门下友生的诗刻，薛起凤的诗刻在醴泉洞上面的岩石上，题为

清·僧月松题刻

【95】

"中秋日同黄驾部荔崖、张其在上舍、张希五、林春三二茂才游醉仙岩"。诗曰：

　　危磴穷天界，凭栏秋正中。江涛翻夕照，林叶坠西风。洞古仙踪渺，峰高殿势雄。同来尘世外，顿觉利名空。

　　驾部，古代官名。隋代以后驾部归兵部，掌厩牧、驿传之职。黄日纪曾任兵部武选司主事，故此诗当作于1757年至1760年之间。张承禄，字其在，厦门诗人，所著有《璧峰诗话》、《璧峰诗集》和《唐诗汇韵》等。张廷仪，字希五，同安廪生，居厦门。林遇青，字春三，同安庠生，居厦门，年未三十而卒。所著有《渔城诗集》四卷，今同安图书馆藏有其乾隆刻本。黄彬的诗刻在寺后的巨岩上，题为"题黄亭石壁"，可见其镌刻时间在黄亭建造之时。诗曰：

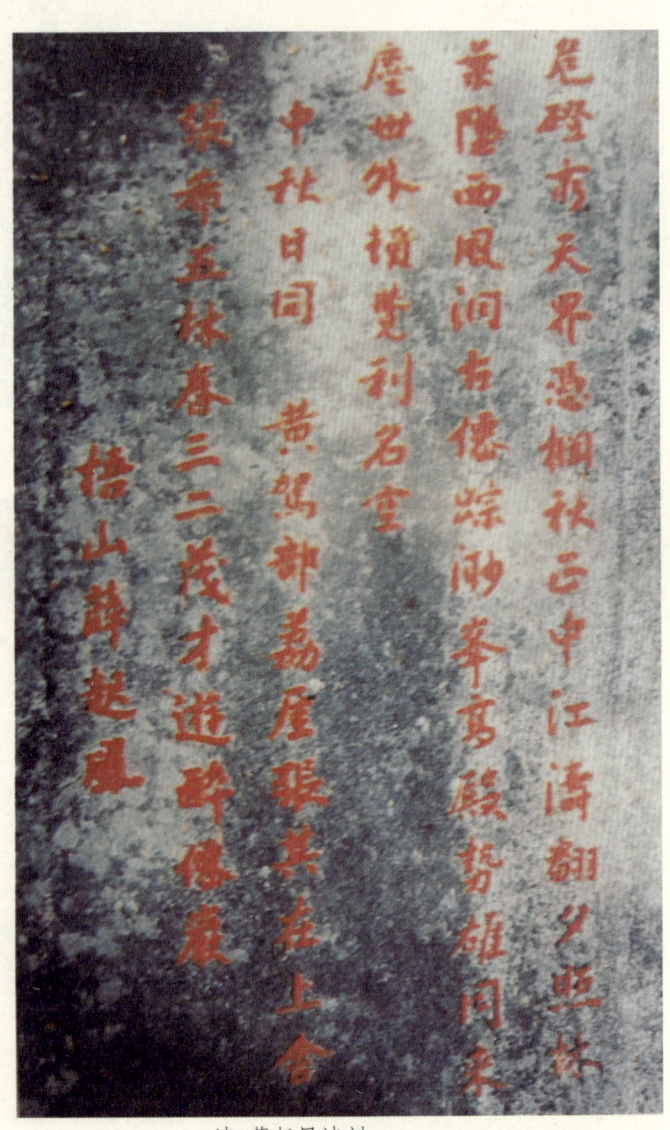

清·薛起凤诗刻

云洲诗味待重寻

先生昔岁读书处,野老岩头访旧游。片石题名高百尺,孤亭纪姓照千秋。望中海界连天界,眼底禾洲即十洲。曾说欧苏传胜迹。于今遥继此风流。

此外,厦门岛内的虎溪岩、白鹿洞和鼓浪屿日光岩等当时主要的名胜景点也都有黄日纪的诗刻。虎溪岩山门内黄日纪那段题为"题虎溪岩方丈"的巨幅行书题刻,无论从诗歌和书法,甚至是刻工的手艺等来看,都可以说是厦门摩崖石刻的精彩之作。诗曰:

石门幽邃锁钟声,岩气含秋分外清。槛外云收孤磵冷,亭前木落数峰平。梵音寂寂僧归定,棋子丁丁客对枰。鸣鸟自喧人自静,顿从心地悟无生。

清·黄莲士诗刻 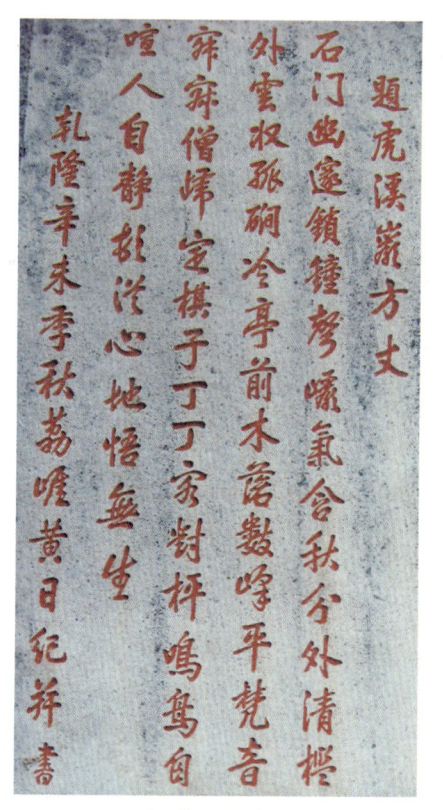　　　　　清·黄日纪诗刻

这段诗刻后面的题款为"乾隆辛未（1751年）季秋，荔崖黄日纪并书"。虎溪岩另外还有一段黄日纪致仕以后的游山之作，题为"丙戌（1766年）同蔡汉廷司铎重过孕上人禅房"，共有七绝四首，诗曰：

几时不到东林寺，一别支公已数年。今日还过方丈坐，僧窗犹见旧诗篇。

暑气欲残岩气秋。藤萝络石迥清幽。偶邀兰谱来莲社，苦茗芳醪叙旧游。

禅房幽寂鸟声哗，闲倚苍松日影斜。一阵微风香彻骨，檐前开遍木兰花。

石壁留题迹尚新，数番车马走风尘。比来悟得长生诀，只向烟霞共采真。

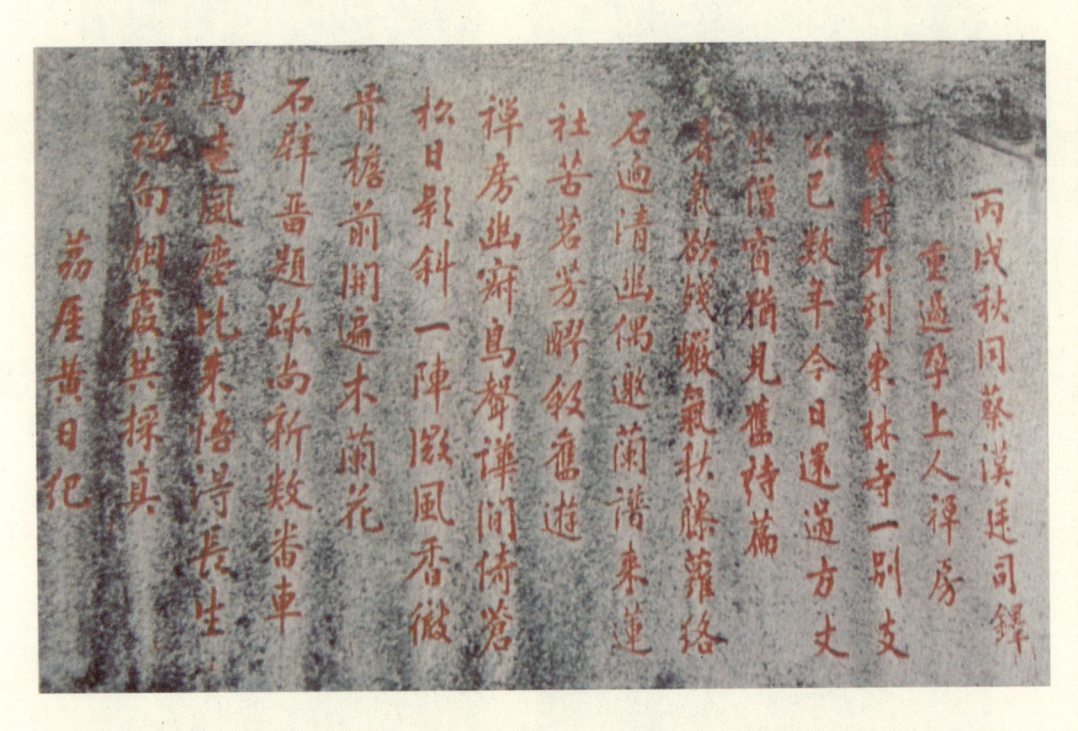

清·黄日纪诗刻

云洲诗味待重寻

这段诗刻后面的题款为"荔崖黄日纪",乃黄氏晚年之作。诗中的支公即东晋的名僧支道林,"孕上人"是虎溪岩寺的方丈。莲社是东晋高僧慧远在庐山创立的一个诗社,"偶邀兰谱来莲社"一语,说明不但黄日纪,甚至"云洲诗社"的诗友和厦门的僧人关系很密切。

鼓浪屿日光岩有黄日纪的两段诗刻。其中一段位于该寺弥陀殿后侧,中段被后来建造的阳台所遮盖。经笔者多次认真辨读,终窥全豹。它的诗题为"乾隆二十八年(1763年)九月重至日访球上人留题方丈"。诗曰:

幽期不负菊花黄,渡水穿云到十方。径绕红萝秋思冷,庭涵翠竹道情长。惠休不减风骚致,毕卓惟怜麹蘖香。争奈叶舟归去后,一江烟月隔苍茫。

这段诗刻因有一半在室内,故见者不多。惠休,即南朝时期宋代的诗人汤惠休,字茂远,因早年为僧,又称"惠远上人"。毕卓是东晋时期的吏部郎,字茂世,因好饮而废职。黄日纪以这两个历史人物自况,显示自己诗酒流连的生活。

另一段题为"癸未(1763年)仲秋同莲士、晋侯、中美泛舟鼓浪屿,游日光岩",则位于莲花庵后的石壁上,到日光岩游览的人举目都能看到。诗曰:

水面风凉暑气收,榜人遥指到龙头。才知地僻人烟静,更觉岩高

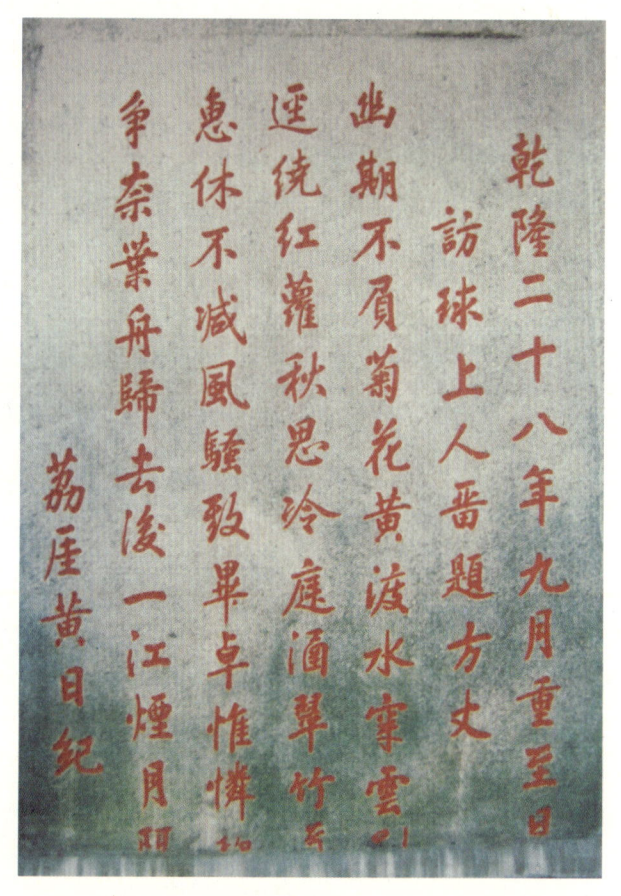

清·黄日纪诗刻

[99]

木叶秋。屋角窗窥凌海席，寺前门对隔江楼。好将诗社追莲社，黄菊花开续旧游。

这段诗刻署款为"龙溪黄日纪题"。这首诗确能体现出黄日纪的真正水平。

白鹿洞寺内的宛在洞前的石壁上有黄日纪题为"戊子（1768年）夏登衔山亭远眺"的诗刻，诗曰：

危亭倚碧空，极目望无穷。夹海云阴阔，连峰黛色融。霁开十里画，凉受一天风。缩得蓬瀛境，移来入座中。

清·黄日纪诗刻

云洲诗味待重寻

这段诗刻题款为"龙溪黄日纪"。

紫云岩佛殿旁边有黄日纪题为"乾隆三十二年岁次丁亥（1767年）孟秋偕林敏三、黄莲士、莫子瑞、林春三、蔡弱卿、黄逊扬游紫云岩"的诗刻，诗曰：

忆昔重阳节，曾同此处游。分携一弹指，再到五经秋。诸子珠盈掌，衰翁雪满头。颓唐久荒落，诗思藉清流。

这段诗刻题款为"黄日纪题并书"。莫子瑞，即莫凤翔，厦门诗人，道光《厦门志》说他"在云洲诗社，亦铁中之铮铮者。所著有《鹭门草》四卷，《碧山草堂诗钞》一卷"，莫凤翔的这些诗作今已全部散佚。蔡弱卿即蔡天任，也是厦门诗人，《厦门志》说他"虽专治举子业，亦留情吟咏，年弱冠能诗"。所著有《雾隐草》，今亦失传。

太平岩寺侧有黄日纪一段款为"乾隆戊子（1768年）秋游太平岩，黄日纪"的诗刻，诗曰：

太平古刹建何年？秋色凄凉冷暮烟。洞口木棉飘坠叶，云头石笕引流泉。卷帘遥岫层层出，望海轻帆片片悬。花落鸟啼无客到，老僧扶杖倚檐前。

这段诗刻是黄氏有年款可据时间最晚的一段诗刻，也是水平较高

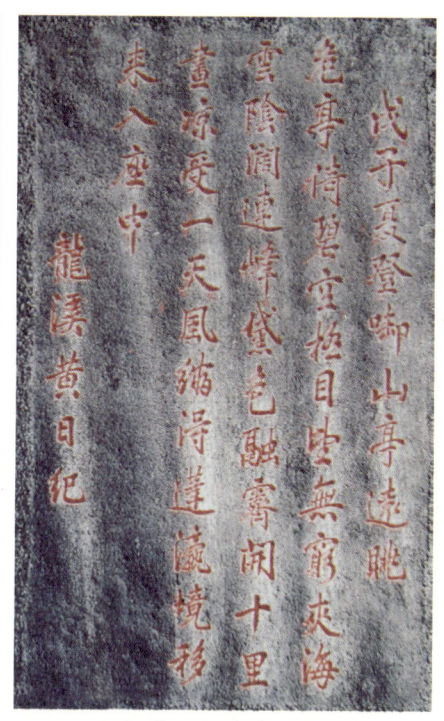

清·黄日纪诗刻

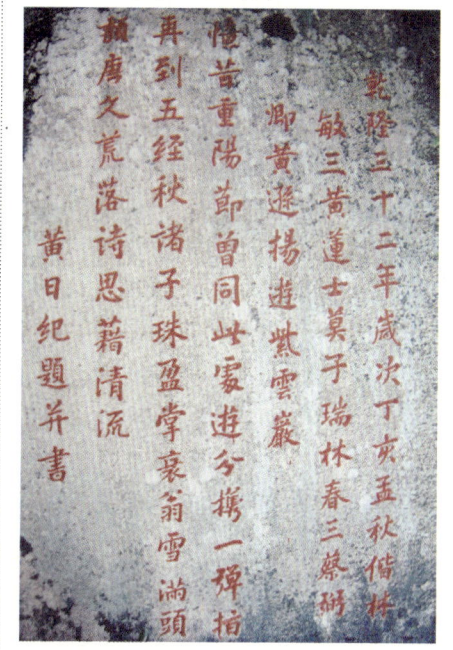

清·黄日纪诗刻

[101]

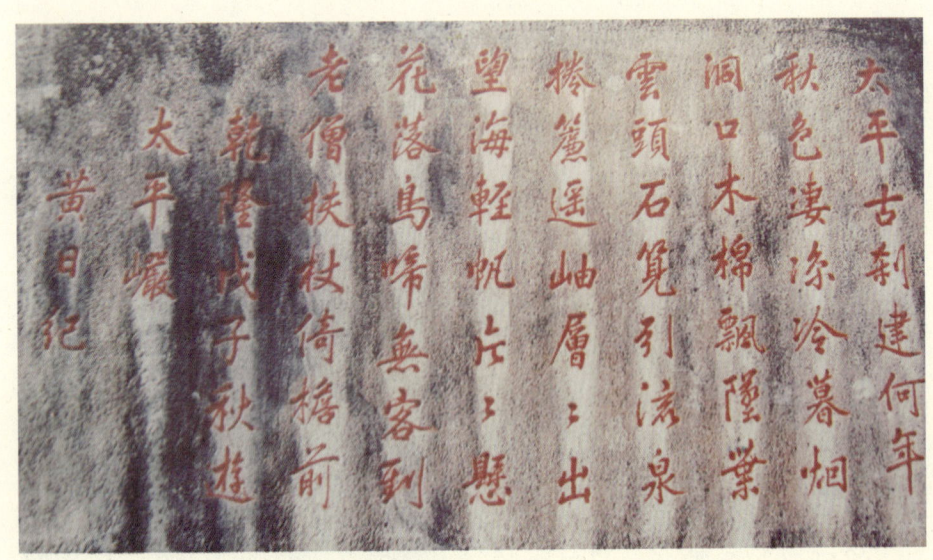

清·黄日纪诗刻

的一首七言律诗，略有唐代白香山的遗韵。

黄日纪在闽南名刹南普陀寺没有留下摩崖石刻，但在该寺毗邻的曾厝垵上里社后山上，却在层岩之中意外发现了黄日纪的题刻"涧月松风"四个行楷大字，每个字约有半米见方，左侧署款"庚寅夏黄日纪题"。题刻的旁边还有一行纪游题刻："乾隆庚寅年（1770年）修禊日，林佑值、林春三、李伟卿、李企袁同游于此。"古人为消除不祥，每年农历三月初三日举行的活动，称作"修禊"。这两段题当时已湮没在荒草野树之中，谁能知道200多年前，这里曾经是一个让黄日纪等厦门诗人游春之日流连忘返的地方？

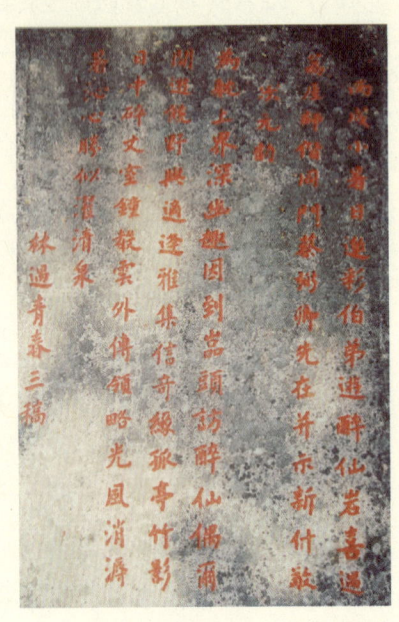

乾隆年间，除了本地诗人，外来官宦或学者留下的诗刻之数量亦复不少，

清·林遇青诗刻

云洲诗味待重寻

其中临安俞成在其任福建兴泉永道的短短四年间，就留下7段诗刻（其中五七言律诗7首，古风长诗2首）。《临安县志·选举》载：俞成，浙江临安横潭人，寄籍顺天府昌平县。乾隆十年乙丑科（1745年）进士，初授工部主事，四十二年（1777年）到厦门任职，四十五年调任福建分巡台湾兵备道。俞成平生并不以诗鸣，但他在厦门万石岩等名胜景点都有诗作，可以说是清代厦门历任道台之最擅诗者。俞成在日光岩寺弥陀殿后侧的巨岩上有以"乾隆四十五年（1780年）春正月过日光岩访瑞球长老题壁"为题的一首七律诗，诗曰：

白云护处老僧房，黄发庞眉道益光。说法人能同妙喜，安禅心已得清凉。早寻觉路三生石（师行脚至杭州），晚住名山一瓣香。待我东归须过访，高谈为洗俗尘忙（余将赴台湾）。

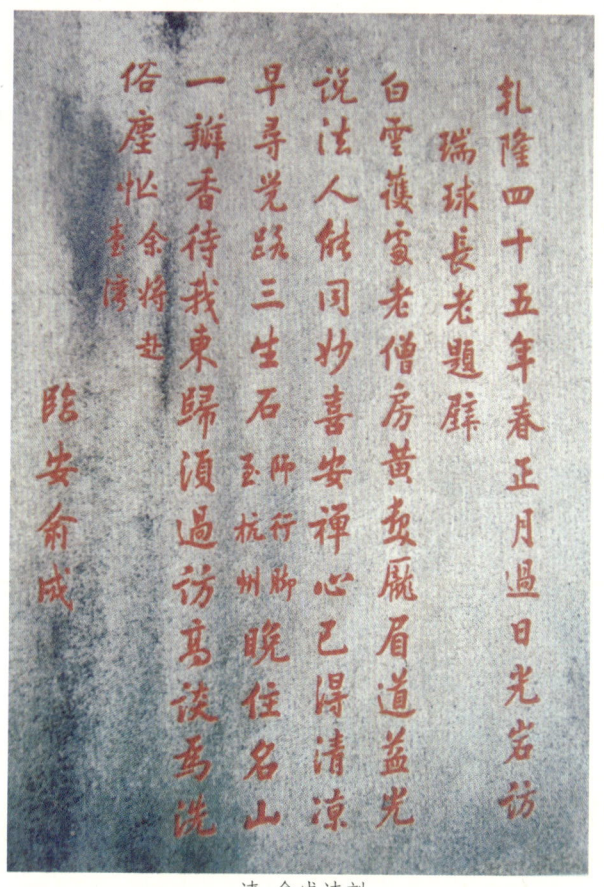

清·俞成诗刻

俞成在日光岩山中还有一首题为"日光岩观海"的七律诗,诗曰:

> 试豁双眸象迥超,混茫一气接空寥。欲通河汉人能到,若问神仙路已遥。远水平吞三岛日,长风高破两门潮。兹游不浅登临兴,赞老风流况许要(谓瑞球上人)。

这段诗刻中最后一个"要"字,通"邀"。赞老即唐代诗人杜甫的好友赞公和尚,原为京都大云寺住持,后被贬至秦州。杜甫西行时,作有《宿赞公房》《西枝村寻置草堂地夜宿赞公土室二首》等名篇,记述两人异乡相逢的情景。这位瑞球上人很可能也是浙江人,所以俞成以此典故,寓意他和瑞球上人在鼓浪屿的会面。近年来,在这段诗刻所在的巨岩下新建了一座观景亭,游人至此,在观海的同时还可以欣赏壁间诗与书俱佳的古代石刻。

清·俞成诗刻

俞成的诗刻多有佳句。如"绝涧平桥流一曲,危栏阁道上千盘"(虎溪岩寺前的"乾隆己亥(1779年)花朝前二日偕友人过虎溪禅寺小饮"七律两首);"但觉风从天际下,不知人在海当中"(万石岩寺前桥边的"乾隆庚子(1780年)初春正月念一日自白鹿洞虎溪至万石岩即事"七律两首),以及"庭前古桧饱霜露,海边大舶连帆樯"(白鹿洞寺大殿附近的"乾隆己亥花朝前二日游白鹿洞题句"七言古风一首)等,都能曲尽厦门海滨山寺独特之妙。其"山中积石多于土,一一形状殊寻常。大者如马如卧象,小者

云洲诗味待重寻

历乱如群羊"（同前首）；"高下远近观，万石列崖谷。兀若狮象蹲，奋若马牛逐。……厦门尽面海，潮汐日喷薄。不有岩岩石，何以镇海若"（万石岩寺山门外的"乾隆己亥三月偕同人游万石岩，复登中岩、上岩题句"）等诗句，颇能把闽南石山以及厦门这个海岛的特点生动准确地勾勒出来。

清代的乾嘉两朝是诗歌文学鼎盛的时期。厦门的诗刻就其诗的文学水平而言，也是以乾隆年间的作品为最好，除了厦门本地的黄日纪和"云洲诗社"诸子，我们还可以读到临安俞成等人的诗作。1999年笔者在万石岩寺寻访古代石刻，时值盛夏，午后在寺中小憩，无意间发现大殿前的花坛中那块石台上面似刻有文字，经认真辨读，竟是题为"乾隆丁巳（1737年）九日□□同人登万石岩有作"的一首七律，而且从未见文字记载。诗曰：

岛屿晴开洞壑幽，兴来策杖共夷由。莫嫌好景无多日，且把黄花插满头。万里帆樯云外落，一天风露□边秋。欲夸足力还强健，□复缘梯到石楼。

这段诗刻题款"大石山人山阴金成绍"。诗刻所在的石台上长年放置花盆杂物，故诗刻表面磨损严重，中段且有裂痕，导致个别字已残缺不全。尼师向云说，虎溪岩山门内的巨岩上有题刻"听法"两个擘窠大字，即金成绍为该寺开山祖师元飞和尚（字石龙）所书。金成绍，号大石山人，山阴人。当年帮助笔者清理诗刻的向云师姑今已作古，谅必再也无人知晓那块石台上面，有一段200多年历史的诗刻。

厦门文史丛书
| 厦 | 门 | 石 | 刻 | 撷 | 珍 |

石刻犹存台厦情

　　台湾自古以来是中国的领土。早的不说，明崇祯初年，总督熊文灿让郑成功的父亲郑芝龙"招饥民数万人……用海舶载至台湾"（黄宗羲：《赐姓始末》），就是早期闽南人一次规模较大的渡台行动。荷兰人的《热兰遮城日志》也记载着自1629年以后，厦门与台南之间商舶民船往来的大量信息。1661年，郑成功率领首批2.5万名闽南子弟兵从厦门、金门出发，经过9个月的鏖战，终于打败荷兰侵略者，收复了台湾，继而在宝岛开发生产，定居下来。康熙二十二年（1683年）六月，清政府派施琅率师渡海，把台湾纳入清王朝大一统的版图。第二年，清政府在台湾设置一府三县，隶属于福建省。台湾和厦门同属于台厦兵备道管辖，直到雍正五年（1727年），才单独设立分巡台湾道。康熙元年（1662年）清政府专设了福建水师提督，二十四年（1685年）由于台湾已经回归，水师提督施琅便把衙门建在厦门，管辖闽台两地的海防事务。自同年始，闽海关和台运的正口也设在厦门，福建沿海商人的海船，经常往来于海峡两岸之间。从此厦门与台湾的关系已密不可分，正如《台湾府志》所说的"台郡与厦门如鸟之两翼，土俗谓厦即台，台即厦"。基于这种历史背景，涉台文物古迹自然成为厦门文化遗存的一大特色。

　　厦门有不少反映历史上台厦关系的摩崖石刻。厦门中岩寺的山门内有一通花岗岩石碑，上有楷书大字题刻"澎湖阵亡将士之灵"，碑的所在地原建有祠亭。乾隆时代亭尚在，乾隆《鹭江志》说"（中岩寺）入门有亭，

石刻犹存台厦情

俗称为将士亭，以其祀澎湖阵亡将士，故以为（名）"。今祠亭废而碑存。澎湖海战是清军底定台湾的关键性一战，最后逼使台湾郑氏集团主动求和。清军在这场海战中有329名将士阵亡。澎湖阵亡将士祠就为纪念他们而建。在石碑附近的岩石上，还有一段后人咏怀将士祠的诗刻。诗曰：

诸公死难报君恩，血战功成名久存。提帅有心怜将士，建祠崇奉慰忠魂。

这段诗刻前为诗题："癸丑仲夏谒将士祠有感。"后署款为"清溪（即今福建安溪的古称）司铎李铨题"。此"癸丑"当是雍正十一年癸丑（1733年）。诗中还指明当年主持建祠者是"提帅"。我们从中岩寺大殿旁边的"玉笏"石上另一段题刻中得知"提帅"原来就是蓝理，将士祠建造的时间当是康熙五十三年（1714年）。

中岩的澎湖将士之灵碑

该石刻无题，笔者根据其内容，定名为"澎湖阵亡将士祠捐金置产碑记"。文曰：

提宪蓝公于万石中岩建澎湖鏖战从征奋勇死事将士之祠，捐金置产，以崇祀典，勒诸玉笏石，以昭永久。其词曰：天锡忠勇，虎奋龙骧。倡忾犁艭，血战拖肠。戡定澎台，四海咸扬。帝奖魁功，元戎授钺。提封全闽，推恩壮烈。建祠崇俎，妥侑凭依。浩气轰雷，英魂霄碧。风车云马，声闻杀贼。捐置祀田，蒸尝永锡。凡列征行，殁存载德。肘金腰玉，满床贮笏。铜柱岘碑，岩瞻巨匹。

计开：一、田一丘，受种贰斗，坐后埔社口；一、田一丘，受种壹斗，坐本社溪下；一、田一丘，受种叁斗，坐本社溪西；一、田一丘，受种贰斗，坐本社云头；一、田二丘，受种叁斗，带灌注一口，坐刘唇下。以上田共六丘，受种壹石壹斗，季载租玖石，系后埔社李讳庚甫契卖蓝府施入中岩将士坛香灯，其田系李家承佃，每年定限贰石付李家完粮、种子诸费。勒石不朽。康熙五十三年二月　日，重兴中岩末衲果□立石。

蓝理，字义山，福建漳浦人。据《清史稿·蓝理传》所载，"（康熙）二十一年，提督施琅征台湾，知理英勇，奏署右营游击，领舟师"。在第二年六月的澎湖海战中，蓝理"腹破肠流出"，仍率军奋战。战后施琅"亲至（蓝）理舟慰劳。有红夷医药极神效，命医之。医言须七日勿动，安卧十日可也。"（见《福建通志·列传·蓝理》）蓝理是历史上最早接受西医药治疗的中国人之一。其后这位"拖肠将军"累官至福建陆路提督，但康熙五十年（1711年）却因故被"夺职"，甚至"论斩"。后来虽幸亏蒙恩免死，但被判处"入京旗"（实际上是被软禁），直到康熙五十四年才又被赐为总兵到军前效力。如若正史可靠，则建祠亭时蓝理已非"提帅"，甚至也可能不在厦门。至于为什么事隔三十多年才为澎湖阵亡将士建祠设祭？为什么蓝理选择在仕途最黯淡的时候建祠？这些历史的谜团至今尚无答案。不过，蓝理倒是一位非常热心修庙的武将，浙江普陀山的普济寺、天津城南的普陀寺等，都是他在当地驻防时主持修建的。蓝理在普陀山题刻的"山

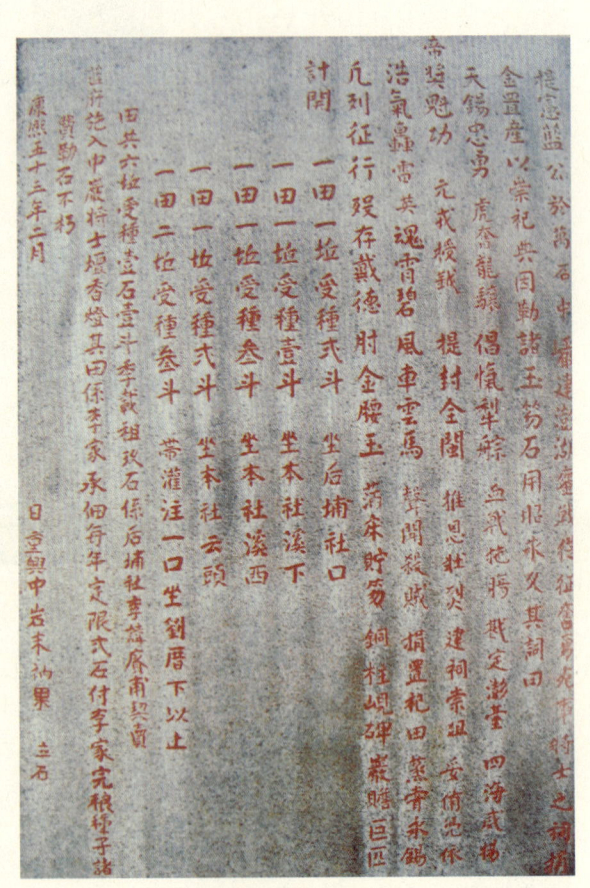

将士祠捐金石刻

石刻犹存台厦情

海大观"四个大字,今犹为游人所激赏。

现存于中岩寺的"澎湖阵亡将士祠碑",包括"澎湖阵亡将士祠捐金置产碑记"和"癸丑仲夏谒将士祠有感"诗刻,已公布为厦门市文物保护单位,2001年还公布为厦门市第一批涉台文物古迹。

鼓浪屿日光岩的莲花庵后侧巨石上,有一段题为"旭亭记"的石刻。经研究,其作者石国球是一位台湾举人。文曰:

日光岩,隔厦带水耳。庚辰岁,余从京师回,司铎圭海。闻功兄济灼及曾君永均、李君端怀、林君钟岩、国桢购幽栖于岩左,朱太守菁溪颜曰旭亭。因买棹一游,果见爽垲清高,堪称胜概。翌晨,复登绝顶,四顾山罗海绕,极目东南第一津,水光接天,洪波浴日,皆为梵刹呈奇,乃知斯亭位置之工而取名为不爽也。是为记。和亭石国球。

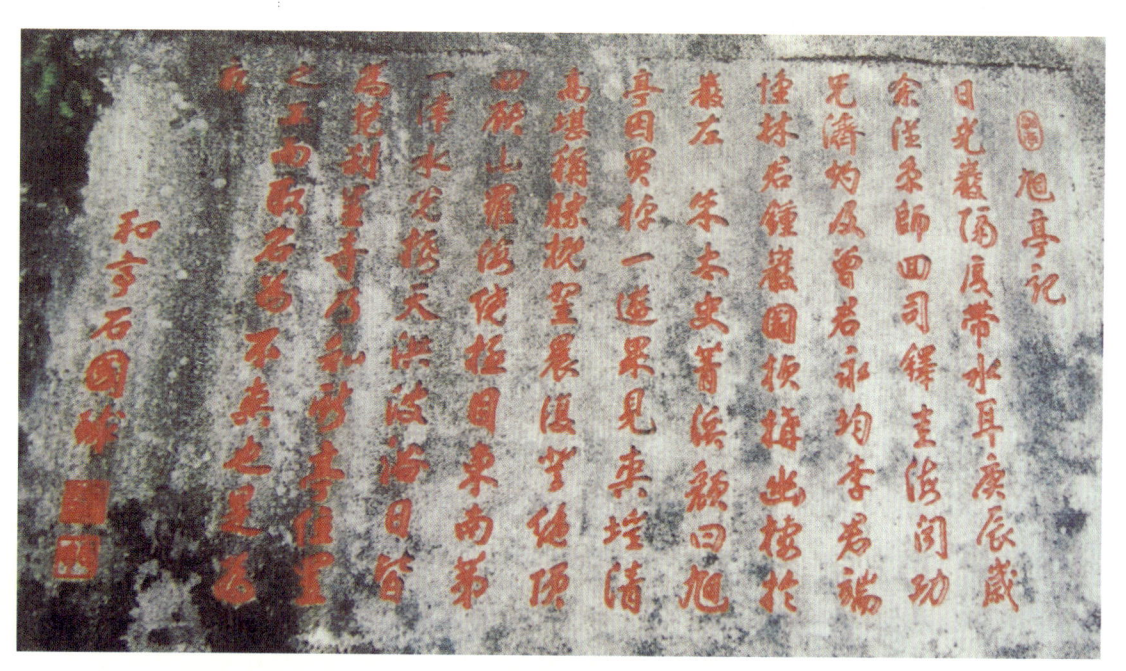

日光岩旭亭记石刻

石国球，字世鸣，号和亭。清范咸《台湾府志》卷12"人物"载：石国球原是台湾（今台南）附生，雍正十三年（1735年）乙卯榜举人。由此也考证出这段题刻必作于乾隆"庚辰"，也即1760年。石国球中举后到北京活动，乾隆"庚辰"年在"圭海"即福建海澄县任教谕。这位台湾举人称赞鼓浪屿"爽垲清高，堪称胜概"。登上日光岩，"四顾山罗海绕，极目东南第一津，水光接天，洪波浴日"，更是心旷神怡。该题刻是反映清代台厦民间往来的一件很有意义的文物。

清乾隆年间，大陆到台湾任职的官员都必须经过厦门再渡海上任。厦门五通是一个重要的"路头"（即码头）。乾隆三十九年，由台湾府正堂，台湾、凤山、彰化等县县令出资建造了一个"路亭"以利津渡，今《皇清重建五通路亭碑》尚保存完好。

清代，厦门还是政府对付台湾人民骚乱起义的军事重镇。每当海氛不靖，清政府总是调兵遣将从厦门输送到台湾进行镇压。康熙六十年（1721年）和乾隆五十一年（1786年）的朱一贵和林爽文在台湾的两次起义，以及嘉庆初年发生在闽台两地的蔡牵起义等等，清政府的文武官员都是先麇集在厦门部署方略，再渡海进行剿抚。现存于南普陀寺的乾隆五十三年（1788年）"御制剿灭台湾逆贼生擒林爽文纪事语"、"御制平定台湾告成热河文庙碑文"、"御制平定台湾二十四功臣像赞序"和"御制福康安奏报生擒庄大田纪事语"，以及现存于厦门大学校园内的嘉庆八年（1803年）"建盖大小担山寨城纪略"等石碑文物，都是反映这些史实重要的见证物。

鼓浪屿三丘田后山的巨岩上，还有一段嘉庆癸酉年（1813年）台湾嘉义人、时任福建水师提督王得禄的"重兴鼓浪屿三和宫记"题刻。这是厦门甚至闽南地区迄今为止面积最大的一段摩崖石刻。文曰：

窃惟天心丕显，群瞻霄汉之光；帝运遐昌，共丽车书之统。故河神效顺，海若输诚。而圣母之昭昭灵应，不啻有桴鼓之捷，风草之征。余盖尝于吾身亲见之也。自昔年由邑庠招集义勇，剿捕林逆，蒙恩擢用。嗣因蔡、朱二逆猖獗，亲带舟师追捕，于嘉庆八年间收抵三和宫前休修葺战舰，见庙廊之就敝，顿起募建之思，冀神听自可通，默许重兴之愿。由是，舟师所向屡立微勋，累迁至水师提军。己巳秋，渠魁扑灭，海氛以次底定，蒙恩晋封子爵，赏戴双眼花翎。回思向日祈祷之诚，其昭应真有历历不爽者矣。神光既普，庙貌宜新。谨捐廉俸，鸠工庀材，而行户巨商亦各喜擅施，共襄盛举。今已落成矣，但见栋宇垣墉，崇闳坚致。西来山色千重，翠黛拥雕梁；东向波光万顷，琉璃辉宝座。此余所以酬圣母之恩而明明对越，惕惕凝诚，余心终有不能自已也。时嘉庆癸酉孟冬之月，钦命提督福建全省水师军务、统辖台澎水陆官兵、世袭二等子王得禄谨题。

《重兴鼓浪屿三和宫碑记》

王得禄，字百道，号玉峰，台湾诸罗（今嘉义县）人。据连横《台湾通史·王得禄传》载，王得禄早年以随福康安镇压林爽文起义起家，继而又从李长庚围剿蔡牵、朱濆等海上起义，嘉庆十三年（1808年）因功累升至福建水师提督。次年，因剿灭蔡牵有功，"诏封二等子爵，赏戴双眼花翎"。鸦片战争期间，王得禄领兵"驻防澎湖"，最后殁于任上。为了答谢天妃妈祖历年对他的神恩佑护，嘉庆癸酉年王得禄重修了奉祀妈祖娘娘的鼓浪屿三和宫，并在宫后的大石头上镌刻了这段题记。根据题记的内容，我们才知道三和宫前面的海湾，原来是纵横台湾海峡的福建水师修造战船的一个所在，王得禄嘉庆八年（1803年）"收抵三和宫前休修葺战舰，见庙廊之就敝，顿起募建之思"。它可能是道光《厦门志·船政略》所载"军工战船厂"的一个部分。

三和宫又名瑞眺庵，道光《厦门志·分域略》载："瑞眺庵，与水仙宫隔水相对，俗呼三邱田，又名三和宫，今改法海院，颇壮丽。庵后石壁有王得禄题记。"鸦片战争之后，1876年英商怡记洋行（Elles & Co.）在这段题刻所在岩石的上面建造房子时，三和宫已经倒塌了。英国人翟理斯（Herbert Allen Giles）特地请人把王得禄这段题记原文抄录下来，作为他1878年在伦敦出版的《鼓浪屿简史》（A Short History of Koolangsu）一书的插页，并译成英文，发行到世界各地。

近年来，王得禄的这段"重兴鼓浪屿三和宫记"摩崖题刻已被公布为福建省文物保护单位。

鸦片战争以后，厦门被辟为首批对外通商的口岸。有相当长的一段时间，台湾的土特产等商品都要经由厦门港出口外销，而大部分舶来货也是由厦门转运到台湾的，甚至西方传教士也是先在厦门站稳脚跟，再到台湾发展。然而，甲午战争之后的1895年，日本帝国主义根据不平等的马关条约，占据了台湾。当台湾义军反抗"割台"的斗争失利后，刘永福、丘逢甲、易顺鼎等义军将领和爱国名人不得不撤回厦门，而台湾"板桥林家"的林维源、林尔嘉父子和林鹤年、施士洁、汪春源等一大批爱国台胞则内渡大陆，在厦门或闽南各地定居。至今厦门和鼓浪屿还保留着不少他们的诗刻和题刻。

厦门南普陀寺务处后面的石壁上，有一段岳嗣仝、易顺鼎的题名石刻。易顺鼎（1858—1920），字实甫，中年后自号哭庵。湖南汉寿人。甲午中日之战后，时为二品候补道的易顺鼎激于爱国义愤，上奏《请罢和议褫权奸疏》，直斥李鸿章"坐使赤县神州，自我而沦为异域"的"卖国之心"，同

石刻犹存台厦情

时还亲自到台湾，与刘永福等爱国志士一起进行反割台斗争。台湾的抗日义军失败后，易顺鼎愤然回到大陆。这段题刻正是作于此时，因此爱国悲愤洋溢其中。文曰：

> 光绪乙未九日，蜀人岳嗣佺尧仙、楚人易顺鼎实父、陈昌崇粒唐同游。时天风吹衣，海波如镜。感珠崖之新失，闻玉门之被遮。匡衡之疏无功，弦高之志未竟。俯仰徘徊，百端交集，题此以志岁月。昌崇书。

题刻中，"感珠崖之新失"之句指的是清政府的割让台湾。易顺鼎曾像汉代的匡衡那样向朝廷提过建议，但不被重视，因此"俯仰徘徊，百端交集"。

这段题刻系岳嗣佺、易顺鼎等人从台湾撤出以后，经过厦门在南普陀寺游览时所作。内容充满爱国情怀，写的是篆体书法，虽然颇有邓石如铁线篆之风韵，但一般人辨读起来未必方便。此外，所知同游者蜀人岳嗣佺，字尧仙，四川人，光绪癸巳（1893年）恩科举人，擅画梅花。陈昌崇则不知何许人也。

与此同时，台胞林维源父子则先是居住在厦门，旋迁居鼓浪屿。1913年还仿照他们家族在台北的板桥别墅式样，在鼓浪屿港仔后的海滨建造了菽庄花园。

林尔嘉（1875—1951），字叔臧，出身于台湾富绅家族。居厦时，累任

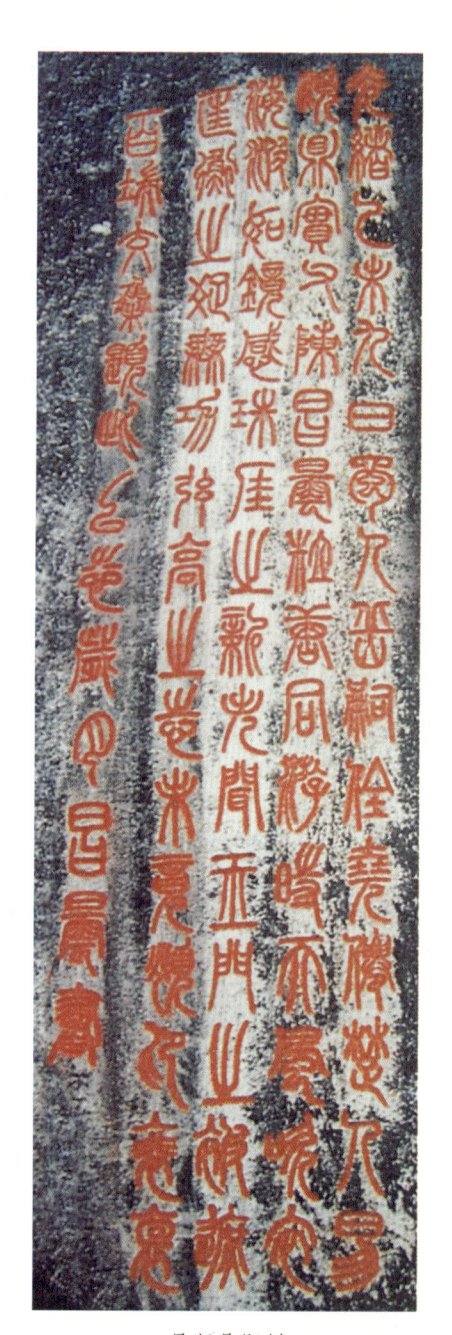

易顺鼎题刻

【113】

厦门文史丛书
| 厦 | 门 | 石 | 刻 | 撷 | 珍 |

台湾板桥林家内渡居鼓浪屿时所建的菽庄花园　　板桥林家居鼓浪屿时的全家合影（1905年）

清朝农工商头等顾问并受命为厦门保商局总办兼厦门商务总会总理。民国初年，任南京临时政府参议院候补议员、福建省行政讨论会会长、鼓浪屿公共租界工部局华人董事、厦门市政会会长等。曾先后投资倡办漳厦铁路、厦门电灯、电话公司等公益事业。他还组织"菽庄诗社"，弘扬传统文化。菽庄花园落成时，林尔嘉为之作记，叙述建园的缘起与过程。文曰：

余家台北，故居曰板桥别墅，饶有亭台池馆之胜。少时读书其中，见树木阴翳，听时鸟变声，则忻然乐之。乙未内渡，侨居鼓浪屿，东望故园，辄萦梦寐。癸丑孟秋，余于屿之南得一地焉。翦榛莽、平粪壤，因其地势，辟为小园，手自经营，重九落成，名曰菽庄，以小字叔臧谐音也。当春秋佳日，登高望远，海天一色，杳乎无极。斯园虽小，而余得以俯仰瞻眺，咏叹流连于山水间，亦可谓自适其适者矣。林尔嘉记。

这段题刻位于菽庄花园内。

与此同时，台湾著名诗人林鹤年也在鼓浪屿营建私宅（现编鹿礁路24号），名为"怡园"。建园时正好得到一方金门吕世宜所题刻的"小桃源"石碑，林鹤年遂在碑后加刻上一段跋语："避氛内渡，筑园得吕不翁（即吕世宜）书小桃源石刻，人以为讦，爰

石刻犹存台厦情

林尔嘉的建造菽庄花园碑记

嵌诸壁,光绪丙申(1896年)夏,林鹤年跋。"

这两段石刻文字,时间虽有前后,但都出自"乙未内渡"以后,定居大陆的爱国台胞之手,他们或把鼓浪屿视为"避氛"的世外桃源,或能"登高望远"、"吟咏流连"的好地方,但字里行间都凝聚着他们对祖国母亲的眷恋之情。

菽庄花园另外还有三段题刻。其一为七年后,林尔嘉拓建藏海园的题记,文曰:

余既成菽庄之七年,己未(1919年)五月瀛海归来,旁拓海堧,别构

藏海园。临水开轩,垒石支海,以九月九日讫功,因续为记,劂之于石。尔嘉

这段题刻旁边为林尔嘉夫人龚云环的一段诗刻,诗曰:

四十四桥纪落成,梁空支海渡人行。扶栏百丈水千尺,乐事年年长月明。

这段诗刻署款:"集万安桥字,云环。"1913年林尔嘉所建乃菽庄花园的补山部分,1919年再增建藏海部分。藏海部分以海上曲折的石梁桥为主。是年,适林尔嘉四十四岁,故取名为"四十四桥",仿扬州二十四桥之遗意也。桥成,林夫人特选择宋代蔡襄《万安桥碑》的字集成此诗,并勒之以石。中国历史上摩崖石刻的女性作者几乎缺位,民国初年亦然。1919年林夫人的这段诗刻,虽然是在自家的花园里,但也堪称是当时鼓浪屿开风气之先的见证物。

另一段题刻为1931年林尔嘉所题,文曰:

岁在甲子(1924年),园居寡欢。天贶航海,自东徂西。飙轮电激,揽胜环瀛。寒暑七更,然后返屿。入宫不见,三径就荒。断桥流水,弥增感叹。嗣作浙游,夏出秋归。亟命鸠工,从事修葺。旧观以复,摩崖记之。

台胞林鹤年怡园的"小桃源"碑及题跋

石刻犹存台厦情

这些题刻分别记录了菽庄花园补山、藏海这两大部分的建造，以及后来修葺的时间。值得注意的是林尔嘉精通古典诗文，但除了上述这些有关花园修造的题记，以及园内某些亭榭和景点的题字外，他并没有在私家园邸内题诗作赋以炫耀风雅，说明他吸收了传统文化的美德。

林尔嘉组织的"菽庄诗社"经常举行雅集，社友遍布国内。他本人不但有《菽庄诗稿》行世，杭州西湖、江西庐山等风景名胜地还可以看到他留下的诗刻。日光岩的巨石上，有1919年他与华侨黄仲训唱和的一首七律诗刻，诗曰：

小筑园林我与而，摩崖劓石为题诗。古台旧历沧桑劫，峭壁新刊棣萼碑。昔日羁栖南海峤，频年啸傲鹭江湄。长风万里初归客，指点池塘话别离。

这段诗刻前有短序："己未（1919年）二月东归，黄君仲训招游瞰青别墅，地近晃岩，为郑延平故垒。出其远而亭近作索和，即次元韵。"诗末署款："菽庄林尔嘉。"厦门虎溪岩顶峰的岩石上也有一段林尔嘉的诗刻，诗曰：

几度匡庐过虎溪，归来还爱此山低。一登绝顶能观海，不似云深路欲迷。

这幅诗刻款识为"民国廿二年（1933年）春日，林尔嘉题，龚植书"。厦门虎溪岩诚然没有庐山高，但在这里"一登绝顶能观海"，而海的那边就

林尔嘉虎溪诗刻

是作者日夜想念的台湾。如果将作者的身世联系起来，这首诗所表达的思想感情就一目了然了。

与之同时，著名台湾诗人施士洁在日光岩也留下了摩崖石刻。其一是他所题刻的"古避暑洞"四个隶书大字。据老鼓浪屿人李芳远生前回忆，日光岩那个"古避暑洞"乃1924年才打通的，本地人都用闽南话把它叫着"双空弄"。施士洁题刻的时候它还是个"洞"。施士洁另一段诗刻坐落于瞰青别墅旁边的岩石上，也是日光岩远而亭落成时，他与华侨黄仲训互相唱酬的作品，但其诗作的文学水平和思想境界都高迈侪辈。诗曰：

鳞鳞云水作之而，半入丹青半入诗。篱下白衣征士宅，壁间黄绢外孙碑。相期茗雪闲鸥侣，小憩林泉古鹭湄。莫问神州陆沉事，故宫回首黍离离。

施士洁这段诗刻款跋："戊午重九日，以次瞰青主人远而亭韵，古温陵施士洁题壁。时年六十有四。"施士洁（1855—1922），名应嘉，字沄舫，号耐公，台湾台南人。光绪三年（1877年）进士，官工部郎中，旋归台湾从事讲学。盛负诗名，与丘逢甲等并称台南四大诗人，"乙未（1895年）割台"后，内渡居鼓浪屿，参与菽庄诗社，以诗酒自放。所著有《后苏龛

林尔嘉日光岩诗刻

石刻犹存台厦情

鳞鳞、云水作之而半入丹青半
入诗篱下白衣征士宅壁间黄
绢外孙碑相期茗雪间鸥侣小
憩林泉古鹭湄莫问神州沈陆
事故宫回首泰雒离
戊午重九日次瞰青主人远而李韵
古温陵施士洁题壁 时年六十有四

台湾诗人施士洁日光岩诗刻

合集》。施士洁写这首诗的年代，正值国内军阀混战之时，诗的结尾两句表达了他对国事的关心。

近代以来，由于厦台关系密切，在厦门的山岩寺庙中留下题刻的台胞或在台任职的官员自然也不乏其人。白鹿洞寺的六合洞前，有落款"同治八年（1869年）岁次己巳孟春月，台镇使者、楚南刘明灯识"的"重游鹿洞"四个篆书大字；白鹿洞寺宛在洞前，有落款"民国甲子年（1924年）葭月，台北李金惠道号长明题"的一首七律隶书诗刻；南普陀寺后五老峰下，有落款为"民国甲戌（1934年）初，嘉义黄奎山题"的"如来胜地"四个行书大字，等等。其中，以落款"中华民国三十四年（1945年）九月，

厦门文史丛书
厦｜门｜石｜刻｜撷｜珍

李友邦题刻

"李友邦题"的"复疆"两个行楷大字最为引人瞩目。

著名抗日台胞李友邦（1906—1951），字肇基，祖籍厦门集美兑山村，生于台湾台北。曾就读于台北师范学校。1924年秋进黄埔军官学校学习，并在广州组织"台湾独立革命党"，任主席。翌年，在上海、杭州等地秘密从事抗日活动。1932年初遭受国民党右派逮捕，出狱后于1939年10月筹建台湾义勇队，是唯一一个由滞留在大陆的台胞组成的抗日武装团体。抗战胜利后，李友邦率台湾义勇团回台。"复疆"这两个大字是1945年重阳节李友邦回台途中，在厦门小驻时题刻的，充分表达了爱国台胞对抗战胜利、台湾光复的喜悦之情。

在台湾任职官员的题刻

[120]

扫苔剔藓觅屐痕

扫苔剔藓觅屐痕

　　题名石刻是摩崖当中的一项内容，它主要记录某年某月某日，谁谁到此一游，有时它也附在题词后面，兼有题刻和题名石刻的功能。当然，这些来游者基本上都是当时的名人或显宦。

　　厦门迄今年代最早的题名石刻当属鼓浪屿日光岩的那段"鼓浪洞天"题刻。何乔远编纂的《闽书》印行于明崇祯四年（1631年），其"方域志"说"（鼓浪屿）上有大石壁立，刻'鼓浪洞天'四大字。傍有岩，名日光"，乃知最迟在1631年之前，日光岩已有楷书题刻"鼓浪洞天"四个大字。道光《厦门志·分域略》也记载日光岩有"石刻'鼓浪洞天'四大字"。可见鸦片战争前夕，这段题刻旁边尚无其他石刻。这两部方志确实都没有载明该题刻的作者，但有名款而方志不载的例子殊不少见。

　　近代首先注意到日光岩这段题刻的是英国人翟理斯（Herbert Allen Giles），他在其1878年出版的《鼓浪屿简史》说日光岩那块大石头上所刻的是一幅对联，"意思是'鼓浪洞天，鹭江第一'"，还说"上述石刻附有一位林氏人士的姓名"。显然，1839至1878年期间，该题刻旁边增加了"鹭江第一"这

日光岩旧影

四个大字。翟理斯还说,"在李让礼将军任美国领事期间,这位林氏人士是社会上公认的语言学家。"李让礼(Le Gendre)又译作李仙得,1867—1873年来厦任美国领事。这个时期"林氏人士"——林鍼刚旅美归来不久,声誉正隆,所署两字名款每个字竟有一米见方,堪称海内题名之最大者。这样一来,后世不识者误以为这八个大字都是他写的。

其后,美国人毕腓力(Philip Wilson Pitcher)在其1912年出版的《厦门纵横——一个中国首批开埠城市的史事》这部英文著作中,也提到这八个字的"对联"并加以解释。不过,毕腓力特别说明:"上联'鼓浪洞天'写于前代,年代久远以至无从查考。下联……是现在德国领事馆一位中文文书的父亲林先生大约于三四十年前所题写的。"这位"林先生"和翟理斯所说的"林氏人士"是同一个人——林鍼。毕腓力精通汉语和闽南方言,又长居鼓浪屿从事教育,所说当比较可靠。1984年,厦门市政协文史委编印《鼓浪屿石刻》一书,已故张镇世等老先生在调查文物时,又在"鼓浪洞天"的左侧发现"明万历元年丹阳少鹤丁一中书"等字。1999年初夏,笔者因收集整理厦门的存世摩崖石刻,某日和白桦先生趁雨后用望远镜认真辨读,竟发现其左侧共有楷书题款三行:"明万历元年春丹阳少鹤丁一中题并书。同游者梅岩王霖、口南欧口隐、仰山傅钺、儒士黄俊明、曾一贯、曾一唯、陈建明、曾鸣凤、洪油、洪沧。"丁氏喜欢和当地的朋侪诗友一起游览作诗,他在金门太武山用楷书题刻"鹤鸣"两字,并赋诗两首,从游者比游日光岩还多出8人(其中也有傅钺)。对比两地的楷书风格,无疑是同出丁一中一人之手。

丁一中题刻

从广义上来说,明末抗荷诸将在厦门的那几段"攻剿红夷"石刻也都属于题名石刻。只不过它们作为厦门古代反抗外来侵略的文物见证,意义不同一般。南普陀寺藏经阁西侧巨岩上的陈第、沈有容的题名石刻也因为他们两人皆为明代抗倭名将而引人瞩目。其文曰:

扫苔剔藓觅屐痕

万历辛丑（1601年）四月朔，三山陈第、宛陵沈有容同登兹山，骋望极天，徘徊竟日。

陈第（1541—1617），字季立，号一斋，福建连江人。他堪称为一位传奇人物，不但身为名将，还兼有旅行家和古音韵学家之誉。嘉靖三十八年（1559年）陈第进秀才，隆庆三年（1569年）便随师到漳州、福州讲学。万历元年（1573年）为都督俞大猷幕僚，并从之习古今兵法，后被戚继光荐为前营游击将军，驻军长城喜峰口以抗击鞑靼的入侵。万历十一年因戚继光被劾南调，陈第也随之拂袖回乡。二十五年始出游天下名山大川，同时调查各地方

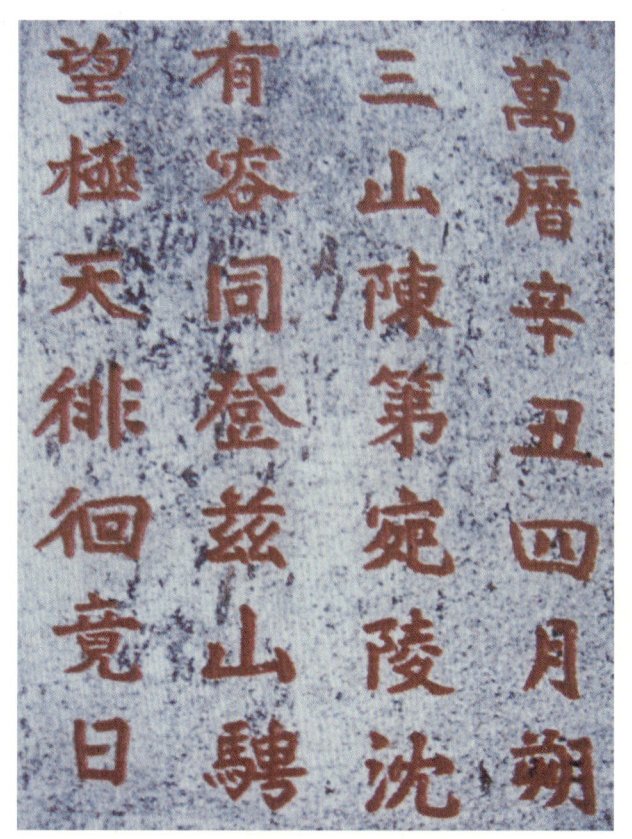

陈第、沈有容题刻

言。"万历壬寅（1602年）冬，倭复据其岛（指台湾），夷及商、渔交病。浯屿沈将军（即沈有容）往勋，余适有观海之兴，与俱。倭破，收泊大员"（见陈第《东番记》）。事后，陈第根据他在台湾南部高山族聚居地的亲历和见闻，完成了其著名的《东番记》。陈第还著有《毛诗古音考》、《屈宋古音义》和《一斋诗集》等。沈有容（1557—1627），字士弘，安徽宣城人。《明史·沈有容传》载，沈有容，自举万历七年（1579年）武乡试之后，遂北上投军，先后领兵在蓟、辽等地与女真部作战。沈有容善用"鸟铳"火器，屡立战功。后奉调到福建"守浯屿、铜山"，任都司佥书、钦依把总。万历《泉州府志·武卫志》载："国朝洪武初……城厦门为中左所，复于大担、南

太武山外建浯屿水寨,扼大小担二屿之险,绝海门月港接济之奸,与福州烽火、小埕、兴化南日、漳州铜山声势联络。"道光《厦门志·兵制略》载:"景泰三年(1452年),巡抚焦宏以(浯屿寨)孤悬海中,移厦门中左所。"万历年间又移至石湖。《沈有容传》载,万历"二十九年(1601年),倭掠诸寨,有容击败之。……倭据东宁,有容守石湖,谋尽歼之",于是率领21艘战船东征,在澎湖海域大败倭寇,"倭遂去东宁,海上息肩者十年"。陈第和沈有容之"同登兹山",当是在1601年击败来犯的倭寇之后,准备进击澎湖之时,因此登上五老峰眺望台湾,自有一股豪迈的英雄气概。400年后读此题刻,犹令人感奋不已。

  入清以后,经过休养生息和港口经济的发展,康乾时代厦门已渐次繁荣起来,在文化方面的对外交流也日益频繁。除了来厦任职的官员外,有些在诗文、书画方面都有造诣的士人也来过厦门。如乾隆十五年(1750年)前后,著名书画家黄慎因渡台未果,流寓厦门一两年。今扬州博物馆珍藏他的一幅《双鹭图》,就是在厦门创作的,图上题云:"乾隆庚午(1750年)小春至海关,海上沙洲,夜间潮水汹汹雷轰,岛屿石裂,忽忆坡公云:'流水文章,笔力遒劲',方信能移人情。后看鱼鸟性成,浩荡自得,泼墨图之以纪其意。"据道光《厦门志》记载,黄慎在厦门"有'丈夫有志金台杳,壮士空余铁骨寒。老我儒冠催鬓短,凭君簪笔重毫端'之句题寺壁"。可惜黄慎当时名气虽大,但不过一介布衣,估计这首诗无人为之勒石。稍后的乾隆丁未(1787年)大诗人赵翼也来过厦门,赋诗多首,其《瓯北集》还专门有一卷在闽南写的诗,然而也没人特辟一段让他留下履痕的诗刻。不过,有些诗刻是由于种种原因没能保存下来。据李禧先生的《紫燕金鱼室笔记》记载,道光年间,曾任四川布政使的厦门同安人苏廷玉致仕归来,曾作《游云顶岩诗》若干首以抒发"翩然昼锦赋归来"之情,"诗刻以珉石,嵌官廨壁上"。后来事过境迁,客走茶凉,竟也不见踪影。倒是那些地方上的"邑父母"在厦门的名胜所在都为自己刻划了"雪泥鸿爪"。雍正朝的海防同知李璋任期两年不到,居然有五段题刻。乾隆朝任兴泉永道的俞成在短短的四年间,在白鹿洞、日光岩等人烟最多的寺庙已经有了六段诗刻。降至晚清,此风尤甚。光绪后期天下局势已是"黑云压城城欲摧",如走马灯上任的道台们犹在道署后面的魁星石上忙着题刻。大清帝国最后一任兴泉永道台庆蕃于宣统三年(1911年)夏历五月刚刚接任,十月满清封建统治就被推翻。但他好歹还是在那里题了"峭碧"两字,后面署款:"宣统辛亥仲秋,庆蕃磨崖。"据文史资料介绍,武昌起义后,厦门的革命形势

扫苔剔藓觅履痕

庆蕃题刻

日益高涨，庆蕃发现大势不妙，遂于11月5日（农历九月十五日）晚上化装逃下海关的巡船溜之大吉。"峭碧"这两字大概是国内署清朝年款的最后一段石刻，只是庆蕃本人可能来不及欣赏。

若说到近代厦门的纪游题刻，南普陀寺的近代著名的改良主义思想家郑观应、爱国诗人易顺鼎和清朝海军大臣载洵等几段摩崖石刻，是很值得寓目的。

郑观应（1842—1921），又名官应，字正翔，号陶斋，广东香山人。他被后人誉为近代最早具有完整维新思想体系的理论家，同时又是民族资产阶级的代表性人物。其所著《盛世危言》一书曾对中国思想界产生过巨大的影响。郑观应在投身近代企业经营的同时，"究心政治、实业之学"，与李鸿章等洋务派关系至深。光绪九年（1883年），擢任轮船招商局总办。光绪十九年（1893年），郑观应因考察招商局各地分局的经营利弊，来到厦门。今南普陀寺藏经阁东侧的石头上，有他一段纪游题刻：

光绪十又九年岁次癸巳中秋前五日，偕粤东郑陶斋官应、皖南吴剑华广霈来游。坐石亭上，听泉声冷然，蝉声悠然，遂觉白日可弄，清都咫尺也。蜀西罗应旒星潭甫题。

郑观应一行来厦门时，正值秋天。"坐石亭上，听泉声冷然，蝉声悠然"，心情极佳，几乎已经置身于

郑观应

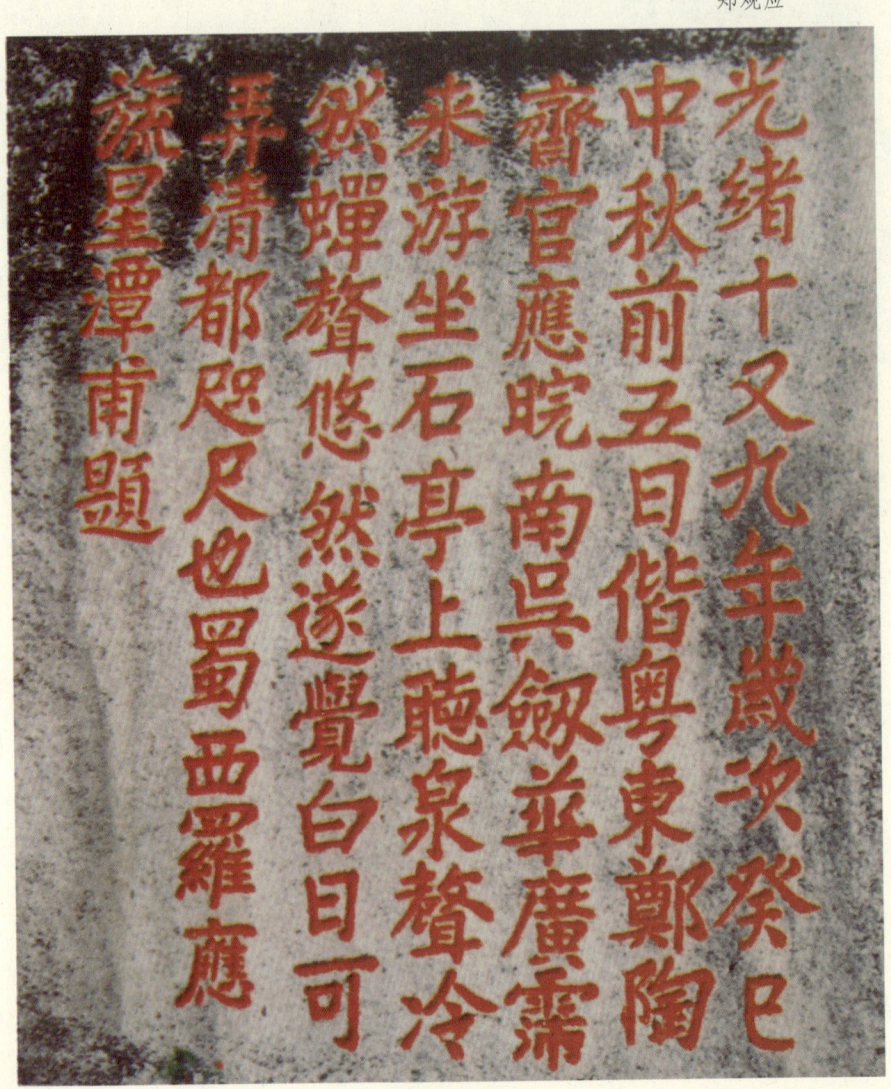

郑观应题刻

《列子·周穆王》这本书中所说的天帝所居之"清都"。题刻作者罗应旒是四川崇宁人，武将出身，以从戎积功官至道台。这次"清都"之游的第二年，罗应旒便投入甲午中日之战。

第二段纪游题刻在南普陀寺"六月寒"洞之前。为光绪乙未（1895年）著名诗人易顺鼎和岳嗣佺等朋友所镌刻。易顺鼎在台湾参加抗日义军的"反割台"斗争的战场刚撤退回来，满腔爱国之情都体现在这篇纪游性质的题刻上。至于易顺鼎，前面一章已略有介绍，兹不重复。

易顺鼎

南普陀寺后山的岩石上还有一段题刻，是1900年清朝海军大臣载洵、萨镇冰等人游览风景后，在此遣兴之作。

1900年八国联军之乱后，第二年清廷始推行新政，继而准备"变更政体，实行立宪"。宣统元年（1909年）载洵之兄载沣以监国摄政王代理大元帅，亲统禁卫军。五月，任命"贝勒载洵、提督萨镇冰俱充筹办海军大臣"。秋，"出洋考查海军"（见《清史稿·宣统纪》），间道到厦

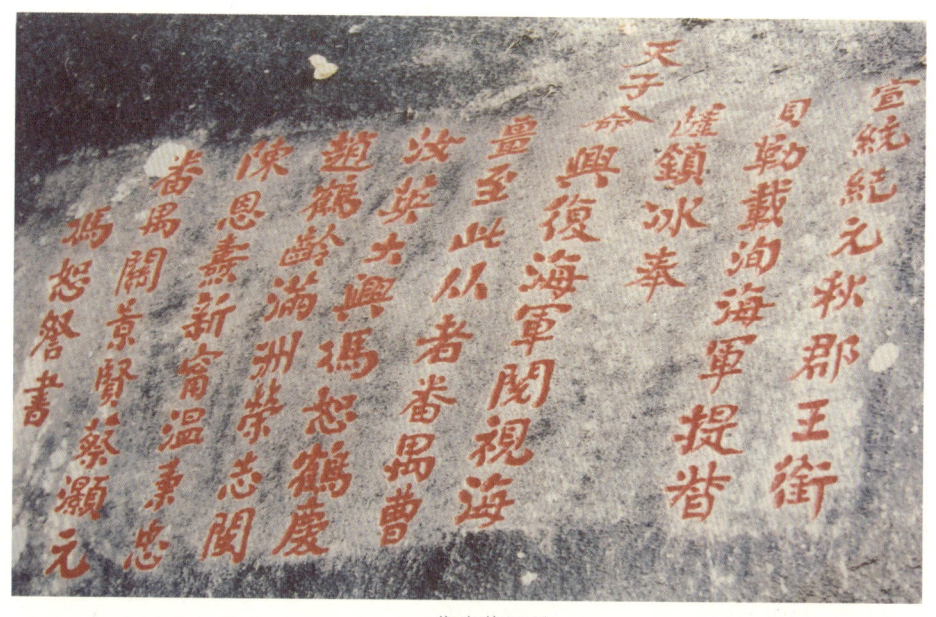

萨镇冰

载洵等题刻

门"阅视海疆",在南普陀藏经阁后,留下一段题名刻石,文曰:

宣统纪元秋,郡王衔贝勒载洵、海军提督萨镇冰奉天子命兴复海军,阅视海疆至此。从者番禺曹汝英、大兴冯恕、鹤庆赵鹤龄、满洲荣志、闽陈恩焘、新宁温秉忠、番禺关景贤、蔡灏元。冯恕謦书。

载洵,满洲镶白旗人,光绪皇帝之弟。1909年9月,载洵以筹办海军大臣的身份率团赴欧洲考察并订购一批战船。行前经过厦门,名义上是"阅视海疆",其实是顺便逗留。萨镇冰,字鼎铭,福建福州人,毕业于马尾船政学堂,以"管带"率舰参加过中法马江海战、中日甲午战争。清末重建海军时,总制北洋舰船,到厦时任筹办海军大臣、海军提督。

随载洵、萨镇冰来厦的官员也都个个有来历:曹汝英,字粲三,广东番禺人。1906年起历任保定贵胄学堂教习、监督,陆军部候补郎中。随载洵到厦门时任海军筹备处第三司司长兼一等参谋官。赵鹤龄,字孟云,云南鹤庆人,翰林院编修,调海军部充记名副都统。工书画。陈恩焘,字幼庸,福建福州人,毕业于马尾船政学堂,任定远号大副。留学英国后,1904年起历任山东高等学堂监督、外务部福州交涉委员。温秉忠,字荩臣,广东台山人,12岁时为第二批留美幼童。归国后曾任慈禧太后教育顾问、暨南学堂总理等职。关景贤,御医。蔡灏元,毕业于天津水师学堂,曾任军舰的船械三副等职。

题刻者冯恕,字公度,号华农,原籍浙江慈溪,寄籍河北大兴。光绪十四年(1888年)冯氏曾主持修建北京中南海一条长四华里的铁路。并与人创办第一家民企股份京师华商电灯公司和电气学校。来厦时任海军部参事、军枢司司长等职。

冯恕是当时著名的书法家,以颜体字名重京华,曾有"无匾不恕"之美誉。昔日北京大栅栏的"张一元茶庄"及西四"同和居饭庄"等市招,皆其得意之笔。他还是一位文物鉴赏家,曾参与抢救西周重器"毛公鼎"。如今这件文物陈列于台湾的故宫博物院。

美舰访厦续余篇

清光绪三十四年（1908年）十月初六日（阳历10月30日），美国舰队访问中国，接待地点选在厦门。这是厦门对外往来的一件大事。事先清政府做好了充分的准备，利用南普陀寺和寺前的空阔场地，起盖包括接待主楼在内的10座宴会大厅，前面布置一座装上五彩电灯的迎宾大牌楼，正中用灯泡装饰成"Welcome"的标志。清政府特派三等贝勒毓朗、外务部侍郎梁敦彦和闽浙总督松寿、福建布政使尚其亨带领厦门地方官员负责欢迎，海军方面由总理南北洋海军、兼任广东水师提督的萨镇冰率四艘当时最新最威猛的"海"字号巡洋舰驶到厦门参与接待。美方大白舰队（The great white fleet）的两个分舰队共8艘兵舰5000多名官兵（因当时一艘美舰可运载700~900人，一说为7000人），由额墨利和石乐达两位海军少将率领，一起到厦。

这个近代以厦门为接待地点的中美两国外事活动，在南普陀寺后的岩石上留下一段高140厘米，宽250厘米的摩崖石刻：

以贝勒毓朗为首的清朝官员

光绪三十四年十月初六日，蒙大美国海军额墨利提督座舰路易森那号、乏瑾昵阿号、呵海

光绪三十四年冬十月，大美国海军额墨利提督座舰路易森那号、乏瑾昵呵号、呵海呵号、咪率梨号仝石乐达提督座舰威士肯屹号、伊令挪意司号、肯答机号、凯尔刹区号来游厦门，我政府特简朗贝勒、梁侍郎、松制军、尚方伯、海军萨提督带领海圻、海容、海筹、海琛四舰及闽厦文武官绅在演武亭开会欢迎，联两国之邦交，诚一时之盛典。是则我国家、官绅、商民所厚望者也。

宣统二年仲秋，水陆提督洪永安、兴泉永道郭道直、花翎道衔叶崇禄、候补京堂林尔嘉、中军参府蔡国喜、候补知府傅政、厦防分府赵时榈、谘议局员洪鸿儒镌。

这是一段由地方官员领衔镌刻的石刻。但不知出诸何故，开头刻了3行，又重新开始。从文字看起来，最后成篇的才是定稿。奇怪的是原先作废的那3行字竣工后竟没有磨掉。这种现象在国内的石刻殊为少见，其反映的史实更是独一无二。因

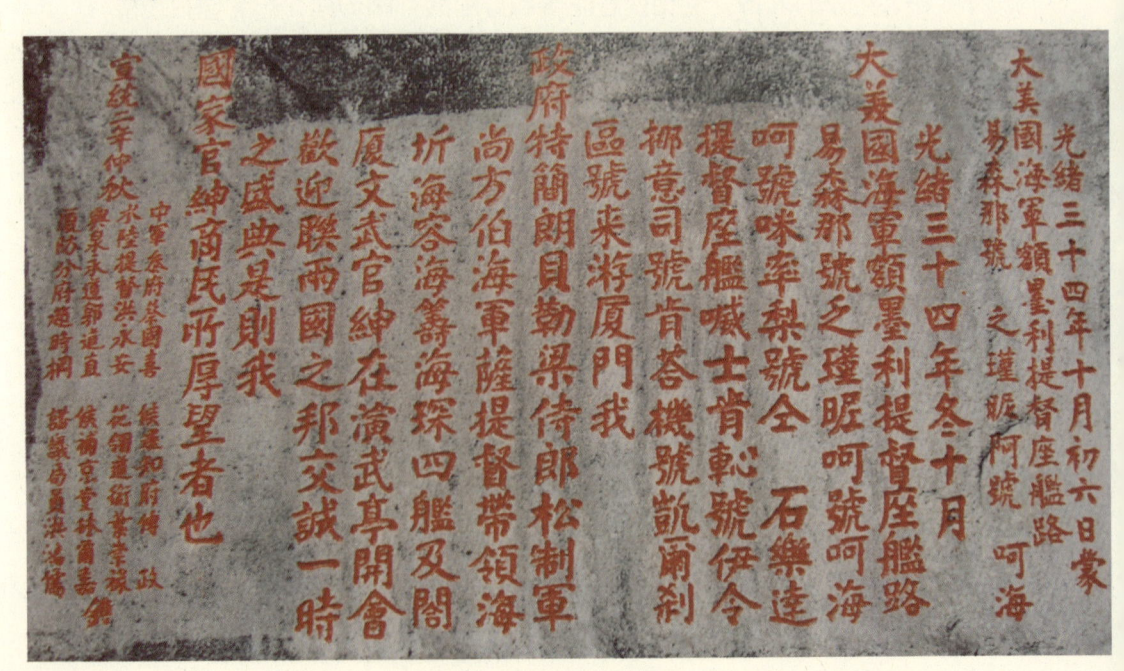

南普陀欢迎美国舰队纪事题刻

而它引起研究中外近代海军史者的兴趣，为此笔者翻阅了国外有关这个事件的著录，发现了石刻的背后还有许多鲜为人知的故事。

当时，美国海军力量主要集结在大西洋。为了震慑甲午海战之后的日本，1907年，美国总统罗斯福决定由大西洋舰队抽调16艘战列舰组成舰队，做一次炫耀式的环球航行。因这些战列舰的舰体都漆成银白色，故称大白舰队。舰队从东海岸的汉普顿锚地出发，沿着大西洋一路南下，先后访问了巴西、阿根廷，然后穿越麦哲伦海峡北上，经过智利、秘鲁、墨西哥，最后来到美国西海岸城市旧金山。休整两个月以后，继续出发访问了新西兰、澳大利亚和菲律宾。1908年10月18日，驶抵日本著名的军港横滨。当舰队停靠旧金山时，日本政府就

石乐达海军少将　　　额墨利海军少将

驶至厦门的威斯康辛号军舰

已动员了上千名日本留学生夹道欢迎，用英语高唱美国国歌，以示友好。在横滨整整一周的访问期间，美国官兵更是"不仅受到天皇和他的工作人员，而且受到整个国家"最友好的欢迎。

当时的日本侵华气焰甚嚣尘上，正对着我国的东北——"满洲"虎视眈眈。于是，日本和美国人达成协议，即：即便美国方面接受中国的邀请，也只能派遣舰队较差的一半兵舰到中国去，而且不许到中国主要的港口。执行门罗主义的大白舰队首鼠两端，结果全盘照收。于是由较新较佳的舰只组成的第一、二分队迳赴菲律宾演习，由余下那部分即将退役的8艘兵舰分别组成第三、四分队，让只差几天就要退休的额墨利等两位海军少将率领，开到厦门这个偏离政治和经济中心的东南口岸来。

石刻所载的洋人名字和舰号显然都是当年厦门人的洋泾浜英语，然而今天读起来依然相当顺口：

"额墨利"——W.H.Emory (1846—1917)
"路易森那"——"路易士安娜"(Louisiana)
"乏瑾昵呵"——"维吉尼亚"(Virginia)
"呵海呵"——"俄亥俄"(Ohio)
"咪率梨"——"密苏里"(Missouri)
"石乐达"——S.Schroeder(1849—1923)
"威士肯叱"——"威斯康辛"（Wisconsin）
"伊令挪意司"——"伊利诺"（Illinois）
"肯答机"——"肯塔基"（Kentucky）
"凯尔刹区"——"奇尔沙治"（Keassarge）

当此之际，清政府只能在接待方面铆足功夫以挽回一点面子。8月份厦门当局即着手筹备，请一个叫马克（G.Mark）的人来主持。当时有人说马克先生是欧洲人，后来看到英国驻厦领事孙德雅（J.A.Sundius）给英国驻华公使朱尔典（J.N.Jordan）的报告，才知道此人乃出生在香港的华人麦信坚。麦先生从小在洋学堂受教育，曾随李鸿章游历欧美，时任轮船招商局驻天津的总办。这次特地把他借调过来。同时，厦门当局决定在南普陀寺前开辟迎宾区，建造一批用木料和玻璃搭建的楼宇，为接待和餐宴之用，其中接待主楼宽200英尺，进深80英尺，背后做为来自省外的官员及其随从的居所。其余还建造一些戏台、展览馆、售物处等，杂以时花嘉树，张灯结彩。为了防止意外，事先发放入场券160份（包括演员戏子、烟花技师），凭券入场。英国领事要求100份入场券，结果磨了半天才给60份，算是很给面子了。这件事让英国领事孙德雅很不爽，事后在写给朱尔典公使的报告中还大发牢骚。最搞笑的是迎宾区的装饰在美国舰队到来的前夕还在赶工，一大群中方工人竟因没有入场券而被拒之门外。

当时，厦门革命

迎宾大彩楼

美舰访厦续余篇

党人活动确实很频繁。三等贝勒毓朗从北京刚要出发，就有南方打来的电报提醒他注意。据《述德笔记》一书所载，毓朗一路乘火车到武汉，然后坐轮船到上海，10月23日再乘兵舰开往厦门。兵舰还没进港，闽浙总督松寿就来电，说"请不必登岸，以革命风声甚大，恐有失也"。登岸后，毓朗在胡里山炮台接见松寿、尚其亨等闽省官员。众人劝毓朗回舰，他不但拒绝，而且还坚持要住到鼓浪屿。他说"鼓浪屿，余已前期订寓所矣"。松寿、尚其亨等人"颇以租界不能派兵保护为虑"。结果毓朗当天下午就乘坐轿子游览了鼓浪屿。乘舢板过渡时，毓朗不觉已经陶醉，说"青天碧海，风景顿殊，白鸥与帆樯往来，萧闲之致，使人忘倦"！下榻后，"寓楼四望，浓阴环匝。上山路宽而修洁，西人士女散步于夕阳影下，殊少喧嚣龌龊之态。楼院有白玉兰，树极大，几若北京之槐，香闻四邻"。清朝地方官员的操心并非毫无根据。正当毓朗对鼓浪屿的优雅环境赞不绝口的时候，总督松寿也在对岸的厦门宴请梁侍郎一行。《述德笔记》说，"忽有一人环场而窥。巡警喝之，即奔。追捕之，搜其腰间，刺一，长咫尺；铁搬指各二，概行刺者也。"看来地方当局事后必然要再加大保安力度。

据《北华捷报》（North China Herald）1908年10月31日报道，毓朗和梁敦彦先在鼓浪屿一个富豪的家里住了两天并没有闲着，第一天在居停处接见各国驻厦门领事，次日往德国领事馆回拜。

美国驻华公使柔克义（W.W.Rockhill）从一开始就不赞成这件事。所以中美双方在厦门联欢，他只派一个职位甚低的陆军副官前来应付。这样一来，在厦的洋人中，德国领事梅泽（C.Merz）说话最有份量，因为他是各国驻厦领事团的领袖领事。加上10月中旬那场台风暴雨过后，要不是"尼奥比"号德舰的官兵帮助修理发电机等设备，后果将不堪设想。因此头一天会见时，梅泽在介绍"尼奥比"号（Niobe）德舰军官所用的时间，就比介绍各国领事要长得多。趁美国舰队还没抵厦，梅泽已设套让毓朗先登上停靠在厦鼓海峡之间的"尼奥比"号这艘德国轻型巡洋舰，弄得毓朗心里不踏实。

当时美、德两国为了在华的利益正在暗中较劲，因而在中方欢迎美国舰队的过程中，德国人故意无理取闹，制造了不少麻烦。当额墨利少将在"路易士安娜"号旗舰上设午宴款待中方迎宾要员时，德舰"尼奥比"号的舰长竟带着几个军官敲门闯入，要求参加。更恶作剧的是，随后美国水兵们在比赛足球时，德国人不仅在旁边起哄，还故作顽皮，拾到球便跑，让美国人去追回来。大概英国领事觉得德国人的表现有失欧洲人的风度，就

【133】

把这些细节也写在报告书里面。这些"花絮"以往我们都闻所未闻。

10月30日上午,在萨镇冰提督座舰"飞鹰号"的导引下,美国舰队的舰只分两纵队进入厦门港。美舰甫入港,官兵们立即注意到这里的情况和别的地方有异。除了负责接待的几艘兵舰外,港内冷冷清清,只有数艘正在捕鱼的渔船,也见不到像别处那样有夹道欢迎的民众,因为清朝人也懂得"外事无小事"的道理,"迎宾大道"和接待区处处都派有重兵警戒。

从30日到美舰离厦的11月6日,接待的节目可谓简单且公式化:双方相互宴请;在演武场进行棒球和美式足球比赛;在海边举办划船比赛;接待区免费供应烟(包括雪茄)酒和糖果等舶来货;看烟花演放和杂艺表演等。官兵分两批,每天一半去接待区,晚上回舰睡觉,一半留在舰上值勤。军官活动的范围稍宽一点,有些节目安排在鼓浪屿。一般水兵则只能隔天到重兵包围之中的接待区吃喝玩乐一番。难怪美国兵戏称接待区这个索然无味的地方为Pleasure City。

清朝官员除了尽量把场面搞得豪华奢侈,还考虑如何让贵客吃好喝好,然后慷慨送礼。接待的头两天摆出来的菜谱,有"燕窝上汤"、"蟹黄鱼翅"、"百花鱼卷"、"酥炸生蚝"、"蘑菇竹笋"、"翡翠虾球"、"炒鸭珍肝"、"火腿鸡煲"、"巧酿蟹盖"、"明炉火鸭"、"鸡丝椰菜"、"李公杂碎"、"茶、果、饼"。不料美国人不敢直接吃家禽的内脏。孙德雅事后给英国公使打了小报告说:上述菜谱中除了"李公杂碎"和芙蓉蛋等少许佳肴美国人犹能勉强接受,其余的全都令他们反胃。海军少将石乐达以后在其回忆录里还讲到他第一次学会用筷子品尝那些中看不中吃的中餐时的种种尴尬。结果第三天不得不换上西餐。还有个细节后人都忽略掉,那就是尽管接待区免费供应美酒,一向以上岸买醉少不了酗酒滋事而闻名于世的美国水兵这次居然如清教徒那样规规矩矩。英国领事孙德雅觉得很奇怪,在报告中推测可能是因为环境不佳、心情不畅所致。

清政府出手送的礼物,也叫西方人士大吃一惊。幸亏孙德雅和美国驻厦领事安立德(J.H.Arnold)心细,当下就为我们抄录了这份前所未闻的礼品单:

舰队司令每人一个大银盘;
舰队司令每人一套丝质缀锦和画卷;(由直隶总督杨士骧送)
舰队司令每人一套瓷器;(由两江总督端方送)
舰队司令每人一对福州漆花瓶;(由闽浙总督松寿送)

美舰访厦续余篇

厦门的道台也送舰队两司令礼物：
每艘舰一个银盘；
舰长和各级副官、参谋每人一套镶上珍珠母的广东酸枝椅；
所有军官（约280人）各绘上中美国旗的景泰蓝花瓶一个；
舰队成员（3000人）各一份特制景泰蓝纪念杯和碟；
球赛冠军的奖品是金杯各一；
参加足球和棒球决赛的四队队员各有那金杯的银质复制品。
（划船比赛冠军未见记录，奖品不详）

鸦片战争过后已经60多年，这些惯于和洋人打交道的中国官员不会不知道美国久有成规，政府人员不得接受非亲属礼物或奖品。如果拿回国内必须充公，待其死后再由国务院考虑是否发给其遗孀。但为着挣面子，尽送上酸枝椅子、瓷瓶等笨重的上等礼品，害得那些美国

赠送给官兵的中国折扇（洪明章收藏）

欢迎宴会

【135】

人领奖时表情麻木,毫无兴高采烈之态。英国领事孙德雅当场就看在眼里,笑在心里。石乐达回去后所写的回忆录更是颇有微辞,埋怨清政府官员都办了些窝囊事。

在洋人眼中,这群负责接待的清朝高官又是怎样一种形象呢?罗斯福总统特聘的随军记者马休兹报导沿途的见闻,回国后编成以他为名的 Matthews Ⅰ、Ⅱ两本书。在他看来,毓朗的表现中规中矩,应算称职。早期的留美幼童,现任外务部侍郎的梁敦彦最令人讨厌。他说梁大人害怕遭到革命党行刺已到了破胆的地步,一听见轻微的异常声音他便会惊跳起来。因而美国人给他起个绰号叫"耶鲁培养出来的支那人"(Yale-bred Chinaman)。松寿也是个胆小鬼,他乘"海容"号兵舰来厦以后,就一直窝在那里,除非职责非去不可他才下船。美国驻厦领事安立德觉得海军提督萨镇冰好生奇怪,每次在洋人面前老是重复赞美来访美舰的伟大与完美。马休兹则看到"萨镇冰终日微笑,情绪激动至难以自制的程度"。总之,这批官员最后都没有给对方留下多少美好的印象。

闽浙总督松寿

11月6日,这场被西方学者讽刺为"提供'美食'之运动会"的欢迎美国舰队一事刚落下帷幕,梁敦彦就病倒了。据《述德笔记》所载,此时正好"有厦门工人等挽唐国安(随行的翻译官)来诉'美人对往菲律宾岛工人严厉、不中情,乞援颂'事。余(即毓朗)乃同唐国安往鼓浪屿见美领事,言工人苦况,如:贫民货薄产往菲岛佣工,往往未登岸,以目疾不许逗留,逐回。比归,家已罄。再往,无力行矣。又如:工人在岛久,往往假归。一时不能往,辄取销执照。再往,费又不赀。

外务部侍郎梁敦彦

其余皆工人不便处,商美领事更张之。领事许为电美国政府"。毓朗所谓的工人即当时的契约华工。回到北京后,毓朗就接到美国驻厦领事的公文和华工的谢函。得知问题已得到解决,华工可以先在国内检查视力,省得在国外检查若不过关还要多花冤枉钱,假期也延长为两年内有效。毓朗在厦

美舰访厦续余篇

门还是办了一件好事。

两年后的宣统二年（1910年）季春，美国东方舰队的哈卜提督又率5艘兵舰来厦门献赠银杯，感谢1908年冬的那次盛情款待。这一次，也在南普陀寺后的岩壁上留下一段高80厘米，宽160厘米的摩崖石刻。文曰：

宣统二年季春，承大美国东方舰队哈卜提督座舰差利司顿号、可利乏兰得号、察单奴嘎号、黑聆那号、隈拉路毕司号献赠银杯，以报戊申欢迎之雅，兼作纪念。我海军处亦专派海军提督程璧光带领海圻、海琛两舰来厦领杯，并鸣谢忱。用缀数言于石，以示不忘云尔。阖厦官绅再志。

石刻所载的人名和舰号可能出自同一个厦门人的洋泾浜英语。今据外文资料对比如下：

"哈卜"——John Hubbard（1849—1932）
"差利司顿"——"查理斯顿"（Charleston）
"可利乏兰得"——"克利夫兰"（Cleveland）
"察单奴嘎"——"查塔诺嘉"（Chattanooga）
"黑聆那"——"海伦娜"（Helena）
"隈拉路毕司"——"维拉罗博斯"（Villalobos）

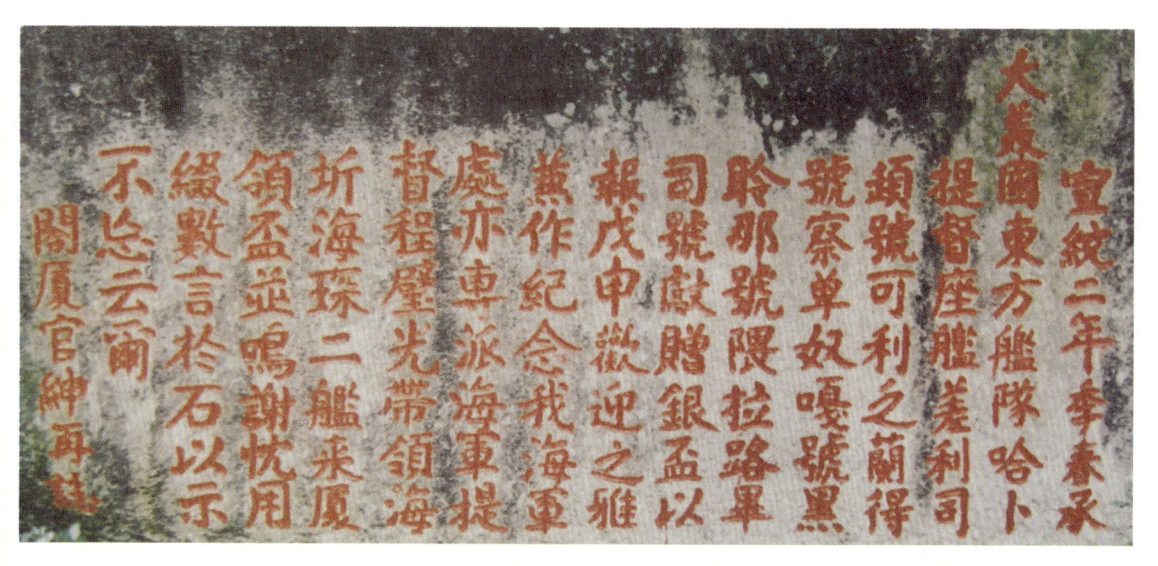

美舰第二次访问厦门的纪事题刻

从字面上看，双方一定已有约定在先，美方由哈卜海军少将率舰来厦"敬献银杯，以报戊申（1908年）欢迎之雅，兼作纪念"，我方由海军提督程璧光带领军舰到厦门接收，就算礼成。

有趣的是，美国专治近代海军史的马幼垣教授查阅了大量有关近代美国海军在华活动的著作，居然找不到关于这件大事的任何说法。于是，根据美国海军部长每年向国会提交的年度报告，寻访1910年度上述亚洲舰队（Asiatic fleet，即石刻的"东方舰队"）的这几艘兵舰的行踪。结果发现是年的"季春"——4月份，"查理斯顿"号4月14日至25日，"查塔诺嘉"号4月14日至19日分别都在厦门，"克利夫兰"号3月31日至5月30日在菲律宾的加维特港（Cavite），"海伦娜"号4月14日至23日在晋江围头湾，"维拉罗博斯"号4月14日至23日也在围头湾，部分时间与"海伦娜"号及"萨马耳岛"号（Samar）合练。问题还没解决，又冒出另外一艘兵舰。据年度报告记载，"萨马耳岛"号4月14日至24日是在围头湾练靶，4月25日至26日在厦门避恶劣天气。再一查可不得了，当时在闽南海域活动还有一艘"威明顿"号（Wilmington），整个4月份都在东澳、汕头、厦门、围头湾、料罗湾、金门湾游荡，两三次到围头湾都是为了练靶。美国海军部长的1910年年度报告只笼统说这些兵舰到厦门及闽南海域主要是巡航和到围头湾练靶，并没有片言只语提到有到厦门"敬献银杯"的任务。

海军提督程璧光

2000年，马幼垣教授在美国国会档案局查到上述部分兵舰的航海日志。发现"克利夫兰"号并非年度报告所说的都在加维特港，而是"4月13日，与'查理斯顿'号、'查塔诺嘉'号二舰同赴厦门。4月14日，抵厦门。'查理斯顿'号与岸上炮台互放礼炮致敬后，各舰随后于下午2时30分抛锚。4月16日，离厦门赴汉口。"倒是"威明顿"号的航海日志记得较细，它说"4月14日，自金门湾至围头湾。下午1时40分见'查理斯顿'号、'查塔诺嘉'号、'克利夫兰'号诸舰正驶赴厦门。2时30分，'查理斯顿'号与岸上炮台各鸣礼炮二十一响。十分钟后，'海圻'舰鸣礼炮十三响，'查理斯顿'号随即回礼。3时35分，见'海伦娜'号、'维拉罗博

美舰访厦续余篇

斯'、'庞培'号（Pompey）诸舰在围头湾停泊。"但4月15日这一天在围头湾，没有见到"海伦娜"号和"维拉罗博斯"号的记载。"海伦娜"号的航海日志除上述诸舰外，也出现过"庞培"和"咯劳"号（Callao）这两艘兵舰的名称。但，这些航海日记统统没有提及"敬献银杯"一事。

总的来说，1910年4月前后，美国亚洲舰队派遣到闽南海域的兵舰至少有8艘，主要任务是巡航和到围头湾练习打靶。而4月14日下午，"查理斯顿"号等三舰到厦门受到鸣炮欢迎。4月15日，"海伦娜"号和"维拉罗博斯"号会不会从围头湾赶到厦门？这个日期被当时在厦门的美国人毕胁力（P.W.Pitcher）所证实。美国舰队"敬献银杯"就在这一天。同时停靠在厦门港的就是摩崖石刻所记载的那5艘兵舰。

毕胁力还看到过那个银杯，在其所著的《厦门纵横》(In and about Amoy)这样写道："在费城订制的银杯约高18英寸，口径约14英寸，外镶前访问厦门八艘主力舰的金质小模型。"书中还记录了刻在杯上的两行铭文：为答谢1908年在厦门的盛情礼遇，谨献给中国海军将士们。由此可知，这次"敬献银杯"只是两国海军之间的礼尚往来，并非国事活动，所以也没有两年前的欢迎场面。似乎是正好美国海军方面趁派舰只到闽南海域演练，顺便托哈卜司令官带着银杯来表示谢意而已，因而相关重要的美国文献皆认为不值一书。幸亏当年"阖厦官绅"不知就里，才有我们今天所见到的这段石刻。

顺便说一下，哈卜海军少将于1910年2月至次年5月任美国亚洲舰队司令，随后不久就退休了。

清代武将题刻多

明清两代，到过或在厦门任职的官员中颇有工诗擅书的武将。如明末抗倭名将戚继光、俞大猷、施德政、李杨、徐为斌，"攻剿红夷"的将领谢弘仪、何舜龄，既参加过抗倭又驱荷的将军沈有容等，他们都在厦门留下了摩崖题刻，为海山增辉。这个传统到了清代，似乎还有所沿续。厦门的山岩上，至今仍有不少清代水师武将的题刻。

清代从康熙元年（1662年）到光绪三十年（1904年），前后总共有47名福建水师提督驻节厦门。因平台有功而名垂史册的施琅是第一任水师提督。历来都认为施琅只是"粗鲁武夫，未尝学问"，事实上他非但通文墨，据与之同时代的蔡世远在《靖海纪事·跋》中说，施琅"军旅稍暇，辄赋诗磨盾"。盾，是古代墨的别称。这句话的意思是，施琅在军中一有时间就作诗写字。施琅会作诗，有道光《厦门志·艺文略》中他贺郑缵祖生日的"腊月青霜梅吐妍，乾坤转运却知年"等诗句为据。施琅的书法，除了泉州清源山上还保存其所题的"海静分明水月，山高咫尺神仙"那幅对联外，至今尚未寓目。不过，乾隆丁未（1787年），大诗人赵翼来过厦门。他登览水师提督署后的"涵园"时，看见"公（指施琅）手书榜尚存"。赵翼为此还赋诗两首，称赞"成围柳是将军树，悬榜书成叔子碑"（见清·赵翼《瓯北集》卷三十一）。可惜施琅手迹的刻石今在厦门已不存。

许良彬是继施琅之后在厦门留下摩崖题刻的第二位福建水师提督。许良彬，字质卿，福建海澄东园人，清雍正七年至十一年（1729—1733）任福

清代武将题刻多

建水师提督。他在厦门万石岩寺后的巨石上题刻"云影松涛"四个行楷大字，款署"圭海许良彬题"。圭海是海澄的古称。许良彬乃贡生出身，康熙末年因对付台湾的郑氏余部有功，为水师提督蓝廷珍所赏识，很快就受到提拔，并成为蓝氏的继任者。许良彬乃文士出身的将领，素未闻以书名显。但他这段榜书题刻却略无挽弓射雕之态，平稳之中不失儒雅。

乾隆二十六年（1761年）来厦任福建水师提督的是古田籍（今属屏南县）的武进士甘国宝。甘国宝，字继赵，号和庵，戎务之余善作书画，尤擅指墨画。据考证，以指头蘸墨彩作画的技法始于清初铁岭画家高其佩（1672—1734），甘国宝在其产生后不久便在厦门作指墨画，实在不可思议。甘国宝在今"厦门城"遗址的巨石上有其楷书题刻的"瞻云"两个大字，款署"乾隆辛巳（1761年）荔月，甘国宝题"。"瞻云"二字的典故出自《史记·五帝本纪》的"其仁如天，其知如神，就之如日，望之如云"，寓有歌颂"康乾盛世"之意。当然，作为水师将领，也有在此居高可以瞻望风云变幻的意思，离此不远还有他的一段隶书题刻"曼倩偷[来]"四个字，刻在一块状若蟠桃的石头上，款署"和庵"。可惜后代采石，不慎将"来"字敲损。曼倩是汉武帝的大臣东方朔的名号。东方朔性诙谐，善言辞，《史记》、《汉书》皆有传。"曼倩偷

泉州清源山施琅题联

许良彬题刻

厦门文史丛书
| 厦 | 门 | 石 | 刻 | 撷 | 珍 |

甘国宝题刻

甘国宝题刻

甘国宝指墨画

清代武将题刻多

[来]"隐喻的就是这块刻字所在的石头,其典故出自《汉武故事》,传说东方朔偷了西王母三千年一结果的桃子。古人常用东方朔偷桃以寓献寿的美意。甘国宝是闽台两地都有影响的人物。此前,他在台湾任职,"严疆界,谨斥候",并且"教台民明礼义,勤耕种",颇有惠政,因而台湾人民曾编过一部名为《甘国宝过台湾》的地方戏来称颂他。

"厦门城"遗址的巨石上,有一段咸丰三年(1853年),前浙江提督李廷钰镇压闽南小刀会起义的记事摩崖石刻,事竣,李廷钰因功升任福建水师提督。这段题刻云:

　　咸丰三年岁在癸丑孟夏之初,会匪黄德美□□乱□□同、厦、澄、码,摄其地。官军屡讨□□。巡抚王公懿德奏起前任浙江提督李廷钰统领水陆官兵征剿。七月二十三日,□师馆江,前后凡历四十八战。十月十一日,□□□复厦城,俘德美等磔于市。□日同□□□。越二日,澄、码贼闻风惊□,□□□逸。事闻,命廷钰记其事。□同人请勒于石,因记。

　　题刻所记述的是清咸丰三年四月至十月,官军在厦门镇压闽南小刀会起义的经过。以黄德美、黄位等人领导的闽南小刀会起义,是一次反清的武装斗争。"统领水陆官兵"残酷镇压起义军的前浙江提督李廷钰的这段题刻,是一份很有价值的历史资料。李廷钰,字润堂,号鹤樵,同安县人。李廷钰是一位值得探讨的历史人物:在厦门地方史上,他是一个镇压反清起义的刽子手。在近代反侵略战争史

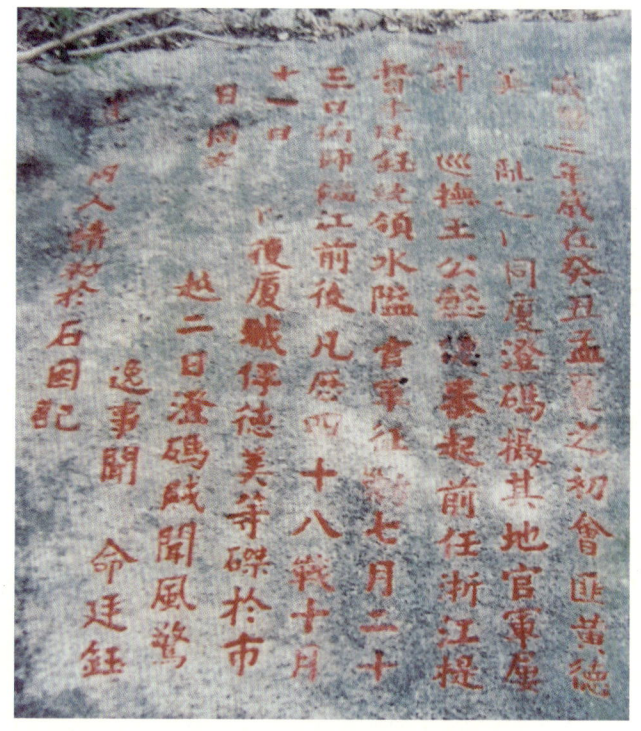

李廷钰题刻

[143]

李廷钰书法

上,他又是一员名将。中英鸦片战争期间,时任潮州镇总兵官的李廷钰与广东水师提督关天培、游击马辰等官兵死守虎门的靖远、威远两炮台,与入侵的英军浴血奋战,其事迹载入《清史稿》。在闽南文化史上,他更是一位收藏家和文物鉴赏家。近年国内的古玩拍卖活动中,屡屡出现钤有李廷钰(或称"壮烈伯")的收藏章和题跋的明清名画拍品。此外,李廷钰还有《秋柯草堂文集》和《美荫堂书画论跋》等著作。

与李廷钰同样值得探讨的另一位水师提督是杨岐珍。杨岐珍,字西园,安徽寿县人。早年投身淮军,在镇压太平军、捻军的作战中,屡立战功,由行伍出身升至副将、记名提督。1884年中法战争中,杨

杨岐珍题刻

清代武将题刻多

杨岐珍题刻

李若骥题刻

岐珍率部重创了法军远东舰队。1892年，杨岐珍升任福建水师提督，接替前任的彭楚汉继续督造胡里山炮台，同时还渡台加强防务。杨岐珍在厦门前后十一年，在此期间，他在福建水师提督署的后山，即今"厦门城"遗址的巨石上题刻了两段摩崖石刻，一为"山环水活"，楷书，署款"光绪乙未（1895年）嘉平月吉日，寿春杨岐珍题"。一为"仰之"，隶书，署款"西园"。

在厦门其他石刻上题有名字的还有彭楚汉和洪永安两位福建水师提督。彭楚汉，字纪南，湖南衡阳人，同治十三年至光绪十九年（1874—1893）任福建水师提督。彭楚汉擅丹青，工画梅，与吴大经（纶堂）、苏元（笑三）并称"同光厦门三画家"。厦门中山路的南寿宫楼下有彭楚汉所立的光绪壬辰（1892年）《建房收租敬赠各寺庙香资碑记》，但不一定是其亲题。洪永安，河南商城人，早年投军，参加镇压捻军和陕甘回民起义之战，后升至副将加总兵衔。中法战争之役，在闽江口的长门炮台与法军死战。1905年任福建水师提督。1908年美国大白舰队访问厦门，洪永安作为东道主之一参与接待。事后，以他为首的厦门官绅在南普陀寺刻石为记。但石刻的字非他所题。

福建水师提督以下的将领在厦门的摩崖石刻，还有福建水师参将李若骥在万石岩所题的行书"耸翠"两个大字，署款"银同李若骥题"。银同是同安的别称。李若骥，同安人，行伍出身，康熙六十一年至雍正

邱炳忠题刻

清代武将题刻多

五年（1722—1727）升任福建水师提标中营参将。

邱炳忠应该算是清代最后一位在厦门有摩崖题刻的水师将领了，他所题的"渐入佳境"四个行楷大字，位于虎溪岩寺前的巨石上，落款为"丁卯（1867年）仲秋，男爵邱炳忠书"。邱炳忠，金门人，系浙江提督、邱良功之孙。邱良功在追剿蔡牵的海战中阵亡后，清廷赐封三等男爵，由子邱联恩袭爵。南阳总兵邱联恩后来也死于镇压捻军之役，遂由族子邱炳忠过继以承袭爵位。据近代海军史料载，1874年邱炳忠曾担任过福建水师"扬武号"巡洋舰的大副。邱炳忠戎务之余也喜爱文事，同治十三年（1874年）重刻过宋代丘葵的《钓矶诗集》。

名刹曾经作"客厅"

　　我国对外友好交往历史悠久，汉武帝时代，在长安设有蛮夷邸，招待来自西域的使节和商人。北魏迁都洛阳，也在城内兴建了四夷馆，唐、宋时期又改称四方馆。京城以外那些外事往来多的地方也设有接待机构，如唐代扬州的日本馆。北宋政和年间闽南泉州的来远驿，南宋时期杭州的都亭驿、怀远驿等均是。明代北京设有会同馆款待"四方之夷"，而福州的柔远驿则因主要接待琉球来客而出名，故另名为"琉球馆"，该馆一直沿用至清代。这些邸、馆、驿等等机构，有点儿类似现代的涉外宾馆，也可以算是古代历代王朝的"客厅"。厦门辖区内古有同安的大轮驿和灌口的深青驿，设在官道边。但它们都只是内部使用的邮传机构和公务"招待所"，没有涉外功能。

　　鸦片战争期间，国门被列强的"坚船利炮"轰开，"万国衣冠拜冕旒"的美梦遽然破灭。"闭关锁国"的清政府这才发现，泱泱大国连举办一个重要的外事活动的地点都不可得。因此，道光二十三年（1843年）八月和英国人签订中国历史上第一个不平等的《南京条约》，不得不借用南京狮子山下的静海寺。

《南京条约》在静海寺签订

名刹曾经作"客厅"

厦门也同样，尽管明末大厦门湾（月港）的海上贸易后人说起来有声有色，但到了1908年美国舰队正儿八经要到厦门来访问，地方当局也只好选择在五老峰下的南普陀寺来接待。一时，南普陀寺成了厦门，甚至是中国对外的"客厅"。

然而，南普陀寺并不是生来就有这个殊荣。现存于寺内的一些石刻上面的文字，将会告诉我们，这个"客厅"是怎么形成的。

当然，首先是南普陀寺自身得天独厚的地理优势使然。它的前身是普照寺，地处厦门岛的南部，背后是挺拔秀丽的五老峰，山门朝向大海。明代邑人刘汝楠有"树色摇山殿，江声到寺门"之句夸奖之。崇祯年间任太常寺卿的邑人林宗载更是在他题刻的那通《田租入寺志》石碑中赞美道："吾禾山普照寺，五老开芙蓉于后，太武插云霄于前。骊龙探珠，吞吐日月。左右钟鼓，对峙两肩。每风雨晦明，若有击撞之状。蜿蜒之下，飞泉历落，可以濯缨；石洞玲珑，可以逃禅。岛屿参差，渔火四照，山光水光，上下一色，凡来游鹭门者，皆延清揽爽于此，真吾禾胜地也。"尽管到了清代，海水已经退给寺前一片旷地，时人还是觉得到此不甚方便，不如"厦门城"周围山中的虎溪岩、天界寺、万石岩的这些寺庙咫尺之遥，抬腿就

鸦片战争后的南普陀寺

到。所以乾隆时期"五老凌霄"名气虽大，但喜欢到处题刻的黄日纪和那些"云洲诗社"的社友们却懒得在此多留些墨宝。其实在清初底定台湾之后，靖海将军施琅于康熙二十三年（1684年）在普照寺的边上建了寺院，且改名为南普陀寺。到了乾隆中叶黄日纪编《嘉禾名胜记》时，也看到施琅重兴的南普陀寺"寺后山石峭拔，寺前土地平衍，田园一望无际"，而且"琳宫琼宇，规模壮丽"，但他还是坚持把自己为数不多的纪游诗统统归入"普照寺"名下。个中曲直，就无从稽考了。

迨至乾隆五十三年（1788年），为炫耀统治者镇压林爽文、庄大田反

明代田租入寺志碑

清起义的文治武功，乾隆皇帝爱新觉罗·弘历亲自撰写了《御制剿灭台湾逆贼生擒林爽文记事语》、《御制平定台湾告成热河文庙碑文》、《御制平定台湾二十功臣像赞序》和《御制福康安奏报生擒庄大田纪事语》等四篇碑文，由厦门海防分府刘嘉会督造，分别镌刻为四通丰碑，每通碑的正反两面各刻以满汉文字，并各以赑屃为座，置于饰有琉璃瓦的碑亭中。同时，在台南的赤嵌楼下也竖立起与南普陀的《御制平定台湾二十功臣像赞序》、《御制福康安奏报生擒庄大田纪事语》在内容文字与形制纹饰等方面完全一致的两通丰碑，分别在台厦之间的这两通碑唯大小尺寸稍有不同，厦门四碑均为高300厘米，宽128厘米，厚12厘米。而笔者在台南所测量的两碑均为高321厘米，宽144厘米。另外，在台南两碑的旁边还有一通乾隆御笔

名刹曾经作"客厅"

的《命于台湾建福康安等功臣生祠以志事》碑（高317厘米，宽142厘米）。有清一代如同这么高规格的御制碑之在厦台两地同时竖立，堪称首例。让这些丰碑隔着海峡遥相对应，应该是彼时当局用心之所在。因而面临东海，又是"琳宫琼宇，规模壮丽"的南普陀寺必然成为竖碑的首选之地。

现在，我们走进南普陀寺的山门，一眼就可以看到移到新址的碑亭。这四通御制碑是有关闽台关系的重要文物。乾隆五十一年（1786年）十一

乾隆帝御制碑廊

月，台湾南部的彰化、凤山等地爆发林爽文、庄大田领导的大规模反清起义。乾隆皇帝自己也承认："盖自康熙二十二年平定台湾之后，历雍正逮今乾隆戊申百余年之间，率鲜卅岁宁静无事，而其甚者，惟朱一贵及兹林爽文。"起义军的势力很快就"蔓延猖獗，全郡骚动"，朝廷当即派遣闽浙总督常青、福建水师提督黄仕简、福建陆路提督任承恩等重臣统兵由厦门港入台合剿，结果相继被起义军击败。第二年八月，不得不改派陕甘总督福康安为将军，海兰察为参赞，带着"巴图鲁、侍卫、章京等百人"率领从川、湖、黔、粤抽调而来的"精兵万人"由厦渡台，经过残酷的镇压，"于正月初四日在老衢崎地方将林爽文生擒解京"。继而又捕获了另一个起义军

[151]

首领庄大田。爱新觉罗·弘历认为这次台湾戡乱的意义足以和清初的"平伊犁、定回部、收金川"那三件大事相伯仲。值得留意的是该碑文还记载当年台湾的吏治隐患。它说"台湾远隔重洋",从前"升调之员"皆视为畏途,后来岛上"物产丰饶"了,又把它当作乐土。原因是官场腐败滋生,动辄"婪索陋规,每年竟至盈千累万"。乾隆皇帝看到福康安等人打来的小报告,龙颜大怒,表示要"严加惩治,以儆官邪"。类似这样的记载碑上还有一些。可见这四通碑刻除了涉台的现实意义,其史料价值也不可等闲视之。

自从天子的"宸翰纶音"刻制成石碑屹立在山门外,南普陀寺就开始沾到了"皇恩浩荡"的光。封建专制社会皇权至高无上,御制碑就是圣迹,守土官吏焉敢不时时加以呵护维修?于是,御碑所在的寺庙自然也就得到官府的"爱屋及乌",屡屡得到捐资倡修。这等"恩泽",别说厦门,就是闽南各地的名寺古刹也是望尘莫及的。

第一次动工是在碑亭建好之后,刘嘉会发现原先的规划欠妥,御碑亭与寺庙建筑"势联而形弗贯","无以昭敬谨而肃观瞻",因而于乾隆五十五年(1790年)二月自己出钱请人铺平场地,同时还为御碑亭设置围栏,使之"轩昂巍焕,亭与寺协一而不虞杂沓焉"。事竣,刘嘉会题刻了《普陀寺前捐廉墁地树栅碑记》嵌于东庑寺壁。刘同知官小没

乾隆年间刘嘉会碑刻

资格在御碑上留名，要不是他用心良苦，至今我们还真不知道当年奉旨施工者是谁。

在刘嘉会的"堑地树栅"竣工后不久，时任兴泉永道的胡世铨也抓紧机会"倡捐修葺"了南普陀寺。事后于"乾隆五十六年（1791年）岁次辛亥七月"题刻了《重修南普陀寺记》。碑记申述修葺寺庙是因为"寺前建竖御碑亭四座，复以黄瓦，绕以丹垣，望之翼然宏丽，顾兹庙貌益形萧疏"，不相对称，所以和时任福建水师提督的哈当阿两人联名倡修，发动在厦的"文武各官以及绅耆士商等""踊跃输诚"。经笔者对所附的另一通《重修南普陀寺捐资芳名碑记》（原碑无题）中各人捐款的数额进行统计，总共捐银为洋银4210大元，其中哈当阿、胡世铨和刘嘉会等官员都各捐了100大元。结果"阅三月而殿亭廊庑焕然聿新，与碑亭位置天然，固居然海滨胜地也"。胡世铨意犹未足，同年年底（"乾隆辛亥岁仲冬"）又请原任奉节知县的同安进士郭迈在寺内"六月寒"洞口的巨石上，再题刻了一段名为

胡亭记

《胡亭记》的摩崖石刻，复述这次修缮寺庙和为自己建亭的经过。

　　胡世铨的那次大规模重修以后，至清末好长一段时间，该寺应该还有过一些维护或修葺。其间，同治己巳（1869年）秋季，福建水师提督李成谋、兴泉永道曾宪德和厦门海防同知马珍重修了御碑亭和南普陀寺，规模应当较为可观。这次重修可能出之"官帑"，因此事毕后，主事者在今寺务处后面的巨岩上只留下两行隶书题刻。笔者怀疑这次的重修与同治四年（1865年）湘军郭松林部驻扎在寺庙里有关。这一年，郭松林受李鸿章派遣，"率五千人航海"到厦门转入漳州、永定等地，围剿进入闽西南的太平军李侍贤、汪海洋残部。郭松林在寺内一段摩崖诗刻的后跋里说："同治四年三月，统率六师航海援闽，驻军南普陀。"五千人马同时挤在一起操兵练武、吃喝拉撒，佛门清静之地肯定被弄得一塌糊涂。最后只得由地方官府解囊收拾。

　　此前，咸丰十一年（1861年）孟春，厦门人虞玉如等捐资则在寺后重修迎胜轩和扇亭，时郭部湘勇尚未入驻也。有"十全堂"所立的《重修南普陀寺后迎胜轩、扇亭记》摩崖石刻存焉。

　　其最后一次大修是在光绪十三年（1887年），离御碑亭的建造正好100年。主持重修的也是兴泉永道，名叫奎俊（字乐峰）。起因是光绪十三年（1887年）二月他刚到任，"制府湘乡杨公"即时任闽浙总督的杨昌濬便到厦门来"较艺"。不料到了"门列御制平台纪功四碑，历叙战绩，为佛默相之"的名刹南普陀寺，杨总督大

郭松林诗刻

吃一惊，遂对陪同的奎俊说："殆矣哉！（该寺）虽无上雨旁风，而榱题中朽，不绝如缕，亟宜庀材，以肃观瞻！"杨制府不仅带头认捐400两银子，还指定福建水师提督彭楚汉为助理，赶快把南普陀寺修好。上级领导对御碑亭和南普陀寺如此重视，诸文武下属敢不闻风而动，纷纷踊跃认捐？于是乎闽南各州、县的大小官员，福建水师驻守闽南各汛地的营将，甚至"北洋水师各铁甲兵船"也争着解囊，厦门的"十途行郊"、"洋药"（鸦片）商和其他富商更是不甘落后。这回共捐得银子"九千零六十九两二钱七分"（其中有近一半是洋银折算成中国银两）。至于重修佛刹的缘起和捐款与开支等情况，当年十一月奎俊都题刻在同名为《重修南普陀碑记》的两通石碑上。是不是奎道台平白捐了银两有些不爽，所以他在碑文中很无奈地说，他之所为全都是因"属在臣庶，敢不恪恭奔走"，却一个字也没提到修后的庙貌如何焕然一新。

光绪十三年重修后，美国的大白舰队定于1908年10月30日（农历十月初六日）访问厦门。南普陀寺作为中国东

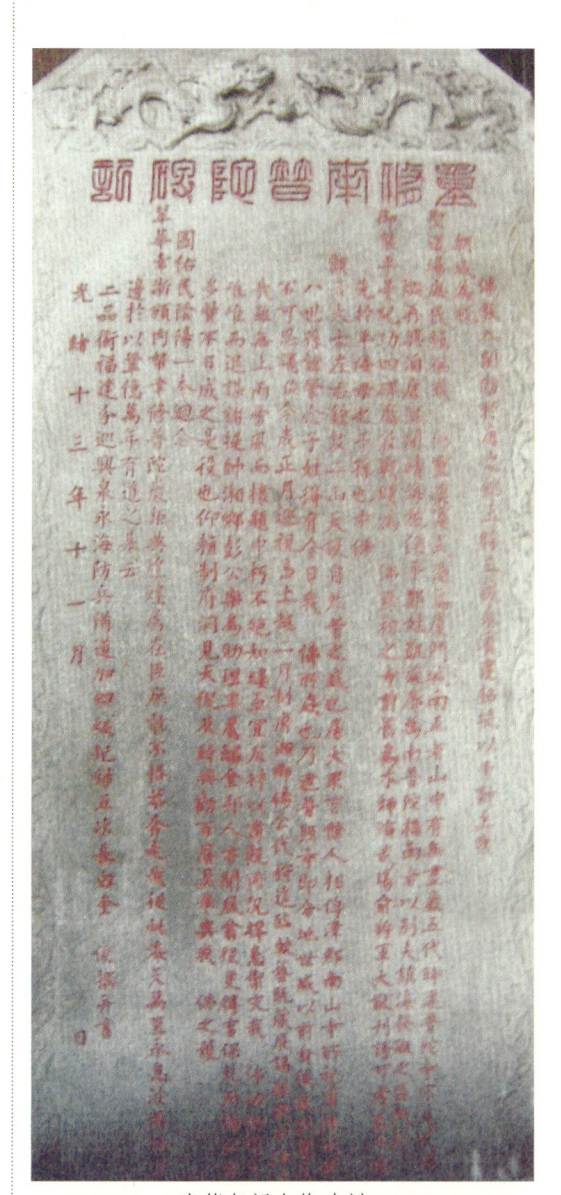

光绪年间奎俊碑刻

南重要口岸的"客厅"作用真正发挥出来。事先，兴泉永道刘庆汾为了在"上宪"面前露一手，赶紧向在厦的新加坡、仰光等地的侨商和其他富绅大户倡捐，在寺前凿建了一口"放生池"。幸运的是这口"放生池"正好赶得上（落成时为光绪三十四年十月）。建池的同时刘庆汾还题刻了《南普陀放生池碑记》（共两通，其中一通为捐款芳名碑），特地用"四六体"的骈文一展风采。在碑文中，刘道台赞美南普陀寺"屏列五峰，耸峙于后；流环一带，潋映在前。兼以翠竹苍松，足供赏心乐趣；鲜花异果，频闻扑鼻余香。时而鼓振暮天，正云破月来之候；时而钟鸣晓曙，有鸾翔鹤舞之欢"，还夸耀说他所倡建的这口放生池"上则翼以石栏，玲珑四面；下则光同宝鉴，辉映九霄"。写到得意之处，刘庆汾不知不觉说漏了嘴。他说凿建这口放生池是菩萨托的梦，好让"水族遂生生不已之机，非徒壮寺外之观瞻也"。想必他在鼓动华侨和富商们慷慨放血的时候就是这样说的。要是刘庆汾老老实实说出他的本意，说不定我们今天就看不到这口放生池了。

放生池碑

名刹曾经作"客厅"

到访的美国舰队一口气来了官兵5000人，幸亏南普陀寺前有一片作为演武场的开阔地，这种环境优势是岛内其他地点绝对无法替代的。于是，清政府利用这个场所兴建迎宾彩楼和洋式操场，起盖了10座宴会大厅。南普陀寺内外张灯结彩，摆设奇花异树。舰队官兵抵厦活动头尾总共6天，南普陀寺作为"客厅"大出风头，附有其大悲殿全景照片的精美手册随后被带回大洋彼岸，成了异邦人了解东方文化最初的一张名片。

宣统二年（1910年）季春，美国东方舰队又带着银杯，来厦门感谢两年前清政府的那次盛情接待。同年10月，"大美国太平洋各省二十五位商会代表团"也来到厦门访问，由厦门商会出面接待。这两次接待都在南普陀寺。虽然商会的访问可能属于民间交流，没有欢迎美国舰队那样的盛况，但还是"一时之盛会也"。美国人毕腓力在其《厦门纵横》（In and about Amoy）一书中写道："厦门商会在极其豪华地布置着两国国旗和人造花的南普陀寺的游廊里，为访问者和受邀贵宾举办盛宴。"尤有意义的是，菜单还附着一幅有中英文说明的画片，上面印着那段记述美国舰队访问厦门的摩崖石刻和南普陀寺的历史沿革。南普陀寺作为厦门的"客厅"，至此被隆重推出。

从南普陀寺及寺后五老峰下的石刻来看，先后有不少来厦的高官显宦、知名人士在此"客厅"留下墨宝。石刻中有的是纪游题刻，如光绪十九年（1893年）郑观应等人的题刻、光绪乙未（1895年）易顺鼎等人的篆书题刻，以及宣统元年（1909年）载洵等人的楷书题刻等。载洵是满洲镶白旗人，光绪皇帝的弟弟，郡王衔贝勒，与海军提督萨镇冰同为筹办海军大臣，正奉旨准备率团赴欧洲考察。不用说他们两位身份有多高，就是随他们来的那些官员哪个不是花翎顶戴，炙手可热？郑观应（南普陀石刻作"粤东

1908年的南普陀寺大悲殿

郑陶斋官应）至少也捐了个道台衔郎中的官，何况和李鸿章等洋务派大臣交情至深，时任轮船招商局总办等要职。易顺鼎虽然是个诗人，但甚得湖广总督张之洞的赏识，也曾被保荐为候补道加按察使衔，二品顶戴。到厦门之前，台南的官绅还请他权理台湾道篆。留下墨宝的或许是因为他们中有诗人、书法家，没有题辞刻石的大官则不知凡几。按照惯例，他们少不了到南普陀寺一游。无形中，这座名刹就成了清政府地方当局的客厅。

僧人中彩修寺庙

僧人中彩修寺庙

大清光绪三十三年（1907年），厦门天界寺的方丈锦晓和尚，和住在寺里的俗家弟子李清洗两人合买了一张"川汉"彩票，结果中了头彩。正好寺庙修理资金短缺，两人便把所得的大奖捐出去。这绝对不是"八卦"新闻，天界寺的墙上所嵌的那通年款为光绪三十三年葭月的《重修天界寺碑记》就清清楚楚地题刻着：

"……（天界寺）待修孔亟。一夕，寺僧锦晓和尚忽梦神告之曰：'财非难也，得其人、得其时之为难。此月川汉彩票将为厦门人所得，子其图之。得其财以修吾庙，亦犹夫捐赀也。然子福薄，司中有李清洗者，可与之谋也。'锦晓醒而语清洗，共购一条，果中首彩。因而鸠工备材，以六月兴工，葭月落成。是役也，计费二千余金，出于锦晓者半，出于李清洗亦半。"

1907年前后，厦门奖券市场的形势如何，今人哪得知晓。但连出家人也按捺不住，都要下山买彩票，当年那场面如何就可想而知了。

实际上，彩票这种抽签对奖的行当之传入我国，无非也是在锦晓和尚中大奖的那几年，可见当年厦门曾得风气之先。彩票，《辞海》（1999年版）解释为："以抽签给奖方式进行筹款或敛财所发行的凭证。"它的英文名字叫Lottery ticket，有人把它译作"乐透"券。据说它最早出现在意大利，时至今日意大利人发行的彩票仍居世界第一。日本人热衷于买彩票，每年的9

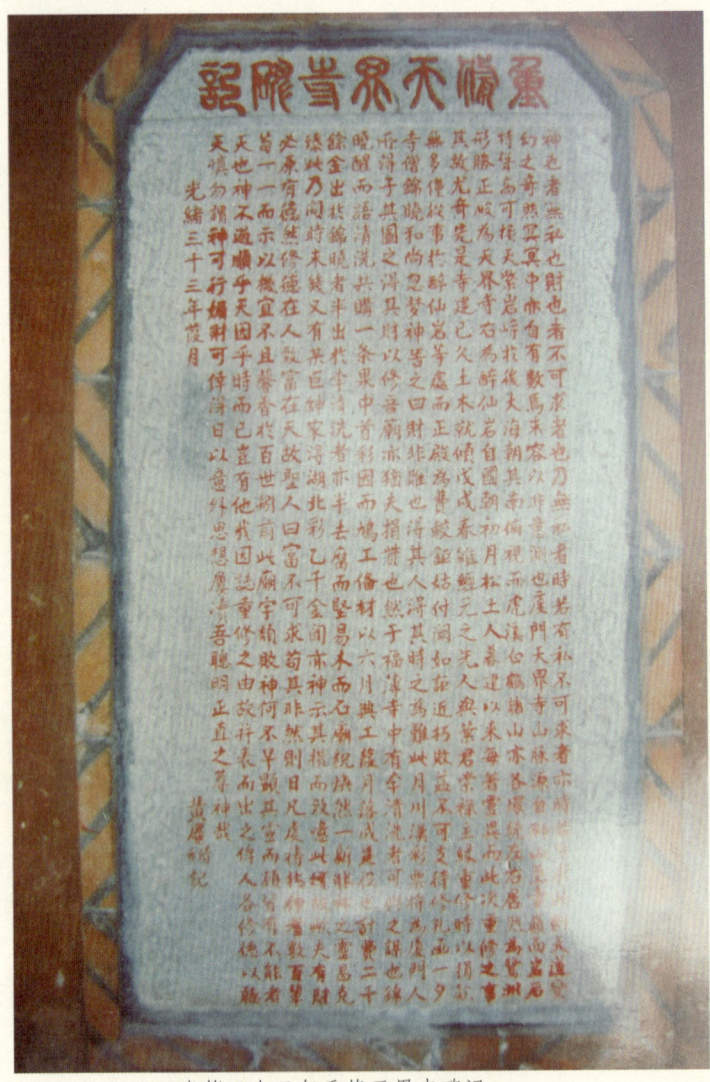

光绪三十三年重修天界寺碑记

月2日还被定为"彩票节"。19世纪末,彩票最先在我国上海流行,当时人叫"发财票",民间又称"白鸽票"。后来江苏、安徽、湖北等省借赈灾等名义,由官方发行过彩票。天界寺的锦晓和尚和李清洗合买的可能就是这款彩票。

结果,锦晓和尚和李先生一夜之间变成当地的"彩王",而且把奖金悉数捐给寺里充作维修经费,这些应该都是实话。不过,碑文的作者要说的

僧人中彩修寺庙

是，他们之所以中大奖，乃得到神的托梦。为的是天界寺自"国朝初月松上人募建以来"，到了光绪四年（1878年）才对醉仙岩进行过一次大修（见光绪四年《重修醉仙岩碑记》）。尔后因丁亥年（1887年）"厦港火药局毁，殿壁动摇"（同上），戊戌年（1898年）又再修一次（见光绪三十年《重修天界寺碑记》）。但最后这次重修因信众所捐的资金不足，"仅侧重在醉仙岩等处，而正殿（指天界寺部分）为费较钜，姑付阙如"。于是，神托梦给锦晓和尚说，"财非难也，得其人、得其时之为难"，这次购买"川汉"彩票准得大奖。同时又指定他和李清洗两人共同购买，中了奖赶快回来修寺庙。碑文作者可能觉得意犹未尽，还说"未几，又有某巨绅家得湖北彩乙千金，闻亦神示其机而致"。两次中奖都是事先得到神明的指导，你老百姓还能不信天界寺"仙公"的昭昭灵验？

然而，这天界寺怎么又称起醉仙岩？碑文中为何是由神（仙公）而不是诸佛菩萨来托梦给和尚？这话还得从头说起。道光《厦门志》说，天界寺所在的"山距城半里许……陟其上，叠翠并峙，城垣庐舍环抱，足下海潮隐隐有声"，最初是奉祀"九仙"的地方。据万历癸未（1583年）倪冻的《醉仙岩记》说，当地有位"池大夫"因发现此山石洞中的泉水"水浆色，味甘，恍似锡山第二泉，可为酒，其名'醉仙'。以此故，乃筑小井，前后各室一区，塑九仙祀之。"（见

天界寺历次重修碑记

《厦门志·艺文略》）于是，那石洞便名为"醴泉洞"，洞口有万历十一年（1583年）傅钺题此三大字。奉祀九仙的祠便名为"醉仙岩"。今未入山门，仰头便可见到万历壬辰（1592年）傅钺所题的"仙岩"和"天界"那两段巨大的摩崖石刻，楷书字迹严谨刚健，刻工精美，所体现的不外是道家出世的思想。

醴泉洞的洞左石壁上还题刻着"池怀绰开造"五个大字。池怀绰是谁？后来我们查到明代厦门名宦池浴德写过一部《怀绰集》，才知道"池大夫"自称"池怀绰"，也就是池浴德。池浴德不但官大，人品也好。他于明嘉靖四十三年（1564年）中举，第二年便登进士第，后来累官至太常寺卿。池浴德被厦门人称道的还是他为官清廉。志书说他在吏部当官时父亲去世。他只带着45两银子回厦门奔丧。其母见状，很自豪的对人说："俗话说当官就像银花树，我儿子可是一棵无花果啊。"池浴德致仕退休后，就到这里开洞喝水，修身养性。由于名人效应，醴泉洞连同那口井在厦门人心目中也就"有仙则灵"了。于是后人称醴泉洞为"仙洞"，时常跑到醉仙岩这座祠中来"问"仙梦，以卜吉凶。

到了清代乾隆年间，厦门来了位龙溪黄日纪，家里有钱又喜欢作诗交朋友。他早些时候曾在醉仙岩读书"习举子业"，和一位月松和尚有方外之交。后来黄日纪发心资助月松和尚在洞的上面建佛寺，名为天界寺。其

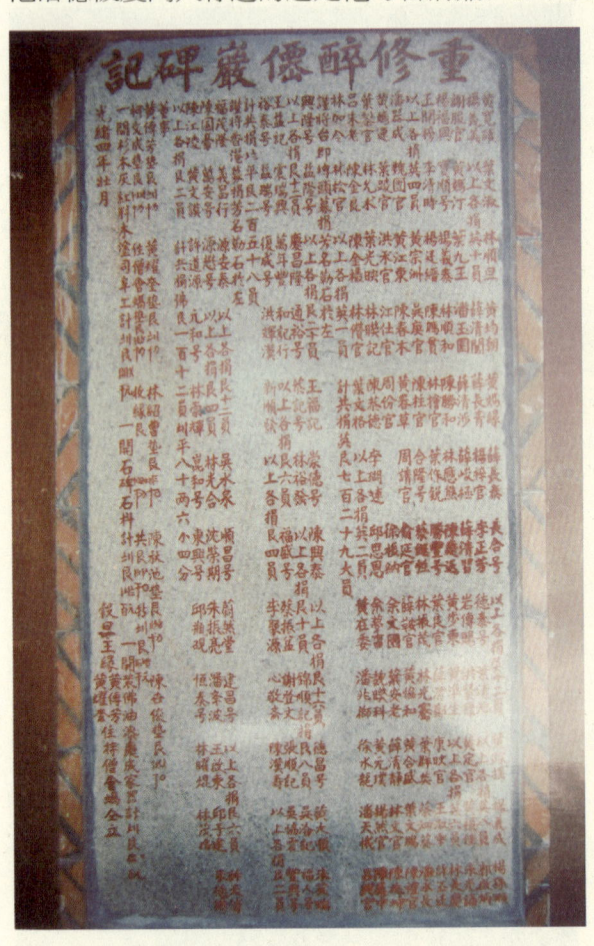

天界寺历次重修碑记

僧人中彩修寺庙

位置正如寺中那通《重修天界寺碑记》上所说的"正殿为天界寺，右为醉仙岩"。于是礼佛求仙，各行其道，只不过都由和尚来掌管。然而，厦门人都是冲着到"仙洞""问"仙梦而来，所以历来佛祖的香火也靠"仙公"而兴。以至于光绪四年第一次大修，便先修醉仙岩，还加盖一座朝斗楼。动工之前除在本地，也派人前往广东、台湾和吕宋的马尼拉等地向信众募捐。竣工后主持工程的会融方丈还表示，此举要"使厥后栖真元士有所宗止"，并把这些话刻在石碑上。1898年的那次重修，尽管"捐款无多"，仍以"香资所自"的醉仙岩为先。

天界寺自乾隆年间建成后，碑文竟没有只字提到该寺一百多年间的维修记录。光绪三十年"寺建已久，土木就倾"，再不修说不定往后就没机会了。好在作为第一把手的锦晓和尚亲自买彩票，而且博得了大奖"二千余金"，终于把寺庙修起来。妙就妙在锦晓和尚事后绝口不提自己运气好，反而说是多亏"仙公"托的梦，让"仙公"的知名度一下子得到提升。当然，最终"双赢"，皆大欢喜。

光绪年间厦门出家人买彩票的事，读来不但有趣，而且还是近代地方社会经济史的一则史料。当然，是不是真有神明梦中来指导，除了锦晓和尚谁能讲得清？不过，光绪三十三年的《重修天界寺碑记》中还有一段话，也颇有深意。碑文说："修德在人，致富在天。故圣人曰：'富不可求'。……俾人各修德以听天，慎勿谓神可行媚，财可幸得，日以意外之想，屡渎吾聪明正直之尊神哉！"其意思是告诉后人，提高人的道德修养最要紧，千万别存"一夜暴富"之野心，而来求神拜佛，这样会亵渎神明的。这些话，其他碑文似乎还没有读过。

鹭门仙佛用"番银"

近年来，闽南漳州地区屡有番银出土。番银，就是外国银元。明隆庆元年（1516年）开放海禁，番银大量进入月港，换回瓷器、纺织品、工艺品等中国商品。从清中叶至民国初期的一些地契、文书上，还可以看到当时以"番银"作为结算币的现象。番银在闽南地区的使用究竟始于何时？明末顾炎武的《天下郡国利病书》说过："西班牙钱用银铸造，字用番文，九六成色，漳人今多用之。"但到目前为止，我们似乎还没有找到明末闽南人使用番银的文物实据。

为此，我对厦门现存有涉及到捐款的各种碑记进行调查，据不完全统计，现有有捐题名录和金额的石碑共126通，其中康熙朝7通，雍正朝3通，乾隆朝23通，嘉庆朝15通，道光朝25通，咸丰朝3通，同治朝7通，光绪朝43通。

在康熙朝的7通碑记中，分别是：捐款以中国银两者4通，全用外国银元者1通，以中国银两和外国银元并用者2通。

使用中国银两的是：康熙三十年（1691年）《重修深青茂林庵功德碑》（在灌口镇深青村），康熙三十六年（1697年）海沧青礁慈济东宫的《吧国缘主碑记》（这些在海外当"甲必丹"的郭天榜、林应章等"大檀樾"捐的却全都是中国银两），康熙三十八年（1699年）灌口镇深青村的《重建深青桥志》和康熙己卯（1699年）《云顶岩何氏建造僧舍题刻》。

全部使用外国银元捐款的是：康熙三十五年（1696年）角美（原属同

鹭门仙佛用"番银"

安）的《重兴龙池古刹碑记》。这次捐款比慈济东宫早一年，但郭天榜、林应章等"大檀樾"捐的是"大钱"各若干员。这些以"员"记数的"大钱"肯定是番银。

中国银两和外国银元并用的是：康熙四十年（1701年）的《重建饮亭桥碑记》（现存同安博物馆）。在信众的96笔捐款中，用"大员"和"中员"捐款的有56笔，其余捐的是中国银两。其次，康熙壬寅（1722年）的《郎公祖捐俸兴建改图碑记》（现存于同安博物馆）中，有"生员颜维礼助银一大员"、"乡宾陈嘉贞助银四大员"。以上这些人所捐的"员"、"大员"和"中员"也是番银。

雍正朝使用银两捐款的碑刻

可见，至迟在康熙三十五年（1696年），厦门同安的佛祖已经接受过"番银"的供养。

厦门同安的佛祖受用的是哪种"番银"呢？

我们有必要把"番银"的来历做一番简单的回顾。明朝末年，西方国家开始把殖民扩张的中心转移到远东海域。1522年葡萄牙人被逐出我国广州，便开始在浙江的双屿和福建的大厦门湾（月港）干起走私贸易的勾当。西班牙人也于1520年起在菲律宾开辟殖民地，同时把触角伸向中国，到过大厦门湾（月港）做买卖。荷兰人1600年才来到远东，先是在印度尼西亚的巴达维亚（今雅加达）实行殖民统治，1624年占据我国台湾之后，开始骚扰我闽南沿海地区。英国人虽也尾随而来,但气焰之嚣张还是在近代鸦片战争以后。

有商贸往来,就有货币的流通。

"十字币"是流通较早的一种"番银"。它是西班牙于1535年起在其海外殖民地用手工打制的银币,因正面图案有十字架,故名。它又称作"本洋"银元。但闽南人则俗称为"块币"或"锄头锲子银",这种外来银币易于分合,便于转移或携带,而且成色和重量划一等中国银两所不具备的优点,所以它一拱进来很快就站住脚。近代到鼓浪屿创办英华书院的英国牧师金禧甫（H.F.Rankin）曾把他在海边捡到的几枚"十字币"拍成照片刊登在1908年伦敦出版的《二十世纪中国商埠志》。第二种是"马钱",又称"马剑"银币,清代王大海《海岛逸志》说:"荷兰以银铸圆饼钱,中有番人骑马持剑,名曰'马剑'。"荷兰"马剑"银币铸于1659—1798年,它的外形有圆和半圆两种。圆形的"马剑"银币重量足,成色好（一元折合中国库平8.67钱）,因而在闽南地区流通也较广。

清康熙年间厦门信众捐给佛祖的可能就是荷兰的"马剑"银币。

至于"花边钱"、"鹰洋"、"佛银"等等番银,那是1732年以后的事。1732年西班牙用螺旋滚压机制造银币,因币齿边缘有一圈百合花的图案,故名。又因其正面图案为王冠覆盖下的东西半球,两侧是象征大力神的双柱,所以又称作"双柱地球"币（收藏界称"旧双柱"）。这种银币发行后在中国沿海流通较广。"鹰洋"又简称作

西班牙十字币

美国牧师金禧甫在厦门发现的西班牙古银币

荷兰马剑

鹭门仙佛用"番银"

"英洋"或"英银",乃1824年在墨西哥铸造的。鸦片战争后大量流入我国。此外,还有一种"佛银"。1771年"花边钱"停铸后,改铸有西班牙国王头像的"双柱本洋"币(收藏界称"新双柱")。由于闽南民间不清楚银币上的国王和外文,将其统统称作"佛银"或"佛头银",闽南有的地方还叫做"鬼仔脸"银、或"新烛台",因币上的"双柱"与民间敬神拜佛用的烛台有点相似。其他流入中国,尤其是闽南沿海地区的番银,主要有墨西哥银元,还有荷兰盾(1815年后铸造流通)、菲律宾"比索"(1861年西班牙在菲律宾铸造)、"香港壹圆"币(1866年英国在香港铸造流通)、日本龙银(1870年铸造流通,采用中文标值)、美国贸易银元(1873年铸造流通,闽南民间又称作"美国拿花银元")、英国"站洋"币(1895年英国在印度孟买铸造,正面有中文)等等。

西方国家利用"番银"为工具对"大清帝国"的经济渗透,为时甚早。学术界把乾隆朝定为外国银币进入中国的扩张期。除了已在闽、粤流通的"十字币"、"马剑"外,"双柱地球币"("花边钱")和"佛银"等外国银币开始大量涌进中国(乾隆五十七年(1792年)厦门海沧的《重修海印堂众善信刻石题名记》已出现信士各捐"佛银"的记载)。据《清朝文献通考·钱币考·四》的"乾隆十年(1745年)条"记载:"至于福建、广东近海之地,又多使用洋钱。其银皆范为钱式,来自西、南二洋,约有数等:大者为马钱,为海马形。次者曰花边钱。又次为十字钱。……闽、粤之人称为番钱,凡荷兰、佛朗机诸国商船所载,每以数千万元计。"据千家驹等学者估计,道光

双柱地球币(1732年)

佛银(双柱本洋,1771年)

墨西哥鹰洋(1823年)

英国站洋（1895年）

前的140年间，输入的银元总数约合白银八九千万两以上[1]。外国银元不仅在东南沿海，连北京也在流通使用。乾隆时期的宠臣和珅后来家产被查抄，光是"番银"一项就抄出58000枚。

我们将厦门所有乾隆和光绪年款的捐款碑刻中所出现的"番银"和中国银两作一番比较，大体上就可以看出鸦片战争前后"番银"对中国渗透的情况。

目前，厦门所见的乾隆朝捐款碑刻共有23通，其中以中国银两捐款者7通，全用"番银"者14通，两者并用者2通。用"番银"捐款占60%。

全用"番银"捐款的碑刻中，有两例颇值得注意。

一是乾隆二十九年（1764年）《南普陀西偏建龙王神庙碑记》。其捐款者姓名、职衔和所捐币种、数额为：

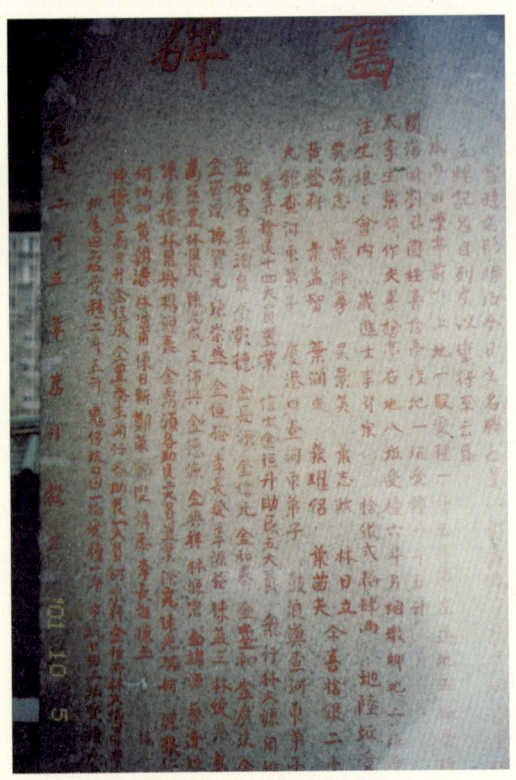

> 福建分巡台湾道兼理提督学政觉罗四讳明……捐银贰佰大员；俸满升任台湾府正堂加三级余讳文仪，台湾府正堂加一级、纪录三次蒋讳允焄，台湾府正堂加一级、纪录三次徐讳德峻，升任台湾淡防分府、纪录三次夏讳瑚各捐助银壹佰大员；台湾府台湾县正堂、纪录三次陶讳绍景，台湾府凤山县正堂、纪录三次王讳瑛曾，台湾府诸罗县正堂、纪录三次卫讳克玗，台湾府彰化县正堂、纪录三次胡讳邦翰各捐助银伍拾大员；候选詹事府主簿林讳

乾隆年间银两、洋银并用的碑记

鹭门仙佛用"番银"

登云助银捌拾大员。

二是乾隆三十九年（1774年）的《重建五通路亭碑》。所载为：

特调福建粮驿道俸满、台澎督学兵备道奇（宠格）捐银伍拾大元，台湾府正堂李捐银叁拾大元，台湾分府成捐银叁拾大元，淡水分府宋捐银拾大元，台湾县正堂解捐银□□□□，凤山县正堂刘捐银□拾大元，诸罗县正堂陈捐银□拾大元，彰化县正堂张捐银叁拾大元，台湾府经历谢捐银贰拾大元，台湾县分县杨捐银贰拾大元，俸满诸罗县分县郭捐银贰拾大元。

由此可见，乾隆年间在台湾任职的官员，其腰包里装的不是清政府统一通行的中国银两，而是"番银"。

当时民间社会除了按规定使用的中国银两外，还有形形色色、重量、成色不一的各种"番银"。货币的流通出现混乱，于是折算成了免不了的负担。这种现象，乾隆年间厦门的捐款碑已然出现。

光绪年间全用洋银捐款的碑记

如乾隆五十六年（1791年）的《疏通水道碑记》载："计题收实银乙百四十八元，折钱乙百千零六百四十文。"即1791年，184元洋银，在厦门值100640枚中国铜钱。又如同一年的《后溪定琳院捐建碑记》载："共费：银二百一十九元半；钱一百七十五千二百七十六文，折银二百三十二元半。合共银四百五十二元。共捐银：□百七十三元半；钱二十六千三百七十五

[169]

文，折银三十五元。合共四百零八元半。"即1791年，在厦门郊区的灌口一带的比率是232.5元洋银可兑换175276枚中国铜钱。或35元洋银可兑换26375枚中国铜钱。厦门岛内外的兑换率相差甚多。

整个嘉庆朝，厦门此类捐款碑刻居然无一通是以中国银两捐款的。千家驹等学者说，在鸦片战争前一段时间内（即嘉、道之际），西班牙在墨西哥制造的"本洋"——"花边钱"和"佛银"，居然在我国的货币流通中占主要地位[2]，甚至"完纳钱粮和商贾交易，无一不用洋钱"[3]。尤为严重的是，外商故意哄抬银元的价格，套现白银，使我国的白银大量被输出。道光九年（1829年），上谕说："朕闻外夷洋钱有大吉（髻）、小吉、蓬头、蝙蝠、双柱、马剑诸名，在内地行使，不以买货，专以买银，暗中消耗。每一元抵换内地纹银，计耗二三分"[4]，据清末李慈铭《越缦堂日记》说，到了咸丰五年（1865年）"每元洋银竟贵纹银一两之多"[5]。加上本地肖小之辈出于利益驱动，乘机私下仿铸"番银"，投入流通，使原来我国已混乱的币制更加复杂化。《清史稿·祁寯藻传》说："道光十九年（1839年）……（祁氏）并禁漳泉两府行使夷钱夹带私铸者。"可见这种不法行为早在鸦片战争前已经有之。林则徐在其"苏省并无洋银出洋"的奏折中，也揭发嘉庆、道光年间民间就

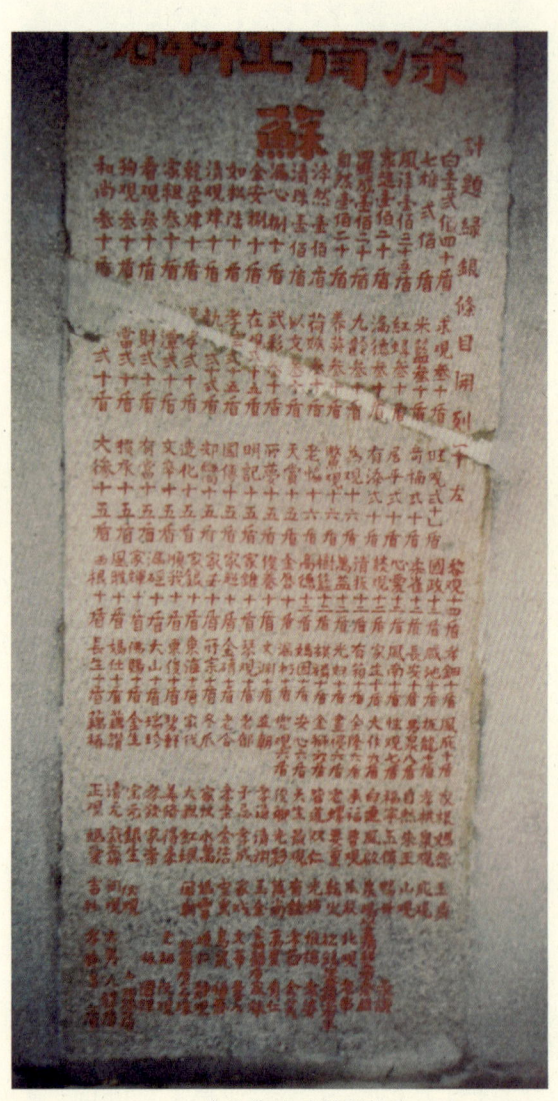

使用荷兰盾捐款的碑记

鹭门仙佛用"番银"

有人仿铸银元的现象。足见鸦片战争前后,大清帝国的币制乱象已经滋生。

厦门现存道光至光绪朝所有涉及到捐题的石碑近90通,却很少再有以中国银两捐款的碑刻。在用"番银"捐款的碑刻中,以"英银"捐款的碑刻9通,以"龙银"捐款的碑刻3通,以荷兰"盾"捐款的碑刻4通,其余均为被我们老祖宗叫做"员"、圆、大元的"大银"。其中比较难辨别的是"龙银",因为晚清时期"广东龙银"和国内其他地方机制的银元,以及1870年日本的"贸易银元",币面都有一条龙[6]。除此之外,我们认为这些"大银",大多数是"番银"。虽然道光十八年(1838年)台湾已经铸造了"老公饼"、"寿星银币",但其发行量和通行范围都有限。

清末使用铜钱的碑记

同治年间,可能军方发饷或个别官员还坚持使用中国银两。如光绪元年(1875年)《孙开华率官兵捐题南普陀寺置产碑记》记载提督军门、漳州总镇的孙开华率领"擢胜"军全体官兵给南普陀捐款,全用中国银两。又如光绪十四年(1888年)《重修南普陀碑记》所载,除了个别"行郊"用银元捐款外,当时陆路提督孙(开华)、水师提督彭(楚汉)、兴泉永道奎(俊)及其他文武官员皆用中国银两捐款。光绪壬辰(1892年)《建房收租敬赠各庙香资碑记》(在中山路南寿宫)还记载彭楚汉分配给厦门各寺庙的香资,竟用铜钱若干千文。

晚清时期,中国国内货币混乱的现象已非常严重。不但各种各样的

[171]

"番银"在成色、重量等方面都不一致，连秦朝至今仍在使用的中国银两，也因各地衡制不一而发生差异。于是清政府出台"库平"制度，以协调各官府间白银的重量。一时名目甚多，除"库平"外还有"漕平"、"关平"和"市平"等等。这就是说，一锭银子用不同的"平"来计重，往往产生不同的结果。同治辛未（1871年）的《重修鸿山寺大殿碑记》，几乎每笔"番银"捐款都要标明"库几两几钱"。有的英银还标以"足重"两字。最后统计是："总捐银叁佰伍拾伍元，计库重贰佰叁拾玖两伍钱贰分。"

　　这种混乱不堪的币制，直到辛亥革命以后才得到统一。1914年后，铸有袁世凯头像的银币（俗称袁大头）因制作精良、质量均一（每枚银币含银6.4钱有余，成色89%）遂成为全国通行的货币。从此以后，厦门的诸佛菩萨、仙公妈祖再没有接受"番银"的供养了。

注释：

[1] [2] 千家驹、郭彦岗：《中国货币发展简史和表解》，人民出版社，1982年。
[3]《中国历史大事编年》，第五卷，第447页。
[4] 转引自中国钱币学会编《中国历代货币新收获学术论文汇编》，第185页，陈国林的文章。
[5]《续清朝文献通考》，钱币二。
[6] 林南中：《闽海币缘》，西安地图出版社，2010年。

巍然片石阅沧桑

厦门市中山公园旁边的原图书馆大院，包括公园内的逸趣园，早先都在清代的兴泉永道署的范围内。物换星移，至今只剩下图书馆大楼边上的那通碑刻，它和魁星石上的一些摩崖石刻，以及附近的一对抱鼓石，让后人发思古之幽情。现存的那通碑刻，"文革"期间曾被砸成数段原地埋下，上面盖起自行车的停车棚。1984年重见天日后，经过文博同仁的认真修复，还为它建了座碑亭，人们终于看得清楚，这通清代同治三年（1864年）曾宪德撰并书的《重修兴泉永道署碑记》，确实是厦门近代史一件非常重要的文物。碑文的内容节略如下：

同治二年夏四月，英人归我兴泉永道署。冬，宪德奉命观察是邦，时台匪跳梁，军书旁午，讼狱繁兴。驻户部小衙门行辕治事，日不暇给。每坐堂奥听断，观者如堵墙，拥挤及公座。诸绅士僚属以地湫隘，请就旧署改建。窃念厦门蕞尔地，岁输常税、华税、洋税，推广厘金数十万金，加以劝捐频仍，何忍以兴筑重为市厘困？既而，思巡道内辖二府一州，外控西南诸番，为全闽保障，不可不尊体统而肃观瞻。因勉循其请，捐廉倡之。不数日，士商好义者捐宝钱六千五百八十二两零。三年四月初三日，召工削平洋楼，营度地势，坐向仍旧，而间架规模加宏敞焉。工甫毕，旋奉命入觐。因思道署自雍正五年总督刘世明奏准，以分守兴泉道满云鹣兼衔巡海，改驻厦门建署。十二年，兼辖永春州，延至乾隆四年始竣工。是时，巡道为朱叔权。乾隆三十二年,加兵备衔。五十九年,巡道德泰复行葺盖。嘉庆二十年,巡道倪琇再加改拓。道光十一年,巡道周凯又加修葺。逮道光二十五年,总督刘韵珂、恒昌貰于英改洋楼,阅今始重建。虽物之兴废若有数存乎其间,然我朝于弹丸一岛之地,武则命提督率五营弁兵守之,文则移巡道、同知驻焉。其所以镇抚斯土者,至隆极重,则道署旧制之复,新规之扩。不可谓非时政之急务也。若谓旧署地爽垲而木阴翳,偷政事之余闲,选园林之幽胜。区区之心,则所未安,谨记之以告后之君子。(下略)

其大意是:道光二十五年(1845年),"总督刘韵珂、恒昌貰于英改洋楼",到"同治二年(1863年)夏四月,英人归我兴泉永道署",这座道台衙门被入侵的英军占据头尾19年。第二年,即"(同治)三年四月初三日,召工削平洋楼,营度地

重建兴泉永道署碑亭

势,坐向仍旧,而间架规模加宏敞焉"。事竣,董其事者、兴泉永道曾宪德撰书此碑文,并立石,高217厘米,宽113厘米,厚10厘米。此外,在附近魁星石上也有一段同治十年(1871年)秋,继任兴泉永道的潘骏章所题刻的摩崖,其所刻文字也载:"至同治癸亥(1863年),英人归还旧署,体制已非。观察曾公鸠资建复,规模壮丽,洵有功也。"

这头尾19年间,英人拆平道署的建筑物,在原地建了一幢"洋楼"。当时厦门诗人林树梅可能见证过此过程,因此他在《啸云诗钞》中有一首《观筑夷楼》诗写道:"危楼三叠势凌空,版筑劳劳夕照中。地接鲸波帆影乱,栏齐雉堞笑声通。民居官舍嗟同毁,旧鬼新魂怨不穷。俯瞰孤城如斗大,玻璃窗牖自玲珑(以道署改为楼,高出厦城数倍,附近民居冢墓皆侵

巍然片石阅沧桑

削焉）。"它是一条有关英人所盖"洋楼"唯一而且最直接的中文史料。但这座"洋楼"的具体用途，林树梅没说。

近年来为了配合鼓浪屿"申请世界遗产"的工作，我根据《重修兴泉永道署碑记》等石刻所提供的线索，着手阅读了一些相关的中英文档案资料，发现这座"洋楼"乃英国在厦门所建的第一座领事馆。

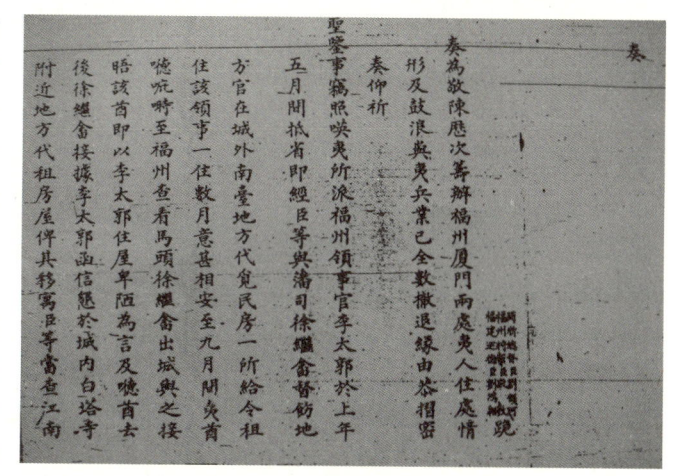

有关英国在厦门建立领事馆的档案

这段历史还得从头说起。

公元1841年8月26日下午1时，英国侵华舰队向厦门发动进攻。经过四个多小时激烈的炮战，厦门炮台陷落。同日，英军武装占据了鼓浪屿。鼓浪屿是近代中国唯一一个被外国侵略者武装占据的地方。据中国第一历史档案馆所藏道光二十五年闽浙总督刘韵珂等的《敬陈历次筹办福州厦门两处夷人住处情形及鼓浪屿夷兵业已全数撤退缘由折》（明清档案部藏，全宗4，150号卷，第7号。下简称《缘由折》）载："鼓浪屿夷兵上年十二月间已撤去一队。……至本年二月十五日，夷兵皆全行撤退"。即道光二十五年二月十五日（1845年3月22日），英军分两批最后才全部撤离鼓浪屿。英军占据期间，1842年2月24日，美国传教士来到鼓浪屿，租用民房开始传教。1843年11月2日，根据不平等的中英《南京条约》，厦门口岸正式开埠，首任英国驻厦领事纪里布（H.Gribble）抵达目的地。1843年11月至1845年3月，他和阿礼国（R.Alcock）先后担任英国驻厦门的领事。

1844年6月底，16岁的哈利·巴夏礼（Harry Parkes）到厦门担任纪里布的翻译官。据1894年英国人所著的《巴夏礼在中国》（The Life of Sir Harry Parkes Consul in China）一书说，"领事办公室在厦门的城里，但是领事和英国人的社区（其中有七名传教士）坐落在对面的鼓浪屿上。岛上驻扎着英国的部队。巴夏礼最初住在办事员的房子里……他每天都要从自己的住处去领事馆上班"。该书的作者根据巴夏礼的日记写道，"后来的几个月里,他(指巴夏礼)出售了很多猪以及家禽"。初来乍到的英国领事馆工作人员居然在鼓浪屿养猪饲养家禽出售,简直让人匪夷所思。

如上述的情况可靠,则英国在厦门只是设立了领事的"办公室",并未建馆。《缘由折》于此也说,英军撤出鼓浪屿以后,英国领事打算在厦门建领事馆,但是"记里布……以房屋(即后来的领事馆)营造需时,鼓浪屿缴还后,原在该屿居住之夷官人等,仍须在屿内租屋栖止,俟新屋造成再行迁出",刘韵珂等则认为"纵使夷兵撤退,而夷官等仍留屿内,则缴还与不缴无殊",其后,"夷兵皆全行撤退。惟夷官夷商五人因厦门夷馆甫经兴工建造,仍住屿内所占民房,仅止数座,余屋仅皆空出,经兴泉永道委员前往查点,交给地保看守"。可见英国领事及其属员在鼓浪屿是暂时"租屋栖止",甚或是"占民房"居住的。

《缘由折》记载了有关厦门英国领事馆建造的大体过程。它说:"至厦门该夷住处,自前岁领事记里布前来开市之后,即经兴泉永道恒昌等饬令选择。该领事欲仍在鼓浪屿居住,多方推托。臣等以鼓浪屿乃应缴纳之地,不能任其久占,叠饬该道等反复开导……(记里布仍然)任意挑剔,虽有整齐洁净之房,悉皆为湫隘,不肯向租。其意欲内地民人在厦代建夷馆,给令赁住,以省工本而获新居。"

英国领事馆

巍然片石阅沧桑

后来阿礼国继记里布任英国驻厦领事。时任翻译官的巴夏礼在其1844年11月6日的日记中记述了阿礼国和清朝厦门地方官员（除了提督因为去巡视海盗的情况没能出席之外）关于建馆一事的会谈情况，其中写道："阿礼国先生提出的一个重要要求是，他们立刻为我们建造像样的住宅，然后我们可以以租赁的方式租用它们。"《缘由折》也提到，清政府地方当局认为，"亚利国欲华民代建夷馆，伊止出钱租住，其情虽属贪狡，但民间建筑室庐租给他人居住，事所常有，不妨仿照办理，庶在彼可省建屋之赀；在民可收租房之利，于事颇为两便。且鼓浪屿境土俱可按籍收回，不留一夷在内，于疆事更有裨益"。但阿礼国又提出，记里布从前已看过官、荒各处的地点，只怕"地势空阔，恐遭窃劫，恳为另择妥便之区"。于是，道台不得不又"带同亚利国勘有兴泉永道旧署余地一段，自兵燹之后，废为瓦砾之场，可以建屋。当据亚利国绘具屋图，交匠头照图营建。核计工料等项共需番银九千圆，亚利国愿每年出租银九百圆，并愿先付两年租银，以助缮造。议俟新屋造成，该领事即率同该国官商迁入居住"。最后，闽浙总督即派员至厦，与道台等"访求代建夷馆之人"。结果"本年（即1845年）正月间，即据该道等招得该处诚实匠头，情愿集资代造"。

综合以上中外文的资料，可以知道英国领事在清朝地方官员的陪同下，选择已成了"瓦砾之场"的"兴泉永道旧署余地一段"（据林树梅所云，英国人实际上还"侵削"了"附近民居冢墓"），让中方垫付建筑费用9000银元，按照他们提供的图纸施工建造，然后以每年900银元的租金，让英国领事租用。此即《重修兴泉永道署碑记》所谓"道光二十五年，总督刘韵珂、恒昌赁于英改洋楼"的这件事。原来这座"洋楼"或"夷馆"，就是英国驻厦的第一座领事馆。

近代来厦门的外国人都知道英国领事馆即原来的道台衙门。1896年《中国丛报》第22卷第3号的《厦门地理通述》一文中，还指出荷兰人的一处遗迹就"座落在从前英国领事馆（现在的道台衙门）不远处"。1908年包罗（C. A. V. Bowra）所写的《厦门》，也说"从前英国领事馆（现在的道台衙门）不远处有雕刻着荷兰人形象浮雕的凯旋门"。

兴泉永道的衙门被英国人占用作领事馆，道台只好迁到"户部小衙门（即闽海关厦门正口的衙门，在今'江夏堂'所在地）行辕治事"。无奈办公场所过于"湫隘"，"每坐堂奥听断，观者如堵墙，拥挤及公座"。时值1862年4月厦门海关税务司设立，海关和港口的管理大权落入外国人手中。"同治二年（1864年）夏四月"，先将占用的兴泉永道署归还给原主，实际

[177]

上是把道台赶出"户部小衙门",同时准备建造厦门海关大楼（1873年建成）,而原先的英国驻厦领事馆则迁至鼓浪屿,其建馆时间当是在1864年以后了。

《重修兴泉永道署碑记》体量不大,而且略有残缺,但它却负载着一段很沉重的近代历史。该碑楷法严谨,笔力刚健,颇有唐代书法家欧阳询的书风。某日,读厦门已故文化耆宿李禧先生的《紫燕金鱼室笔记》,卷中有李老先生自谓其家藏有清末书法家杨凤来（字止庭）自题的《临九成宫》册子,册后有跋,略云："余不作欧书已三年矣。岁甲子（1864年）夏游武夷,三月方归,适曾峻轩观察营建衙署,出碑索作欧体书。"由此而知,此碑实为厦门书法家杨凤来的精心佳作,碑末之"京山曾宪德撰并书",想必有掠人之美的可能。

曾宪德,字峻轩,湖北京山人。道光丁酉（1837年）拔贡。同治二年（1863年）、四年（1865年）和七年（1868年）三次任福建兴泉永道,因此同治六年（1867年）秋,他以隶书作"三巡鹭江"四个大字,分别镌刻在厦门中山公园的逸趣园内和白鹿洞寺的石上。

曾宪德题刻

郑彩原是厦门人

郑彩是南明史赫赫有名的人物。他起家海商，早年到台湾投奔郑芝龙，因当时郑芝龙正控制着台海的局面。据张遴白的《难游录》记载："会（李）习死，芝龙尽以之募壮士，若郑兴、郑明、杨耿、陈晖、郑彩等皆是。"崇祯元年（1628年）郑芝龙率部接受明朝的招抚，初"授游击将军"，其后才升任总兵官。笔者在同安发现一通崇祯庚辰（1640年）的《司李姜公署同捐俸振饬四事碑记》上落款为"实授游击都指挥佥事、管浯铜游击郑彩"，才知道郑彩随后也当上游击将军，足见当时其势力相当了得。

天启、崇祯之际，漳州的月港已渐次衰落，代之而起的是"旁达西洋，商舶四穷"的厦门。郑彩领兵驻此，"商船出海，向属浯铜（游击）官兵于厦门盘验"。同时又乘机经营航海贸易，进一步壮大自己的力量。

清军入关后，南京成立了一个弘光小朝廷，郑彩被郑芝龙派到南都勤王，半路上捡回一个后来在福建登基的隆武帝。但后来郑彩在抗清问题上与郑芝龙发生龃龉，一口气跑到浙东沿海辅佐另一个宗室监国鲁王。当时郑彩兄弟的大本营还是在厦门、金门。以至于1650年郑成功为了建立金、厦基地，发生了杀郑联、逐郑彩的暴力行动。

当时人写的书都把郑彩、郑联说成是个"酒色之徒"，在厦门"横征暴敛"，所以郑成功不得不"替天行道"。于是郑彩和郑联兄弟带着负面的形象进入历史。在明清之际这场历史大变革的时期，郑家这两兄弟和当时东南沿海的其他海商一样，也都为着自身的利益而抗清。在民族矛盾极其尖锐之际，至少郑彩兄弟都能够保存气节。从这一方面来比较，同样是闽南人、大海商的郑芝龙倒是有愧色了。因而，从闽南海洋文化的角度来了解郑彩的一生行事，是很有意义的。

然而，遇到的最大困惑还是他们的籍贯问题。郑彩到底是哪里人？由于他的一生几乎都与南安石井的郑芝龙家族打交道，结果关系混淆不清。在南明史籍文献中，他们之间被说成是：（1）同族关系。如《清史列传·郑芝龙传》："（顺治四年，郑）鸿逵据白沙，族人郑彩据厦门，郑联据浯州（即金门）。"《清史稿·郑成功传》："唐王倚（郑）芝龙兄弟拥重兵，芝龙族人（郑）彩亦封伯。筑坛拜彩、鸿逵为将。"清人邵廷采在其《东南纪事》也说："又有永胜伯（郑）彩，彩弟联，郑芝龙支族。"（2）族叔侄、犹父犹子关系。如清初温睿临在《南疆逸史》："郑彩，芝龙族侄也。"清人徐鼒的《小腆纪年·附考》也说："南都陷，（郑）鸿逵，芝龙弟也，时充总兵官，次芝豹及犹子（郑）彩并为水师副将。"（3）同安人，同姓不同宗。如清人李聿求的《鲁之春秋》记载郑彩是同安人，但又说是郑芝龙的"从子"（侄子）。既是"从子"，就应该也是石井人，怎么又说是同安人？此说显然自相矛盾。而江日升在其《台湾外纪》说到"（郑）彩字羽良（应为长），泉之同安人"，还说"（郑）彩、联与（郑）成功通谱，故称兄"。江日升是海澄（珠浦）人，其父江美鳌曾经是郑彩的旧部，他所说的郑彩、郑联与郑成功属于通谱兄弟之说，自然较为可信，但最终也没有解决问题。

1993年厦门市郊杏林镇高浦村附近的"明封骠骑将军云台郑公暨夫人王氏墓"出土一方《大参戎郑公墓志铭》。郑彩的籍贯问题终于得到解决。墓志铭全文如下：

大参戎郑公墓志铭

赐进士出身、巡按福建御史、眷生路振辉顿首拜撰

公讳德，字伯仁。先出自福之长乐人。永乐初，以征调居于浦。郑之姓□为浦之望族，一派居城南，以龙屿先生登进士起家，公之先祖派居城东，其初时生人顾伟倜傥，但浑庞质素，未有文物冠冕之盛。虽然物先小而后大，水必蓄而后泄，故公一派传至六世，遂接踵龙屿先生而生永胜公与之相比美焉。永胜公以佐弘光君赐是爵，嗣辅监国鲁王，进爵建国公。公是其功弟也，昆玉俱以建国公贵，兄振雄授都阃职，公授参将函。都阃兄与建国兄为王事靡盬，征南讨北，经载弗获抵里，家中簿书、饷税庶务，

郑彩原是厦门人

一以委公,公治繁理剧,井井有条,咸惬建国意,晋接缙绅士大夫和颜怡色。复为人解纷释结,无不人人置之腹中也。

时际丑虏内讧,獠保乘危窥疆。公督守城陴,日夜勤劳,祈神祷雨,虔备恪恭,无不立□,即浦中之走童闺女,莫不口碑颂公之有功有德云。且人情□肉久而忘菜,衣锦惯而憎布,终日享逸,辄厌奔走,而公既荣显烜赫,复自贬损,偕约缩腹,菲躬质素,无改古昔。噫!承樾荫,迓鸿庥,公乎?先世乎?先世职蓄,公职泄,而公之泄又益为蓄。然则公之贵,贵独数世云哉!《诗》曰:"民之初生,自土沮漆。"而后长享八百,传世三十,此先小后大之说也。而吾于公亦然。公娶王氏,生男二,长梦龙、次梦熊。长聘方家,次未聘。生女一,名酉官,配周家。生于万历甲寅年十月念八日卯时,卒于永历癸巳年正月初八日卯时,于癸巳年卜葬于陈棣头山,坐亥向巳,以安其魄,此皆建国公命都督兄之克襄是事而报公也。故为之铭,铭曰:蓄而后泄,困而复鸣。积以厚德,浚发厥英。振越鹤浦,淡然约恬,藏之深固,龙章凤带,必券斯铭。

墓志系以楷体墨书于两方红砖之上。出土时其中一方的下端已有断裂,幸字迹尚未受损。据墓志内容而知,墓主郑德,字伯仁,高浦(今厦门市

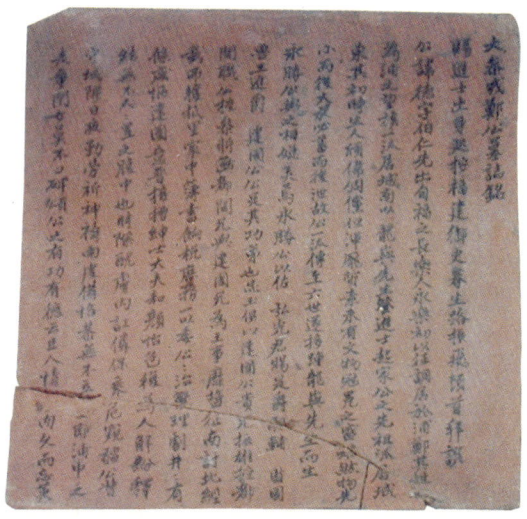

郑德墓志

集美区高浦村）人。生于明万历甲寅年（1614年），卒于永历癸巳年（1653年）。墓志还记载，郑氏之居高浦乃始于明初，分为"城南"和"城东"两支派。"城南"这一支派因出了一位"龙屿先生"中了进士而显赫。墓主郑德所属的是"城东"支派，从一世至六世，却"未有文物冠冕之盛"。后来出了一位"永胜公以佐弘光君赐是爵，嗣辅监国鲁王，进爵建国公"的人物，"城东"支派开始扬眉吐气。据"道光壬寅年（1842年）季春十四世孙（郑）家潜重修"的《高浦上郑大宗谱图》所载，"龙屿先生"即郑陞，字公擢，号龙屿，名列"高浦郑氏"的第七世。这位被南明弘光朝封为永胜伯，继而又被南明监国鲁王进封为建国公的人是谁呢？郑成功部属阮旻锡所编的《海上见闻录定本》为我们提供了答案：此人就是郑彩。该书的"乙酉（1645年）条"载："……以闰六月十五日即位，改元隆武。起曾樱、何吾驺等入阁办事。晋封芝龙为平虏侯，寻封平国公；鸿逵为定虏侯，寻封定国公；芝豹为澄济伯；（郑）彩为永胜伯。"同书"丁亥（1647年）条"又载："郑彩率舟师至舟山，迎监国鲁王南下。鲁王封彩为建威侯，寻晋建国公。"而且，在《高浦上郑大宗谱图》这部谱牒中，郑彩、郑联名列第八世。因此，郑彩、郑联兄弟毫无疑问就是厦门高浦人。明清时期，高浦属于泉州府同安县十四都的安仁里。因此《鲁之春秋》和《台湾外纪》说郑彩是"同安人"，于此得到证实。

　　南安"石井郑氏"的郑芝龙是东南沿海赫赫有名的海商，南明时拥戴隆武帝在福建即位，权倾一时，是一个典型的"官商合一"的人物。同安"高浦郑氏"的郑彩以九龙江口为基地经营以日本为主要对象的海上贸易，也是一个海商。当时郑芝龙控制东南沿海的海上贸易，没有"同安侯郑府令牌"不得出海。郑彩加入其海商团伙，并极力与之"通谱"拉关系，这在当时是很正常的事。郑芝龙降明后，崇祯十三年八月（1640年）任"加福建参将署总兵"，同年郑彩也官拜"实授游击都指挥金事、管浯铜游击"是郑芝龙得力的部属。后来郑芝龙降清，东南沿海"洋舶"的领导权尽归以厦门为基地的郑彩。最后，其实力为郑成功所兼并。

　　有意思的是，郑联被郑成功部诛杀之后，郑彩"飘泊数载，兵将星散。赐姓（即郑成功）以书招之，遂回，后病死家中"（阮旻锡《海上见闻录定本》）。郑彩无法东山再起，关键原因是失去了港口基地。最后还是郑成功主动写信邀他回厦门。郑彩回来后处境想必有些尴尬，见闻录于此不载。日本宇治市黄檗山万福寺珍藏一批明末清初闽南人写给旅日高僧隐元和尚的书信。其中就有乙未年（1655年）郑彩发自厦门的信函。全文为：

郑彩原是厦门人

佛弟子郑彩顿首拜

慈航东渡，顶祝殊殷，每望云天，皆比丘现身也。不佞日为家累，苦海未超。营营子母之计，大厌俗尘，而爱迷难割，欲披发以了此世缘，亦不可得。但既经指教之后，稍能自悟。虽物至俱应，皆作无心之法，斯即谓在家出家可矣。洪炉点化，尚须会证。法台教行东国，独不念中华为桑梓之邦，众生迁劫，亦为说果谈因，提砧危而登之衽席乎？企瞻驾临，有同甘露。不知何日复杖履相邀，憩息松风之下也。小咏溯怀，祈慧正，百凡疏简不罪。小婿道岳抱疴，伏枕两月余矣，不获奉候。想诸法弟附敝舟到时，必能详陈。临楮拳拳神驰。名具正幅。

从这封信看，郑彩在厦门还是继续做生意，"营营子母之计"，并且有船到日本。但日子过得不太顺心，恐怕不止是"日为家累"，否则怎么想出家当和尚呢？郑彩何时去世，阮氏的见闻录没提及，倒是记载康熙二年

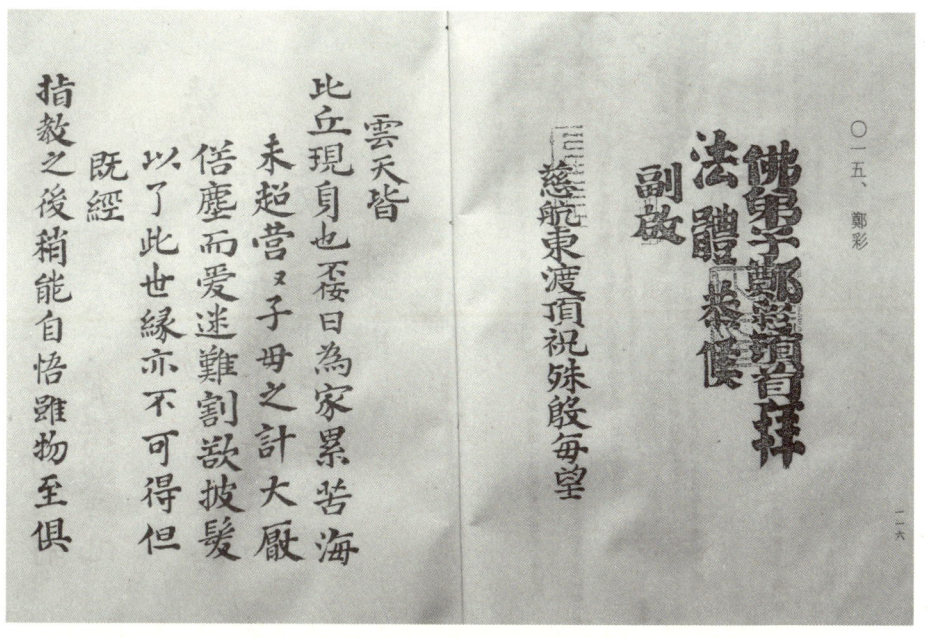

郑彩致隐元和尚书信

（1663年），清军攻陷厦门，一路烧杀。投降清朝的"投诚兵搜掠财物，开掘冢墓，至剖建国公郑彩之棺而残其尸"。

郑彩后半生是一幕悲剧。

郑德墓志铭称高浦郑氏是明永乐间直接从三山（即今福州）迁到高浦。而《石井本宗族谱序》起首便说"我郑自唐光启间入闽，或于三山、于莆、于漳、于潮，是不一处"。或许"唐光启间入闽"时，"石井"和"高浦"的郑氏曾是同一个祖宗。但到了明末清初，只能是见了面互道"五百年前是一家"而已。要不是郑德墓志铭的出土，并为此做了些田野调查，还不知道郑彩原来是厦门高浦人。

且寄道心与明月

厦门出土的墓志当中,有一方明永历丙申(1656年)黄昌之母的墓志铭,题为《明待赠六十寿慈懿王太孺人墓志铭》,沈佺期撰。黄昌,字荣初,福建同安人,郑成功重要部将,少年时即加入郑军,为亲随营将领,后因战功升任援剿左镇总兵官,追随郑成功参加过驱荷复台之役。这方墓志铭主要记述的是黄昌之母王太孺人"变经以存祀"的家事。兹将有关内容节录如下:

荣初黄君母太孺人王氏产于鹭之后洋,长归纯侃彭公,公即荣初生父也。何以称黄母?以纯侃公战红夷,疾卒。太孺人阻诸劝,不得捐生,家贫且值变乱,母子形影相吊,几不保,惧斩纯侃公之祀,复归黄朴质公,故荣初亦从母而称黄公。荣初时甫离襁褓,计太孺人之归彭也数年耳,其孝翁姑、睦妯娌,诸徽懿不具论。惟以一子之故,复为黄家妇,岂得已哉?彭氏伯仲涕泣之,言曰:"若匪石矣,靡他,吾如吾侄何?若其若儿何?死与存孤,孰易孰难?王博文幼丧父,其母适于韩家,后独恩封,古有行之者。若其为吾侄屈乎?"余读行状至斯,不禁凄然欲绝也。然倘其成我者与生我者,顾复或有异视,教养或有未周,并如昔者饥馑丧乱时,其何以自存焉?乃如所云:"朴质公娶吾母而爱余,无以异吾母之爱余也。吾母生禄与寿,而爱余甚于爱余弟。是以吾母得安抚养不孝,无以异以归彭之抚养不孝也。"如是,而太孺人之志遂矣。夫其隐忍如是,而冀望得至于是者，此何如用心而所以处之，亦必有道伦教之事，宁尽得直行其意耶？亡何，而朴质公又没，荣初已稍长，太孺人念二子尚幼，惟荣初是恃，勉体朴质公无异视之意，而益尽为子为兄之心。

这段文章说的是：黄昌（荣初）原本姓彭，父亲彭纯侃，母亲王太孺人是厦门后洋村人。黄昌生下来不久，父亲就死于"攻剿红夷"之战。因为"家贫且值变乱，母子形影相吊，几不保"，为了活命，王太孺人只好改嫁给黄朴质，黄昌至此改为黄姓。黄昌说母亲续婚后，继父黄朴质没有歧

黄昌之母王太孺人墓志铭

视他。尽管后来又添了两个弟弟，但继父仍旧疼爱他胜过弟弟。继父亡故后，黄昌十分感念他。"勉体朴质公无异视之意，而益尽为子为兄之心"，挑起一家大梁。

黄昌在他母亲去世后，请同是郑成功部属的名进士沈佺期把王太孺人"变经以存祀"的苦心和继父黄朴质的仁慈，写进墓志。沈佺期，字云又，福建南安人，明末进士，曾任吏部郎中。明亡后到厦门依附郑成功。后在台湾行医济世，被誉为台湾的"医祖"。他在这篇墓志的开头就写道："人生纲常中，苟所遭不造，得直行其意以完节义而事毕矣。至于时势万难，不得不含垢忍耻，曲就苟活，为承前开后计，其志更哀而行更苦，此其所全于名教者，诚当为之阐幽而表微也。"沈佺期的意思很清楚，他说生活在"三纲五常"的社会中，一个人只要"直行其意以完节义"就可以了。倘若由于处境不好，但为了"承前开后"而"不得不含垢忍耻，曲就苟活"，他本身就很痛苦，值得同情。如果他之所为还能保全名教，那就该表扬了。

沈佺期认为在讲究纲常的社会中，遇到困难还是可以"权变"。他的这种关于妇女问题的理念虽然并没有超出封建社会的传统模式，但在闽南文化的研究领域里，几乎前所未闻。

这就是明代后期沈佺期所撰的这篇墓志的可贵之处。

古代社会妇女深受压迫。所谓妇女"有三从之义、无专用之道。故未嫁从父，既嫁从夫，夫死从子"（《仪礼·丧服》），四德就是妇德、妇言、妇容、妇功。"三从四德"就是封建社会的纲常。其中"既嫁从夫，夫死从子"最为严格。早在汉代，班昭在其《女诫》中就提出："夫有再娶之义，妇无二适之文"。如果按照这个纲常为准则，王太孺人的夫死再嫁，涉及到"失节"问题，可谓大逆不道。

然而，中国历史上的妇女再嫁并不止王太孺人一人。已经有专家指出，其实"自周迄宋妇女皆不讳再嫁"，只有在理学兴起之后，"致使社会男女，受无形之拘束"[1]。明代立国之始，朱元璋为重建封建统治秩序，程朱理学被拱上正统的地位。朝廷宣布"立纲陈纪"，大肆提倡妇女的节烈观，为符合标准的妇女"大者赐祠祀，次亦树坊表"，让她们的事迹"照耀井闾"[2]。据《古今图书集成·闺媛编》的不完全统计，明代有姓名、事迹可考的节妇烈女竟超过58000人。

明代闽南妇女多不缠足。女性的缠足始作俑于南唐李后主，其后越演越烈，"三寸金莲"居然成了其后封建社会"妇容"的一项典型标准。可是明代后期的学者、官员谢肇淛亲眼看到的闽南妇女却少有缠足。他在《五杂俎·物部四》说："闽兴化、漳、泉三郡以屐当屦，洗足竟，即跣而着之。不论贵贱，男女皆然，盖其地妇女多不缠足也。"

明代同安的"贞寿"坊、"贞节"坊或"节孝"坊数量之少在古牌坊中不成比例。民国《同安县志·坊表》载，明清时期共有各种坊表80座（其中36座修志时已废），明代仅有1座"贞肃"坊。其他有关妇女贞节的30座坊表几乎全为清代文物（现存"贞寿"坊3座，"节孝"坊近10座）。

明亡之后，清政府意识到经历一番改朝换代的动乱到新王朝的建立和巩固，必须整顿风纪以统一思想，于是，程朱理学再一次得到空前的推崇，清朝皇帝下令全国各地修建表彰贞节、节孝的牌坊，同时降低表彰的标准，凡40岁以上守寡15年的寡妇均可申请旌表[3]。有清一代仅徽州地区受到旌表的节妇贞女就有65078人之多，已超过《古今图书集成》所统计的明代节妇总人数[4]。闽南的同安也不会例外，为了获得立坊旌表，有多少妇女不得不"七十老身二十寡"？这就是为什么同安的"贞节"或"节孝"之列的牌坊基本上集中在清代的原因。

厦门出土的明代墓志中的女性墓主基本上都是相夫教子、善主中馈，终日"语不出堂、履不闻阃"，又能"事翁姑以孝，处娣姒以和"的妇女。但也有善于管家，"颇谙字墨，所天早丧，田租簿籍咸能记忆"的叶亨衢妻陈氏（嘉靖三十八年《明处士叶亨衢暨配陈氏墓志铭》），也有丈夫"外事有未了"都要回家找她商量的我桥妻洪氏（万历丁巳《先父我桥府君暨母恭潜孺人洪氏行状》），也有长年主持家政，使"君子无忧于内顾"的尤母吕孺人（崇祯十二年《明尤母纯孝吕孺人墓志铭》）等。这种妇女为家庭主角的例子要找还会有。如果把黄昌之母王太孺人"失节"而却能够得到社会谅解的例子也算进来，那么，明代后期闽南妇女的生活环境就值得深入研究了。

其实，在明代后期，类似王太孺人这样的事例在其他地方也发生过。

且寄道心与明月

明代陆容《菽园杂记》的卷三曾记载成化年间，江苏华亭有一位民妇改嫁，死后前、后任丈夫之子为争着要安葬她而打起官司。可见僵化了的贞节观在某些地方已受到淡漠。

近年来，已经有学者对明代中后期妇女的节烈风气进行探讨。他们普遍认为，由于这个时期商品经济的发展，必然对旧有的封建制度及其道德体系产生一定程度的冲击，加上随着历史的进步，一批开明士君子的传统意识也开始发生了改观。比如万历朝的吕坤大胆地指责封建礼教"严于妇之守节，而疏于男子之纵欲"[5]。谢肇淛还提出夫妇两造可以互相选择的主张[6]。泉州李贽甚至不怕遭到"异端之尤"的责难，坦然以自己的言行表示对旧道德的嘲讽。基于这种社会氛围，又处在商品经济相对发达的大厦门湾，出现像沈佺期这样敢于同情妇女的闽南士君子，就不足为奇了。

沈佺期为王太孺人撰写的这方墓志1996年出土于厦门马垄的小东山。从墓穴来看是单人葬。沈佺期在墓志的铭文写道："权能合道，母以存子也。死不合葬，礼以义起也"。他的这种"义"重于"礼"的思想，在封建社会的背景下，无疑是先进的。

注释：

[1] 尚秉和：《历代社会风俗事物考》，卷十九《嫁娶》。
[2] 《明史》卷301，《列女传》。
[3] 《清世宗实录》卷四，"元年二月"条。
[4] 吴存存：《明清社会性爱风气》，人民文学出版社，2000年。
[5] 吕坤：《呻吟语》，卷五《行道》。
[6] 谢肇淛：《五杂俎》，卷八《人部四》。

同安名宦有美文

　　古人给墓主撰写墓志，等于死后给他立传，是一件很严肃的事。通常被请来"拜撰"墓志的人，都是有功名、有衔头的达官贵人，所以"拜撰"者姓名之前都会不厌其烦地冠以自己的功名出身、历任官衔——墓主家属看重的就是这些。这些执笔者虽然自称"年家弟"或"愚侄"，但不见得真的是墓主的姻亲故旧，甚至对其生平也疏于了解。遇到这种情况家属就得事先提供现成的"行状"，即记述墓主生平事迹、嘉言懿行的文字素材，让他参考、润色甚至照抄。因为墓志的版地有限，行文格式又有严格的老一套，同时又要满足家属的虚荣，还要冒着被后代人讥为"谀墓"的风险，所以任你饱学之士、文章老手，笔下却往往八股一篇，味如嚼蜡。后代的人除了耐心从出土墓志钩稽史料，很难从那里觅读到美文。

　　当然，也有不少是亲人自己为墓主写的墓志，可读性就比较强。如泉州出土的《唐许氏故陈夫人墓志》就是许元简为亡妻陈氏而作。在厦门出土的墓志中，还有明洪朝选的《亡室宜人蔡氏圹志》、厦门云顶岩出土的清《黄门陈孺人墓志》等，都是丈夫悼亡之作。此外，有明林希元为亡弟而作的《林氏茂年处士墓志》，明士管为先父母所作的《先父我桥府君暨母行状》，明池显方为外甥所作的《蔡君袠卿墓志铭》，清杜朝锦为侄儿所作的《杜静园墓志铭》等，写来都比较有感情。但可能受到墓志规矩的约束，或者临文之际心情凝重等等原因，此类墓志文章基本上还是如同实录，精彩之处不多。

同安名宦有美文

厦门出土墓志中,有不少墓志是朋辈为墓主而作,但由真正患难之交来执笔,而且写成美文的还不多见。厦门翔安区东园村张氏宗祠所藏的明崇祯十三年(1640年)陈文瑞为亡友张及我所撰的《皇明国子生及我张公暨配孺人林氏墓志铭》即其中一篇。

陈文瑞是谁?民国《同安县志·人物录·乡贤》有其传略:

陈文瑞,字应瘁,号同凡。万历戊午举人,天启乙丑进士。授吴县令,洁己字民。五载,戴星按狱,推法持情,豪贵莫敢挠于鸷独,尤加惠焉。事上不谄,过客搔扰必抑之。浚县治前、学宫内外各河,尽清所占。喜亲贤士大夫。两分校省闱,解元沈几、杨廷枢皆其所取士也。吴当漕孔道,虑阻冻,后期议藉民力代运。文瑞执不可,事得寝。时天下多故,部议视产上下募兵充伍,文瑞以家丁隶名,民乃怗然。洞庭有号天罡者结党横行,密缉而置之,其党尽散。周顺昌罹珰祸,义民颜佩韦等数万人以激愤,捽缇校。文瑞护周出境,复捐俸倡助,为输所诬赃,仍抚恤其家,苦心调解,郡人默受其惠。佩韦等首事五人被诛,为葬而立之石,曰"五丈夫墓"。吴人有"金刚手,菩提心"之谣。前后疏荐卓异者三,竟以不乐逢迎,致仕归。卒年八十有四。

原来陈文瑞是同安人,明天启乙丑(1625年)的进士,担任过江苏吴县的县令,是位"洁己字民"的清官。陈文瑞所处的时代,正是明代宦官之祸最为酷烈的时候。明熹宗天启年间,太监魏忠贤把持朝政,无恶不作,残酷迫害东林党人和敢于反对、揭发其罪行的正人君子。时任都御史的厦门海沧人周起元由于为官廉正、正直敢言得罪了魏忠贤,便被他的党羽抓到狱中活活打死。魏忠贤的暴行激起了人民的义愤。天启七年(1627年)五月,苏州爆发了市民自发起来反抗宦官统治的斗争。中学语文课本的那篇《五人墓碑记》记述的就是这个事件。陈文瑞当时就是吴县(今苏州)的父母官。当冲突发生后,赤手空拳的市民处于不利的地位,幸亏"知府寇慎、知县陈文瑞素得民,曲为解谕,众始散"(《明史·周顺昌传》)。另一个说法是,"幸守臣寇慎与吴令(即陈文瑞)皆贤者,且素与(周)顺昌善,人咸信之,因调护(毛)一鹭使之"(周顺昌《周忠介公烬余集》卷四)。总之,事态没有进一步恶化,陈文瑞起了很大作用。颜佩韦等五位义士慷慨就义后,当地的"贤士大夫发五十金买五人之脰而函之",陈文瑞"为葬而立之石,曰'五丈夫墓'"(民国《同安县志》)。

陈文瑞原来也是一位"墙里开花墙外香"的历史人物。他是天启五

[191]

年（1625年）三甲第四十五名进士出身。天启乙丑榜出了不少名人，比如同是闽南人的黄景昉崇祯朝还曾入阁拜相，何楷、陈士奇和陈瑸等人以后仕途都很顺利。同榜的张肯堂、路振飞、侯峒曾等人不但当官，后来还成为抗清名士，青史留名。看来陈文瑞不懂得当时的官场游戏规则，所以官做不大，只当过五年的七品县令，和一任"丁卯（1627年）应天同考试官"（民国《同安县志》的"两分校省闱"疑有误。当以陈文瑞在墓志的自署官衔为准），又无诗文传世，加上他不是东林党人，《东林点将录》、《东林党人榜》或《盗柄东林夥》等花名册又查不到陈文瑞的名字，以至于后人没有把他列入乡贤名宦来宣扬。其实，《五人墓碑记》所赞美的"大阉之乱，缙绅而能不易其志者"，指的就是陈文瑞这样鲠直有骨气的士人。苏州人民还曾以"金刚手、菩提心"的歌谣称赞过他。同安人陈文瑞的名字，中国历史上的明代市民反抗宦官暴政斗争史都要提起的。

张及我夫妇墓志铭

　　陈文瑞为亡友兼亲家翁撰写的墓志实际上是由两个部分组成。前半段充满感情，回忆他与亡友生前一起为博取功名而备受艰辛的往事，是一篇情文并茂的美文。后半段未能免俗，记述墓主夫妇的家世、生卒时间、子

同安名宦有美文

嗣婚嫁和墓葬地点，则是一篇中规中矩的墓志。我们读的是前半段：

　　张公及我者，余之盟社友也，居县治之东隅，名东园。其家代有名人，祖在浯洲青屿后，子孙徙今居焉，与余家东西相距近百里，从前未有名字相来往。余蚤岁雅好请益贤豪，壬辰年有友为余言□□张及我贤者，余始识其名，虽未获觌面而余臆间有□及我，及我臆间亦有余也。癸巳，学使者试泉郡，余以儒士试，及我以弟子员试，俱入郡。适市肆，相晤欢然道愫，果不负夙知。此年余幸入学，与张辅吾同案，而辅吾之交及我，则又先余二年者也。嗣是，余三人议论相投合，意气相期许，促膝交臂，无岁时离。虽间有分授馆，而岁暮抵邑，必各携岁所构义若干首相质证，有未相当意者辄涂抹数行，不少忌讳。视近时会义圈圈点点，朱青黑绿相间杂者，大不同。乙未冬，余三人复持义入邑如旧约，各谬自满意，并互相推榜，妄谓是科上将头决当授之我辈，遂不乐为馆地羁束，猛欲相与债贷，聚首以苦作焚□计，约以先登者还此债。奈三人均食贫无可为质，独张辅吾有大嶝地数斗，欲捐而债家嫌海隔，莫有应者，事乃寝。但是岁三人馆亦相联络，相去仅数里许，皆得朝夕相从事。时为丙申年也。

　　越一年丁酉，而辅吾竟登贤书去矣。当时余与及我私沾沾相喜，语谓辅吾既作先声，我辈自当横行中原。不料屡试屡蹶，及我数困场屋，余则偃蹇二十余载，视棘围如在天上，至戊午始得以大收观□举于乡，及我亦从此游南国子太学焉。当及我与余三人之同处隆中也，人人自为得大将，谁肯避君三舍？迨辅吾颖脱而后，余两人几成沙砾，时事稍异，情景亦殊。及我每以家计为余忧，而余则不封豰尸誓不济河，此中有未易明言者，始信卖胡饼之不暇唱渭城，而有志事成，果不诬也。溯余三人之本末前后，其于穷达死生贫富之交情，亦略可睹矣。

　　大抵及我天资明敏，见识超越，蚤岁即有大过人者，余与辅吾两人皆逊不及。最喜交游知名士，无贵贱显晦大小亲疏，见有能文章者，辄折节结纳，以故吾邑郡每乡会所举辟，多为及我所物色者，如许子逊、叶国文，其最知也。余独惜其用心于外，使及我肯以其才其识颛精举子业，自当无锋不摧、无帜不拔，将天下事惟所欲为者，而竟大抱未售，赍志以殁，惜夫！

　　陈文瑞的这篇墓志朴实无华，字里行间却蕴涵着深情。墓志开头便回想起他们两人昔日青灯苦读的岁月。张及我是金门青屿人，后来住到同安城东的东园村。因为两家相隔近百里，只是彼此闻名而已。癸巳（1593年）那年因一起到泉州赴考秀才，"适市肆，相晤欢然道愫，果不负夙知"。于是，张及我、陈文瑞和同学张辅吾三个人成了"议论相投合，意气相期许，促膝交臂，无岁时离"的挚友。当时，三个好友同是边教乡塾边苦读应试的穷秀才，过年时才得回城相聚。"岁暮抵邑，必各携岁所构义若干首相质证，有未相当意者辄涂抹数行，不少忌讳"。乙未（1595年）冬，这三个好友突发奇想，打算辞职住到一起攻读。没有生活来源怎么办？大家都穷得叮当响，只好分头去借钱，"约以先登者还此债"。不料"食贫无可为质（抵押）"，连张辅吾家大嶝岛那一小块地也没人要。于是，这个计划就告吹了。

　　接下来，陈文瑞的笔锋又转到过后二十余年间，这三友间"穷达、死生、贫富之交情"。先是"丁酉，而张辅吾竟登贤书（即中举）去矣"，剩下陈文瑞和张及我两人"屡试屡蹶"。陈文瑞"偃蹇二十余载，视棘围如在天上"，终于在戊午（1618年）科中了举人，而张及我"亦从此游南国子太学焉"，其实还是个秀才。陈文瑞认为侥幸中举，是因为自己抱定"不封殽尸誓不济河"的意志，和坚持"卖胡饼之不暇唱渭城"的定力。看来陈文瑞过日子比张及我还艰难，所以"及我每以家计为余忧"。这份友情让陈文瑞感慨不已。

　　最让陈文瑞感慨的应该还是张及我的"数困场屋"而"大抱未售，赍志以殁"。在陈文瑞看来，张及我"天资明敏，见识超越，蚤岁即有大过人者，余与辅吾两人皆逊不及"。不过他也有不足之处，如"最喜交游知名士"、"用心于外"，结果浪费了时间。假使"及我肯以其才其识颛精举子业，自当无锋不摧、无帜不拔"，何至于此？

　　在墓志的后半段陈文瑞提到，"盖余从甲午（1594年）与及我结儿女婚，凡有行事都在耳目，故能志其大略如此"。从墓志所记载的一些时间，我们可以推断：陈文瑞于癸巳（1593年）进秀才，过年女儿已能出阁，年纪应该有30多岁。家境贫寒，苦读。戊午（1618年）中举。由秀才到举人

同安名宦有美文

用了 25 年。又用 7 年的时间，最后于乙丑（1625 年）登进士第。因此陈文瑞任吴县县令时，可能有 60 多岁了。

崇祯十三年（1640 年），陈文瑞为张及我撰写墓志时，想必已是年逾古稀的老翁，所以下笔稳重，几无烟火气。这当然与他的人生阅历和墓主的熟悉程度有关系。若要了解古代同安乡儒的生活内容，陈文瑞的这篇墓志确实是一篇很难得的美文。

陈文瑞这篇墓志的文风，显然受到当时竟陵派散文风格的影响。晚明时期海内诗文之风甚盛，宗派林立，一时有以归有光为代表的唐宋派，王世贞为代表的复古派，袁宏道等为代表的公安派和钟惺、谭元春（友夏）为代表的竟陵派等。钟惺和谭元春主张作诗为文都是"精神所为也。察其幽情单绪，孤行静寄于喧杂之中，而乃以其虚怀定力，独往冥游于寥廓之外"（钟惺《诗归序》），同时还提倡诗文要以古人为归，力求深厚，在精神上达到古人的境界，而语言要清新活泼，形象生动，博观约取，简洁有力。他们特别赞赏那种"力蒸蒸在进取，神萧萧在文章，性坦坦在师友"的文风（《谭元春集·刘济甫贤母序》）。陈文瑞的文风，似乎可以归于竟陵派一路。当年竟陵派的影响很大，同安名宦蔡复一与谭元春私交甚好，有诗歌唱酬见于蔡复一的《遯庵诗集》。有论者甚至认为蔡复一是竟陵派的中坚人物。至于陈文瑞与蔡复一或竟陵派人物有无关系，则有俟于将来研究。

雅称浑号识民风

　　雅称、浑号，是本名之外，别人根据他的某些特点而取的称呼，大多有亲昵、幽默的意味。但有时诙谐之中也寓有讥讽之意，那叫绰号。给人起雅号、浑号或者绰号的现象古已有之。如西汉末年的左将军甄丰经常夜间谋议，人称"夜半客"。东汉崔烈用钱买到太尉的官做，却被人讥为"铜臭"。唐代大诗人骆宾王好用数字入诗，人笑为"算博士"，温庭筠相貌奇丑，背后有人笑他"温钟馗"。宋人的浑名、绰号更多，《水浒传》里的一百零八将每个人都有。奸相贾似道有"贾虫"、"蟋蟀宰相"的绰号，因为他平时嗜玩蟋蟀。明初的翰林院编修程济学问渊博，不幸被人称为"两脚书橱"。成化年间的刘吉、万安和刘诩入阁任大学士时饱食终日，碌碌无为，一起被人臭骂作"纸糊三阁老"。

　　闽南民间也有此遗风。如道光《厦门志》载，明嘉靖年间厦门人傅镇为官廉正，别号叫"傅真金"，又因为他平时"凛凛风裁"，还被称作"傅虎"。明末清初江日升所著《台湾外纪》的行文中，也记载了当时一些闽南人的浑名、绰号，如与郑芝龙同为海商的惠安人张弘，因"刚直勇敢，能举五石觔青石遍行教场一回，面不改色，故号为'铁骨张弘'"，林福"手足便利，浑号'深山猴'"，郑成功的叔叔郑芝虎因"胆略猛勇，浑名'蟒二'"，郑成功的部将陈霸"人品肥矮，浑号'三尺六'"，部将海澄人陈斌"其掌有人之二，人浑号为'大巴掌'"，部将何佑"浑号'钻子'"，顾忠"浑名'瞎子'"等等。如果把明末清初闽南民间的这些雅称、绰号，与当

雅称浑号识民风

时的时代背景、生存环境等因素联系起来，可以发现它们之间不无关系。

通过不同时代的雅称、浑名或绰号，来探究社会的陵谷沧桑，颇有意思。但可惜，这些另类称呼只是当时人的口碑流传，一般正史不记、族谱阙如。我们在整理厦门出土墓志时，发现其中某些墓主有别人送他的雅称。这些雅称诙谐有趣，而且都比较正面，写进墓志大可烘托墓主的良好形象。尽管载有墓主雅称的墓志并不多，但加以整理，多少可以帮助我们加深对当时闽南社会风气的了解。

关于明代闽南人的社会风气，当时的学者何乔远进行过调查研究。在其所著的《闽书·风俗志》一书中，何乔远特别注意当地的士风和文风。他写道：泉州府"枕山而负海"、"地狭人稠"，所以老百姓男耕女作，或"垦辟硗确"，抓鱼植蔗；或"入海贸夷"，"经商行贾"。但安平之"儿童诵读，声闻乎达道。士挟一经，挽首鈇心，无所不能……是以缙绅先生为盛于中原"。南安"有邹鲁之风"。惠安之"君子忠信"。同安"因朱文公（即朱熹）之所过化也，其韵犹在。其君子厉节"，而浯屿（金门）之"士多读书"。何乔远认为漳州民风比较"悍剽"，民人或"择不食之壤开山种畲，或拏舟沧海间"，但"居郡之人乃温和洞朗"，"其于士君子也，斌斌有文，翙然意气，而多自贵于千秋之业"。漳浦"其君子娴于文词，不但用以取出身而已"。南靖和漳州差不多。在何乔远看来，漳、

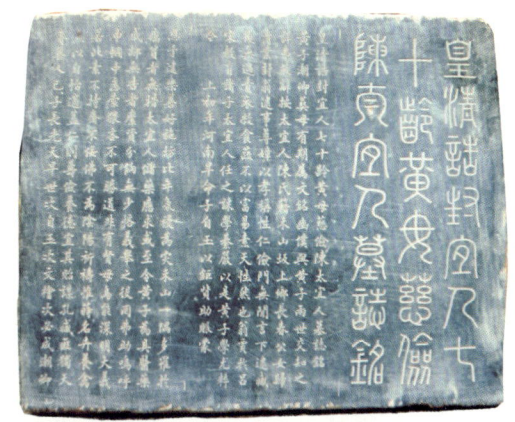

黄母陈太夫人墓志

泉两地的士风甚好，都能够坚持"忠信"、"厉节"和"自贵"的"邹鲁之风"。

历史上从唐代开始，"厦门人"就是长期以来不断迁入的主要来自漳、泉两地或其他地方的宗族群体构成的。何乔远所总结的那些"邹鲁之风"，自然就在厦门形成积淀。

明代的厦门人特别推崇那种家境清寒，但能够发奋读书以求上进，一生为吏又能洁身自好的人。这种社会风气，在一些出土的墓志中都能得到解读。其中有些墓主的雅称，家族后人甚至引以为荣。

例如，明隆庆辛未（1571年）名宦洪朝选所撰的《明封文林郎遂昌县知县春台池公墓志铭》，先是记述墓主的儿子池浴德当官为民办实事，离任时"遂昌之民号泣扳留"。然后再指出池浴德的美政，乃得之乃父，即墓主

农官洪应聪墓志

雅称浑号识民风

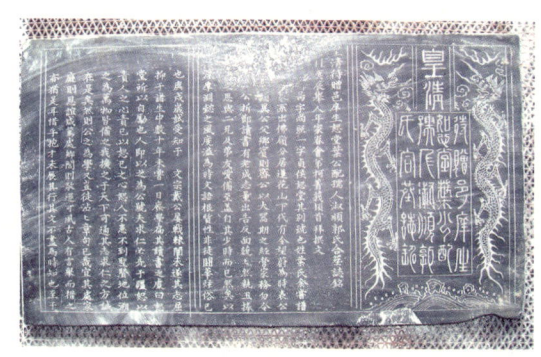

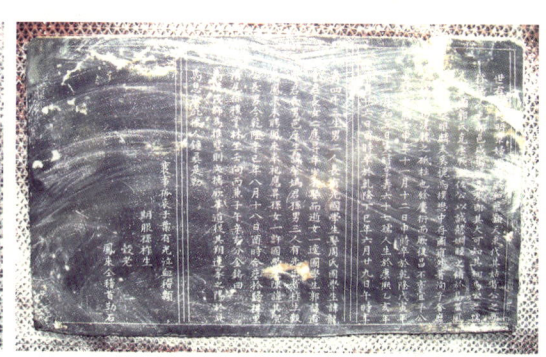

叶恕堂墓志

池春台平时的"教诏而开道"。池家祖上明初才迁入中左所（即厦门岛）。池春台"及长，知自课学，屡试不利"，"乃一意于力田治生"，简言之就是弃学务农。不过，池春台为人"和煦有量"，所以大家都称他"春风大老"。池春台道德高尚，严于教子。即使其子登科当官，池春台仍不断训导他"居官如处子，不得有所点染"。临终还交代后辈"修身行义，纤善必为"。据道光《厦门志》记载，其子池浴德在遂昌当县令时，廉洁勤政，老百姓打官司"只袖米半升，即可结案"，因此他也有个雅号叫"池半升"。在"春风大老"和"池半升"的言传身教之下，其后代人才辈出，方志有传的就有池浴云、池显方等六七人，池家成为厦门岛上以道德文章著称的世家。

明万历三十四年（1606年）的《皇明庠生道轩张公暨孺人林氏墓志铭》记载同安城东的文士张道轩"性峭直"，虽然"谨守家居"但品德高尚，得到众人尊敬。墓志说他的为人乃得益于其父"青江公"的教养熏陶。"青江公"曾作过官，后来"大夫青江公以母年老归养，囊橐萧条，世号'清白吏'"。张家不但以祖上这个雅号为荣，还希望"子若孙踵芳躅而光大之，盖不负乃祖'清白'之遗"。

此外，万历戊午（1618年）的《明古峰陈封君暨孺人陈氏合葬墓志铭》所载的那位"食贫，而节操甚坚"的厦门官兜人陈古峰，因为"生平持身与其所以督课诸子者，皆笃于大义而不为世俗嫭阿"，而博得众人的赞赏，于是大家都叫他"古君子"。天启六年（1626年）由书法家张瑞图撰文，学者何乔远书丹的《明林隐君元配谢孺人墓志铭》侧面记述了墓主的丈夫林隐君"博学笃行"，但整天"闭户著书"，所以被士林称作"五因先生"。崇祯十二年（1639年）蔡献臣所撰的《明池三洲夫妻合葬墓志铭》，所记的就是"春风大老"的第三个儿子池浴沂，此君"素性恺爽"，"不骄不侈，不竞不贪"。活到九十岁还四处活动，因而"中左（厦门）人咸称为'地行仙'"。

明永历戊子（1648年）八月十六日，清军攻陷同安，举人林嘉采在家中尽节。临死前他与闯进家门的清兵有一段对话："（清兵问）'若不惧死耶？'公曰：'我固知必死矣，复何惧？'曰：'多与我金，我释若！'公曰：'吾死，金则子之金也。'"于是全家同日遇难。这段南明史料摘自同安出土的《明孝廉纫庵林公暨配陈孺人合葬墓志铭》。"纫庵林公"就是林嘉采。林嘉采饱

王勿药墓志铭

吴霞圃墓志

雅称浑号识民风

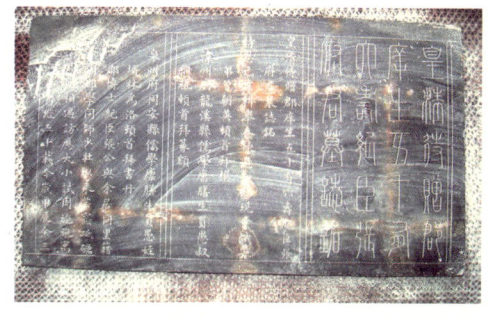

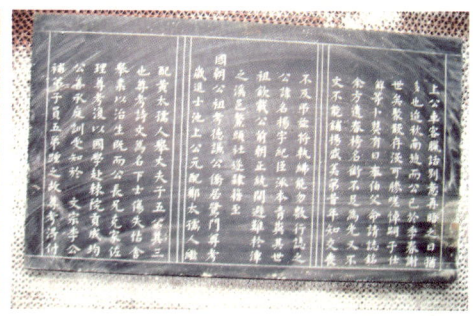

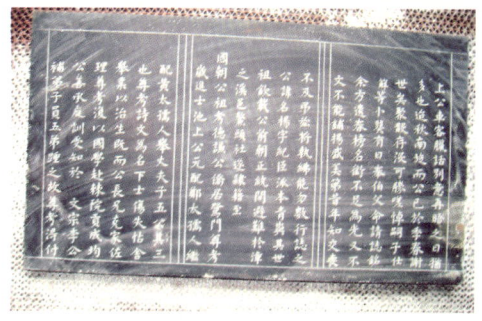

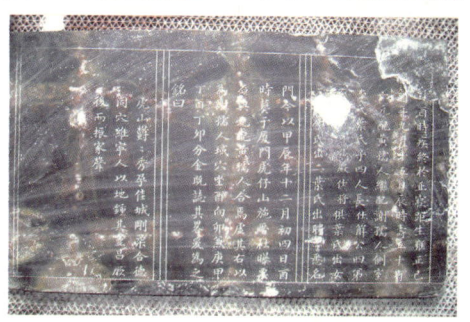

张纪臣墓志

受儒家的传统教育，墓志铭说他从小就有个别号叫"二愚子"。林嘉采挺喜欢这个别号，说"自古忠孝未有不以愚成"。郑成功的亲家翁唐自明也是一位"笃志好学"之士，《明诰封通议大夫兵部右侍郎自明府君圹志》记载他生前的雅号是"金石先生"。

当然，载入墓志的这些雅称、别号肯定只是当年所流传的极小一部分，已失传的那部分可能更诙谐、更精彩。"春风大老"、"池半升"、"清白吏"、"二愚子"和"金石先生"等等这些雅号所折射的明末闽南士民风尚，与何乔远的看法，基本上是相吻合的。

清初，由于"将军施琅有开洋之请，巡抚高其倬有南洋之奏"（道光《厦门志·番舶》），闽海关和台运的正口在厦门设立。厦门的港口经济开始走向繁荣，闽南的社会风气也随之发生变化。若干年后，康熙壬午年（1702年）的《皇清待六十龄讳天和字位中号达三张府君墓志铭》就提到当时许多士人都跑去经商，"一操奇赢、较锱铢，市井成习，视儒生弦诵之事，不啻黑白之殊观，熏莸之不相入也"。墓主张天和原本出身于高浦的读书世家，但其父"梦虬公"很早"以经营起家"。从乾隆朝开始，在厦门出土的许穆斋、许门吴孺人、叶峻园、张纪臣、李敦化、杜静园、黄廉明、林长清、黄宜轩、颜母李太夫人等墓主的墓志中，屡屡出现"贾外洋"、"远服贾"、"令就番舶权子母"和"弃举子业，操陶然术以服贾"等诸如此类的事例，却几乎很少再见到像"春风大老"、"池半升"、"二愚子"那样的雅称、浑号。可见，明代何乔远接触到的以宗族群体为基础的闽南民风、士风，随着社会的进步和厦门港的兴起，逐渐被一种多元的社会风尚所取代了。

清代至民国初年，闽南民间的雅称、浑号在墓志上仍时有出现，只不过数量微乎其微，而且已少有从前的那种雅趣。比如，有些富人、侨商因为热心公益、急公好义，犹能得到"善人"之类的口碑。黄庄乡缅甸富商杜子山"即中外所称'杜善人'者是也"（民国《陈茉莉墓志铭》）。博学君子则被尊称"先生"而已。道光年间吕世宜所撰《王辉山墓志铭》的墓主别号"王先生"，"邑中称学行醇备者必曰'王先生'。人闻称'王先生'，不问而知为辉山先生也"。

可能有的雅称、浑号不一定体现在墓志上。如近代抗英名将陈化成驻守吴淞炮台时，深得军民拥护，有"陈老佛"的雅号，天下闻名。而同时代又是同乡的苏廷玉在他殉国后为其所撰的墓志铭和神道碑，却均未提及。又如乾隆四十二年（1777年）《皇清敕授儒林郎选州司马仁圃林府君暨配陈太君合葬墓志铭》的墓主林芳德（号仁圃），是当时富甲一方的大善士。他曾倾囊捐资修建过文公祠、玄威池王庙等同安、马巷的大多数古迹。林芳德喜欢交官结府，福建水师几任提督、闽南知名的"缙绅先生"、同安县几任知县都与之称莫逆之交，水师提督林君陞、进士林翼池等名宦还和他认宗拜盟。200多年后，我们才从林芳德的后裔那里知道，"林百万"的雅号从乾隆年间到现在，一直在当地相传。

踏遍浯洲寻石刻

金门与厦门一水之隔，历史上隶属于同安县。唐贞元十九年（803年）析南安县四乡置大同场，五代长兴四年（933年）建同安县，宋熙宁（1068—1077）、元丰（1078—1085）年间，金门为翔凤里，属同安县的绥德乡。辛亥革命后废除旧制，于1913年4月从同安县划出厦门、金门两岛设思明县。1914年7月析思明县辖的金门岛设金门县。金、厦两地可以说早已浑然一体，尤其在人文方面更无法分离。因而，金门保存至今的摩崖石刻、石碑和墓志，是厦门石刻当中一个很重要的组成部分。而且，又因为种种原因，厦门现有的明代碑刻甚少，金门现存的一些石刻，如金门的嘉靖四十三年（1564年）的《都督俞

清·邱良功母钦赐节孝坊

公生祠碑》、万历四十四年（1516年）的《参阃胡公功德碑》和万历四十六年（1618年）的《总兵纪公德政碑》等碑文之所载，正好可以补充厦门石刻这方面的不足。

近些年来，笔者曾多次到过大、小金门岛，对该地的石刻做了一些初步的田野调查。据统计，金门从明清时期到1949年的石刻共82种。年款最早者为金沙镇浦山村的明嘉靖五年（1526年）《陈祯夫妇墓碑》。金城镇各类石刻的数量最多，共有63种。

金门1949年以前的摩崖石刻有15段。当地文史学者新近又发现了一段摩崖石刻，有学者将其定为"元碑"，并称为"金门最早的石碑"（见黄振良先生所著的《浯洲场与金门开拓》）。可惜原石刻因风化磨损，暂不列入。此外，在金湖镇太武山倒影塔下的巨岩上有"明延平郡王郑成功观兵弈棋处"的两行题刻，经访问，乃知是1969年所刻。今按年代顺序列举如下：

金门现存的明清时期摩崖石刻

名称	作者	年代	地点
"虚江啸卧"	俞大猷	明嘉靖十六年（1537年）	金城镇
"砥柱"	杨宏举	明嘉靖四十二年（1563年）	金城镇
登啸卧亭诗刻	丁一中	明隆庆六年（1572年）	金城镇
"鹤鸣"	丁一中	明隆庆六年（1572年）	金湖镇
攀太武山诗	丁一中	明隆庆六年（1572年）	金湖镇
"宾石"	佚名	明万历三十五年（1607年）	金城镇
"湖海清平"	陈煇	明万历三十五年（1607年）	金城镇
"辟沌"	董飏先	明永历初年（1647年）	金城镇
"汉影云根"	朱以海	明永历八年（1654年）	金城镇
汉影云根诗刻	诸葛倬等	明永历八年（1654年）	金城镇
"观海"	佚名	明代	金城镇
"大观"	朱杰	清康熙甲申年（1704年）	金城镇
《后乐亭记》	朱杰	清康熙甲申年（1704年）	金城镇
"如画"	吕瑞麟	清雍正六年（1728年）	金城镇
"明贤玩跡"	佚名	清代	金城镇

据初步统计，金门1949年以前的碑刻有48通。其中年代最早的是嘉靖四十三年（1564年）的《都督俞公生祠记》，系俞大猷生前金门官绅为其

踏遍浯洲寻石刻

明·嘉靖十六年（1537年）"虚江啸卧"题刻

清·雍正六年（1728年）"观海"题刻

明代题刻

所立。俞大猷（1504—1580），字志辅，号虚江，福建晋江人，明代著名抗倭将领，嘉靖初以千户驻守金门。嘉靖四十三年任总兵，到广东征倭。俞大猷在东南沿海抗倭，金厦两岛是其经常往来之地，厦门犹有"俞戚诗壁"存焉。因其颇有史料价值，特抄录如下：

都督俞公生祠记

金门所生祠一区，所各官暨诸耆士为都督俞虚江公建也。公昔视师金门所，卑尊长少举欣欣然，爱若父母，相与亭而碑之。假笔于余季父西浦翁，颂德颂功，垂不朽。其迁而去也，以指挥佥事备汀、漳，以都指挥佥事署钦、廉，以右参将守琼州，以左参将镇温、台、宁、绍，以副总都督金山，以都督佥事总制直、浙，仍准都督同知。寻调大同，转南赣、漳南、岭东。车辙马迹，半参戎马。卑尊长少动辄思公，闻有自公左右回者，相率往问，欣跃如见，累欲卜地构祠而俎豆之矣。适本所视篆千户、今升指挥杨君宏举，行都司邵君应魁相与赞其成，属余为之记。

　　余尝览太史丰公《定远生祠记》、乡士薛子《虚江宦迹录》，知公驭众之道、克敌之勋与夫学术之大、德履之醇，所以豫为致身之干，昭昭在人耳目，复奚庸赘？唯本所之人所以祠公之意，而言曰："凡人相与，在则感，去则忘。今夫豪杰之士将所规恢于天下，能使人知感，不能使人兴去后之思；能使人见思，不能使人之终不忍忘。何则？欣戴出于思□，□浃之深，而□□□于时，地隔绝之远，夫人则然也。乃若在而感，去而思，久而不忘，其必湛恩汪濊，足鼓人心，而肤公炬赫，足系人望焉者也。"

　　公为金门，御以公廉，孚以恩信，有"荆楚剑法"以教士卒，有诗书礼乐以育英才，有圣训规条以帅父老子弟行乡约。乃今甲胄之士，人人公侯腹心，而白皙青衿，间亦崭然露头角。公之教也，斯不亦湛恩汪濊，足鼓人心乎！至其守汀、漳而山海剧

明·嘉靖四十三年（1564年）《都督俞公生祠碑》

寇一鼓就歼；守钦、廉而交黎异傀首归顺；镇直、浙而积岁倭患指日迅扫；归大同而达虏弊于矢石，至□轮不返。它若张连之乱，莆阳之变，惠来之警，亦以次廓清，斯不亦肤公炬赫，足系人望乎！

夫其恩足鼓人心也，是故人知感而碑竖焉；夫其功足系人望也，是故人不忍忘而祠建焉！昔羊叔子守襄阳，百姓为建碑，望者罔不出涕；狄梁公为魏州刺史，百姓立之生祠，过者俨然，岂不足颂甘棠之爱？然见碑坠泪，不过一时感触，岂若岁时有祀，致爱致懿之为有常也。过庙肃恭，要亦止于一方一隅；较□武平、定海等处，在在有碑有祠，吾又不知其孰为盛也。以此观之，则世谓古今人不相及，殆未为通轮也。

公名大猷，字逊尧，原籍直隶凤阳府霍丘县人，世泉州卫前所百户，以魁武科授千户，累迁都督同知，"虚江"其别号云。

岁嘉靖甲子冬十月之吉，赐进士出身、南京户部山东清吏司主事、同安南洲许廷用撰。

广东庆州府守备、署都指挥杨宏举、掌金门所事、泉州卫指挥使王国柱，标下把总黄元爵、洪道谦、曾柏龄、王可兴、李柱春、李祥□暨本所诸耆士等仝立。

该碑高248厘米，宽99厘米，现移置于金门社教馆内的广场。1958年"8·23"炮战期间，部分碑文受到损坏。另有一通万历四十六年（1618年）三月的《总兵纪公德政碑》，纪公名元宪，字起家，万历甲辰（年）进士，当时"以副将军参戎事"驻金门。碑文中有涉及明末闽南武装海商张琏、曾一本的部分史料，兹摘录如下：

今夫漳鲵窟也，嘉靖间盖屡讧矣。张琏起，豫章震动；吴平、曾一本递雄交、广□□□□□□□之木，不足于艨艟；倾列郡之藏，不足于粮饷。暴师经年，曾不得要领，何以故？有逼而驱之者矣。一本之□□□□□辞绝□大□□，兽不穷不逸，鱼不枯不泣，令官宽我，我庸讵至，是乎斯言也。当路且以为刺心，此已事之镜也。今天子神圣调化，瑟倚鼎铉。张恬愉之鹄、厉贞廉之风、通阂怿之路。股肱有位，莫不夙夜孳孳，务称塞明。诏廼公□□□□□□得□于禺而唱和之，南溟而南其少觐乎！假向者吴平、一本辈，见安所置喙焉。客称公虽周泽渥顾，不止□尊。夫民张则□□，弛则张之。威克厥爱，古固有成言矣。

铭功述德的碑刻还有清同治七年（1868年）的《马公去思碑》，该碑是金门士民怀念知县马永寿（字如山，浙江绍兴人）而立的碑刻。马永寿于同治四年离任，他在任内"积弊尽除、风俗顿改"，使金门百姓在"前后五年中，比户得以安堵乐业"。近代，这方面的碑刻有民国十八年（1929年）的《金门县县长韩福海去思碑》，韩县长主要政绩是"首革陋规"，"治军民有政声"，民众认为他是"金门设治后十余年不可多得之官"，因而为他立碑。

金门的石刻和闽南各地一样，也是以修建宗祠神庙的碑刻为多。这些宫庙计有：孚济庙（又称恩主庙）、武庙（金城镇西门里）、关帝庙（金城镇金水村前水头）、关帝宫（金宁乡古宁村）、大道宫、天后宫、城隍庙、池王宫、玄天上帝庙（烈屿乡西口村）和仰双岩（金城镇古城村大古岗）等，宗祠有蔡氏宗祠（金湖镇琼林街，又称"琼林新仓上二房十一世宗祠"）、黄氏大宗祠（金城镇金水村前水头）等。

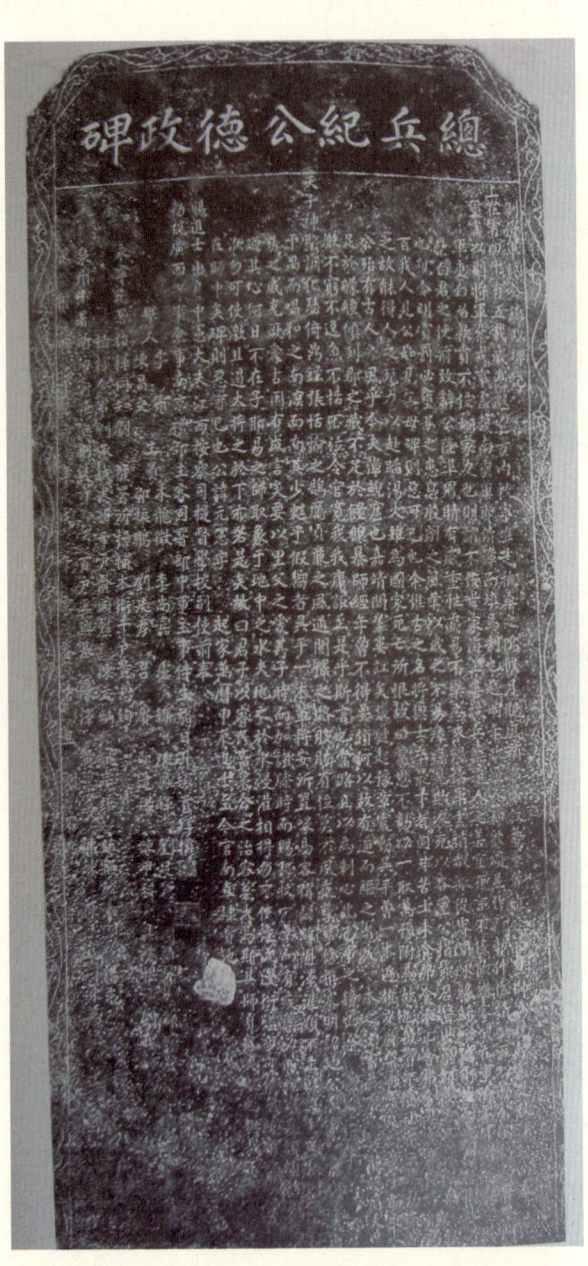

孚济庙原称牧马侯祠。唐贞元二十年（804

明·万历四十六年（1618年）《总兵纪公德政碑》

年），在泉州设置五个牧马场，浯洲（明代洪武二十年建城后始名金门）为其中之一。牧马监陈渊率十二个姓氏的部属来岛上牧马垦殖。后世感其恩泽，于元代在丰莲山麓建庙祭祀。清道光癸卯（1843年）的《重建孚济庙碑记》即载元至元年间倭寇来犯，所过之处辄遭蹂躏，乡民逃至庙中避难。因感激神明之佑护，由有司请敕封为"福佑圣侯"，赐庙额为"孚济"。此碑记系一方匾额的后跋，该匾高80厘米，宽194厘米。值得赞叹的是这方木质匾额，160多年来居然完好无损。

　　古制，凡筑有城池的府县，必于城内建城隍庙。明代的卫所虽不属行政设置，但因筑有城垣，所以也建有城隍庙。如厦门虽是同安县辖下的嘉禾里，但岛上明代建有所城，因而也有一座城隍庙。现嵌砌在金城镇西门里城隍庙墙壁上的清嘉庆癸酉（1813年）《重建城隍庙记》，高仅25厘米，宽49厘米。其碑文称："金之

清·同治七年（1868年）《马公去思碑》

清·道光二十三年（1843年）孚济庙木牌匾

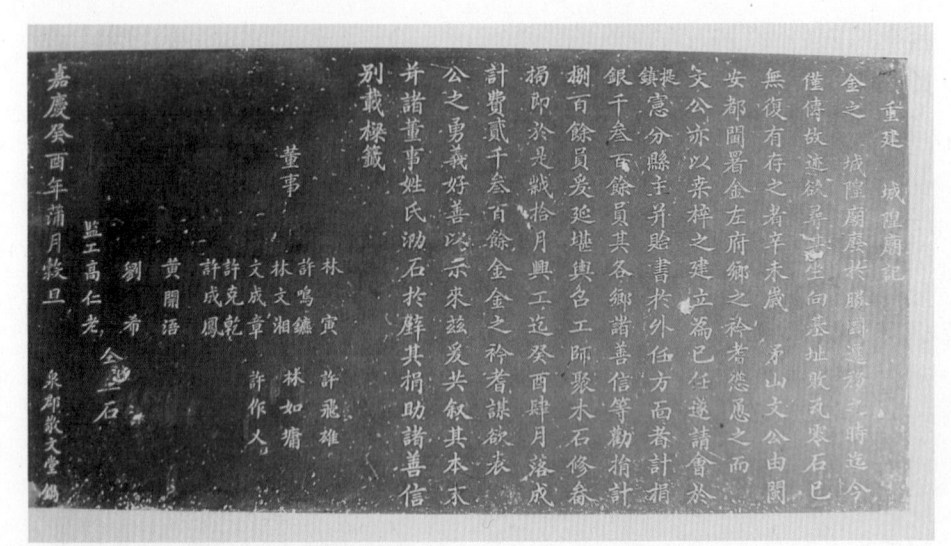

清·嘉庆十八年（1813年）《重建城隍庙碑记》

清·乾隆二十八年（1763年）《副总府重修关帝庙碑》

城隍庙废于胜国迁移之时，迄今仅传故迹，欲寻其坐向基址，败瓦零石，已无复有存之者。"到底是"胜国迁移"，还是清初的迁界使然？碑文语焉不详。实际上是康熙二年（1663年）清军伙同荷兰铁甲船，出泉州攻金、厦两岛，与郑军海战于金门乌沙头，郑军不敌，退守铜山。清军占领金门，焚屋毁城，杀戮百姓，驱赶遗民至离海三十里的界内；民多流离失所，金门变成一片废墟（见徐鼐《小腆纪年》、温睿临《南疆绎史》、黄任《泉州府志》等书）。明明是清军对金门的破坏，却把脏水泼到"胜国"——代表明朝的郑成功父子身上。

清初，金门属于迁界范围。述及迁界对金门整个社会的破坏，除了《重建城隍庙记》之外，还有清康熙二十八年（1689年）的《鼎建关帝庙碑》，该碑说"浯洲弹丸一岛，孤悬海中，自运钟百六

踏遍浯洲寻石刻

清·乾隆四十年（1775年）《黄氏续建祖祠记》

洊经迁移，昔日富庶之美，荡然无余矣"。而黄氏大宗祠内乾隆八年（1743年）的《重建祖祠纪略》有"吾族自毁于，久废未举"之句，另一通乾隆乙未年（1775年）的《续建祖祠记》则载"吾族自遭海氛，屋宇荡然无余"。这些记载语虽含蓄，但说的"兵燹"、"海氛"无非就是迁界。如果将其与厦门及闽南其他地方相关的文物史料贯穿起来，将是研究清初"禁海"、"迁界"方面最有价值的证据。

金门历史上科举兴盛、名人辈出。据光绪《金门志》和《明清进士题名碑录》等书所载，宋代金门进士6名，明、清两代金门进士凡34名。这和"紫阳过化"以后，金门对教育的重视至有关系。光绪《金门志》据《沧浯琐录》所记，金门在宋代已有燕南书院。元代有浯洲书院（见明人洪受《沧海纪遗》），"明无考"（清周凯《浯江书院碑记》），清代有金山书院和浯江书院。今金门保存有一通清道光十八年（1838年）的《浯江

清·道光十八年（1838年）《浯江书院捐充膏火题名碑》　　清·乾隆四十年（1775年）《黄氏续建祖祠记》

书院膏火碑记》，其碑文云："考志乘，雍正二年（1724年）设金门所社学，其书院之权舆矣。顾故址湮没，乾隆四十五年（1780年）始建浯江书院。"读罢，我们心中不免疑惑——明代金门名进士的人数空前绝后之多，显然与元代创办的浯洲书院或其他书院有关（诸生到同安县学接受教育自然为其主因）。那么，为何到了雍正年间才开始设立社学？有一种可能是明代那批书院也毁于清初的迁界。

金门的公众设施建设载入碑记的甚少，所知仅有嘉庆十一年（1808年）的《筑堤修冢记》，光绪七年（1881年）的《建造金门石桥碑》，民国

踏遍浯洲寻石刻

二十六年（1937年）的《重建倒影塔碑记》，但有10通左右的官府示禁和谕示的碑记却保存至今，这是了解古代金门社会生活很有价值的文物史料。如乾隆四十六年（1781年）《严禁妄报官牙垄断市集碑记》说，"金门孤悬海岛，民赖渔盐，地产地瓜、花生，日食维艰，柴草米谷全赖内地运载"，于是有人冒充"官牙"，欺行霸市，不得不由官府出示严令制止。

由于古代金门的生活用品大部分要仰赖厦门等地的供给，所以航运业是当地一项重要的行业，有关这方面的碑记更值得重视。原先我们并不清楚雍正朝之前，厦、金海域的航运还必须"配兵驾渡"。雍正六年（1728年）《渡船归民示谕碑记》说，"金岛右浦原设同（安）、厦（门）二处营

清·乾隆四十六年（1781年）《严禁妄报官牙垄断市集碑记》

清·乾隆二十一年（1756年）《严禁屿内外设立缯棚碑记》

渡",但"配兵驾渡以来,百弊丛生",所以不得不革除旧规,改归民间自行管理。到了同治年间,金门航运业形成了由许姓等家族把持的世业。由于利益所在,诉讼不断。同治九年(1870年)的《严禁争占许氏渡船世业碑记》是一份政府保护后浦民妇许谢氏私人产业的告示。民国初年,后浦港的滩涂种满牡蛎,"因水势涨落无定,恐妨碍船只出入,故设为漳码(即石码,今龙海市)、同(安)、厦(门)三处渡头,各整船运载客货往来",民国元年(1912年)的《严禁争占后浦许姓渡头世业碑记》从侧面反映了金门航运业的发展状况。

　　渔业(包括滩涂养殖)也是古代金门一项重要产业。大概该岛周围都布满近海捕鱼的"缯棚",所以乾隆二十一年(1756年)官府颁布了《严禁屿内外设立缯棚碑记》,对此乱象实行整改。同治九年(1870年)的《严禁渔网陋规碑记》则针对"闽省沿海居民,以海为田、捕鱼为业",然而"捕渔户"在海上作业时渔网不时被人偷窃,"于是有自雇艇船巡护,有请水师兵丁看守者",结果"艇船多与盗通,兵丁惟知索费,徒有巡护看守之名,而渔网之窃劫如故"。类似这些反映近代福建沿海渔业方面的史料,以往实不多见。

　　乾隆十三年(1748年)的《严禁山岗采药滋事碑记》是一份古代有关保护自然资源的文物史料。碑文中所载"同安县民蔡诗等采掘"的"碗药",肯定不是草药,否则就不必惊动"巡抚都察院"和"按察使司"等省级部门,对一干人犯各打30下屁股,并出告示严禁。后来我查考文献,发现"碗药"即是一种俗称"碗青"的矿物。近代厦门李禧的《紫燕金鱼室笔记》载:"碗青为金门特产,可用以染画瓷器,产平林、后湖等乡。大如碗,小如弹。旧时士绅惑于风水,恐居人挖掘,有伤地脉,恒呈请官厅示禁。然大利所在,岂能终秘?……去年某国人秘密采金门碗青,以闽南学界抗议,乃止。足见碗青之价值矣。"是否现代制瓷已不用这种"碗青"了,因而久不闻其名。

　　金门可供耕作的土地可能比较有限,所以旧时开荒拓地之事自不能免。因此有人便以"地脉"受伤害而把对方告上官府。咸丰七年(1857年)的《严禁掘土戕毁龙脉碑记》所载即此类因土地引起争执的事。此外,嘉庆十八年(1813年)的《严禁戕损占耕邱良功母封茔碑记》和光绪十三年(1888年)的《严禁伤碍邱良功母牌坊碑记》也缘于耕地的纠纷。连当地赫赫有名的邱良功之母的墓地和牌坊附近的地都敢占用,足见清代中后期以后,金门人口增加,土地不足的窘况。

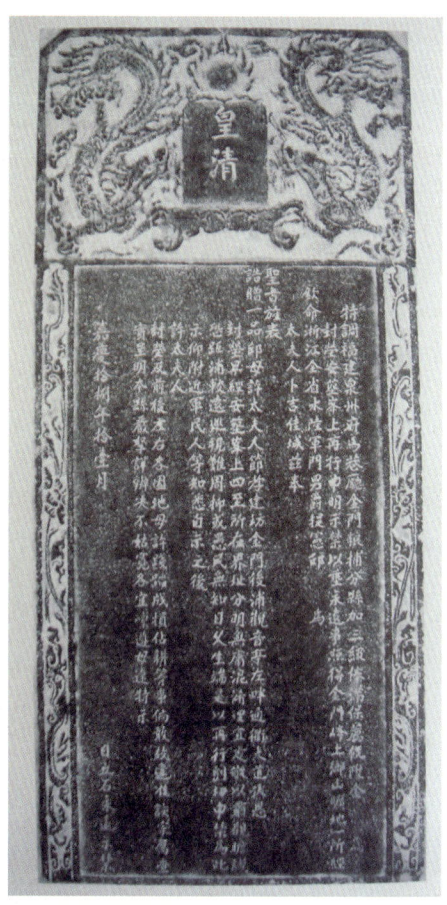

清·嘉庆十八年（1813年）《严禁戕损占耕邱良功母封茔碑记》

明·嘉靖年间《许西浦夫妻墓道碑》

除此之外，金门所保存的一批明、清两代的墓道碑、神道碑甚至墓牌等等，也很有意义。据访查，这类石刻文物凡11通。兹列举如下：

1. 明嘉靖五年（1526年）《陈祯夫妇墓碑》，文曰："浯阳、刑部员外郎陈公讳祯暨太孺人李氏之墓。孝男伟、健全立。"

2. 明嘉靖三十五年（1556年）《邵朴庵夫妇神道碑》，文曰："明赠昭勇将军、都指挥佥事朴庵邵公暨淑人杨氏神道。孝子应禄、应魁立，晋江赵恒书。"

3. 明嘉靖年间（1522—1566）《许西浦夫妇墓道碑》，文曰："皇明赐进士西浦许公暨孺人陈氏墓道。"

明·万历二十八年（1600年）《蔡中溪夫妻墓道碑》

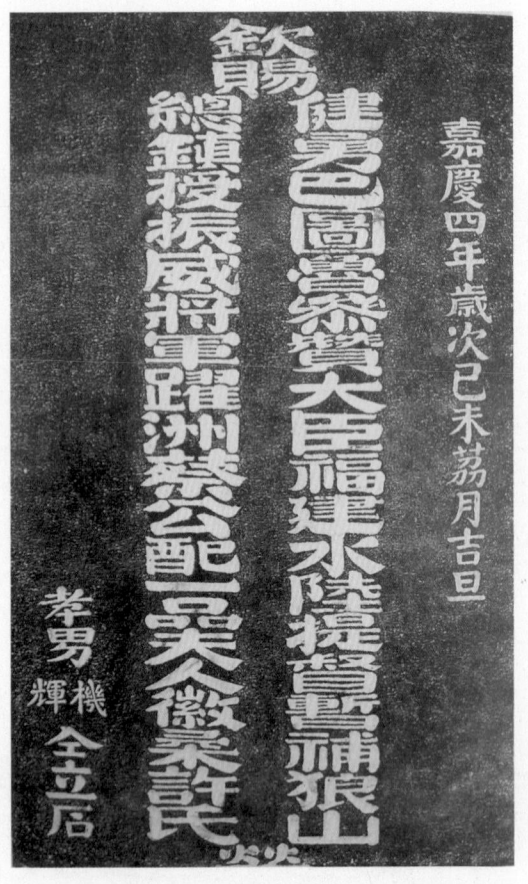

清·嘉庆四年（1799年）《蔡攀龙夫妻墓道碑》

4. 明隆庆年间（1567—1572）《李明忠夫妇墓道碑》，文曰："皇明恩奉政大夫、江西九江府同知、八翁懿叟李公暨配宜人许氏墓道。"

5. 明万历二十八年（1600年）《蔡中溪夫妇神道碑》，文曰："诰赠通议大夫、四川等处提刑按察司按察使中溪蔡公暨配封太安人、累赠淑人许氏神道。"

6. 明万历三十四年（1606年）《许獬墓道碑》，文曰："皇明万历辛丑科会元、授翰林院编修、文林郎钟斗许獬墓道。"

7. 明万历年间（1573—1620）《蔡守愚墓道碑》，文曰："皇明通奉大夫、云南布政使司左布政使发吾蔡公墓道。"

8. 明代，《洪鸣阳夫妇墓道碑》，文曰："皇明乡进士千岐洪先生暨配林

氏墓道。"

9. 清嘉庆四年（1799年）《蔡攀龙夫妇墓碑》，文曰："钦赐健勇巴图鲁、参赞大臣、福建水陆提督、暂补狼山总镇、授振威将军、跃洲蔡公暨配一品夫人徽柔许氏茔。嘉庆四年岁次己未荔月吉旦，孝男机、辉仝立石。"

10. 嘉庆十五年（1810年）《黄诚圃墓铭》，碑文系堪舆家言，不录。

11. 清嘉庆二十四年（1819年）《邱良功夫妇墓道碑》，文曰："皇清诰授建威将军、提督浙江全省水陆军务、晋封男爵、世袭加三级、钦赐祭葬、谥刚勇，琢斋邱公暨元配、诰封正一品夫人肃惠吴氏墓道。"

金门岛上出土的墓志文物不多，所见比较重要的有：明永历三十年（1676年）的《皇明石井郑氏祖坟志铭》，这通志石高58厘米，宽107厘米，郑成功之子郑经所撰，就嵌砌在金城镇贤庵村夏墅的"郑氏祖坟"右侧。因是有关明郑历史的文物史料，特抄录全文如下：

皇明石井郑氏祖坟志铭

于野公、妣许氏，经之六世祖也。与叔祖深江公为伯仲，暨叔祖妣郭氏俱附葬康店大墓。五世祖西庭公、谭氏妈，原葬于陈厝乡。四世祖象庭公葬南安三十三都金坑山，祖妣徐氏原葬大觉，累受皇恩，叠加诰赠。

清·嘉庆二十四年（1819年）《邱良功夫妻墓道碑》

岁丙申，逆臣黄梧据澄谋叛，既背恩而事虏，为人所不敢为。复虑奴虏之未信，遂忍人所不可忍，倡发掘坟以结虏欢。至戊戌年，协理五军陈尧策厚赂狱人，计脱八骸。时疑信参半，姑浅寄思明。无何，而先王宾天，经嗣位东宁，叛臣之辜竟未获诛。至甲寅岁，胡运告终，经亲帅大师克复闽、粤。窃以举大事者当收拾人心、笼络英杰，若光复伊始而骤报和雠，恐非所以激励天下士也，故于逆臣之子芳度姑置度外。但多行不义者必自毙，天迷其衷，乃密诱粤虏犯我封疆。斯时也，天地不容，神人共愤，兴师致讨而父子授首。

夫效忠于国，而先人之仇迟二十年始伏。其辜孝思之谴，终天奚赎然。芳度父子始终翼虏，及今剪灭，庶几奴虏绝。南向之望、犁庭扫穴之勋，得自兹而建。移孝作忠，将于是枉想，先王亦含笑九泉而无憾也。爰于是年丙辰卜地于浯江山前合葬焉。戎马倥偬，笔墨无文，姑略书其事，以为墓志云。玄孙郑经谨志。永历三十年岁次丙辰季夏之吉。

明·永历三十年（1676年）《皇明石井郑氏祖坟志铭》

另一通与明郑历史有关的重要碑刻是道光十六年（1836年）的《明监国鲁王墓碑》，其背面是时任兴泉永道的周凯所撰书的《明监国鲁王墓碑阴记》。它位于金城镇以东原先的鲁王墓故址。

踏遍浯洲寻石刻

清·道光十六年（1836年）《明监国鲁王墓碑》

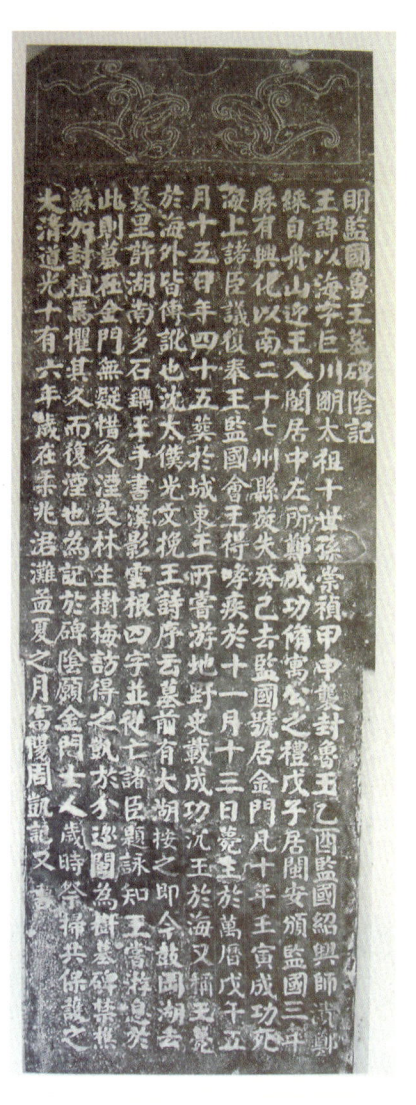

清·道光十六年（1836年）《明监国鲁王墓碑阴》

鲁王即朱以海，字巨川，号恒山，明太祖第九子朱檀的十世孙。明亡后在东南沿海抗清。后南依郑成功。《明史》说鲁王"以海遁入海，久之，居金门。郑成功礼待甚恭，既而懈。以海不能平，将往南澳，成功使人沉之海中"。有些南明野史也说郑成功把鲁王投进大海喂了鲨鱼。周凯上任伊始，据金门诗人林树梅说，后浦村有一处被乡民称为"王墓"的古冢，周凯遂认定此即鲁王墓，为之"清界址、加封植"，并立碑志之。该碑的碑阴略云：

壬寅，（郑）成功死，海上诸臣议复奉王监国。会王得哮疾，于十一月十三日薨。生于万历戊午五月十五日，年四十五，葬于城东王所尝游地。野史载成功沉王于海，又称王薨于海外，皆传讹也。

因为有墓葬为据，周凯又根据二者的卒年，颠覆了郑成功沉鲁王于海的不确之辞，鲁王墓的地点也因之被确定下来。1959 年 8 月，金门驻军在金城古岗炸山采石时，无意中发现地下有一个三合灰砌成的古墓，墓中出土一方高 63.5 厘米，宽 47 厘米的墓志，上刻"皇明监国鲁王圹志"八个字，随之出土的还有"永历通宝"铜钱、土瓷碗等文物，鲁王真墓由是始见天日。通过"圹志"而知，鲁王葬于康熙元年（1662 年）十二月二十二日，斯时郑成功初殁，清军正准备进攻

明·永历八年（1654年）明监国鲁王"汉影云根"题刻

明·永历八年（1654年）郑瓒绪等诗刻

踏遍浯洲寻石刻

明·永历十五年（1661年）"海山第一"题刻

啸卧亭

金、厦两岛，情势十分紧张，"岛上风鹤，不敢停榇"，于是部属便把鲁王遗骸葬在此山中。其后，著名学者胡适还为此撰写《跋金门新发现皇明监国鲁王圹志》一文，纠正了以往不正确的说法。1983年，台湾考古专家又对原来所谓的鲁王墓进行发掘，却发现它只是宋代某命妇的坟墓。如今，太武山南麓另建一座陵园，把鲁王遗骸改葬于此。周凯的《明监国鲁王墓碑》以及以后所建的"鲁亭"等纪念物仍旧保留在原址。

【后记】

　　历代遗存下来的石刻，包括摩崖石刻、各类碑刻和墓志铭等，可以说是文物中一项很重要的门类。石刻文化源远流长，它几乎伴随着人类社会的发展而发展。因而从另外一个侧面来看，它本身就是一部刻写在石头上的史书，而且所反映的内容往往要比一般意义上的文献还可靠。石刻，不仅有存史、证史的功能，在诗文和书法等方面也同样具有社会价值。

　　厦门市辖区范围内，包括以前属于同安县的某些地方所存世的历代石刻数量相当丰富，而且很有自己的地方特色。它的发展和厦门的开发发展基本上同步。厦门岛的开发自唐代开始。近年来出土的唐代墓志，其学术价值已不仅仅局限在岛内。明末清初以后，厦门逐渐发展成为一个港口，清代更是闽南政治、经济、军事和文化的重镇，与台湾对渡的枢纽。近代以来，成为首批开放的通商口岸和广大华侨出入的门户。厦门这座城市走过的步履，都在这些石刻上面留下了雪泥鸿爪。

　　新中国成立以后，包括石刻在内的文物受到党和人民政府的高度重视，有些重要的石刻已先后被各级政府公布为文物保护单位。改革开放以来，经过多次文物普查的开展，大量石刻的保护已进入文博部门的日常工作范围。一批全面介绍厦门石刻的画册、专著，如厦门市政协文史学宣委主编的《厦门摩崖石刻》，何丙仲编纂的《厦门碑志汇编》和何丙仲、吴鹤立编纂的《厦门墓志铭汇粹》等，已相继问世。然而，这些成果比较偏重石刻的展示和碑志史料的编纂整理，真正从历史文化的角度来考量这些石刻的内涵，尚未之见。《厦门石刻撷珍》即根据之前的这些成果，按照政协文史资料的通常特点，在兼具学术性与可读性的同时，把厦门石刻文化与地方历史文脉结合起来，所开始进行的有意义的初探。

由于石刻本身涉及的社会内容太过广泛，实难面面俱到，因此只能选择某些专题来贯串零散的石刻。结果某些有价值的石刻，却没能进入本书的话题。如近年厦门出土的唐代墓志铭，因为旁证史料不足，仅做肤浅的考证无济于事，仅能割爱。有些石刻颇有意义，但仅凭文字，无法深入。如天界寺那段"知命子（仔）细！傅少泉字"的明代题刻（很可能是全国最早又最人性化的警示题刻）；中岩寺那段林先生用"措改水路，开消山杀（煞）"之法治理白蚁的清道光己亥年（1839年）题刻；云顶岩那通记载1938年亲见日寇侵厦而悲愤殉国的觉仪和尚之碑等等，最后只好藏拙。凡此种种，都是憾事。

尽管如此，我们还是希望读者通过对本书的阅读，对老祖宗留下来的石刻文化遗产增加了解，并在此基础上逐渐产生兴趣，从而进一步来爱护它，研究它。

这就是我们编辑此书的旨意所在。

此外，本书的个别篇章参考了何培夫主编的《金门·马祖地区现存碑碣图志》、马幼垣《美国舰队清末访问厦门史事考评》等论著，在此谨表谢忱。

编 者

2011年12月

图书在版编目(CIP)数据

厦门石刻撷珍/何丙仲著.—厦门:厦门大学出版社,2011.12
(厦门文史丛书)
ISBN 978-7-5615-4165-4

Ⅰ.①厦… Ⅱ.①何… Ⅲ.①石刻-厦门市 Ⅳ.①K877.4

中国版本图书馆 CIP 数据核字(2011)第 267964 号

厦门大学出版社出版发行

(地址:厦门市软件园二期望海路 39 号 邮编:361008)
http://www.xmupress.com
xmup@public.xm.fj.cn

厦门集大印刷厂印刷

2011 年 12 月第 1 版 2011 年 12 月第 1 次印刷
开本:787×1092 1/16 印张:15 插页:3
字数:260 千字 印数:1~2 000 册
定价:50.00 元

本书如有印装质量问题请直接寄承印厂调换